[荷]哈尔姆·德·布莱 著　黄春燕　刘建华 译

THE POWER OF PLACE

世界不是平的

Geography, Destiny, and Globalization's Rough Landscape

地理与人类的命运

民主与建设出版社
·北京·

致 E. 詹姆斯·波琴

序　言

　　近年来，已经有无数书籍和文章或隐晦或直白地提出，按照一种时髦而醒目的说法，当今世界的流动性、互联性和一体化程度已经足以证明"世界是平的"：古已有之的障碍已然不复存在，全球各地已经实现互动，自由贸易占据着主导地位，人口流动已经无处不在，思想交流（以及货币和就业机会的流动）已成为普遍现象。难怪有不止一位观察人士就此得出结论：地理学已经"成为历史"。"地理环境将在人类的多元化进程中持续发挥关键作用"的观点在有些人看来已经过时，甚至令人反感，散发着一股决定论的味道。坚信如今的世界已经是一个平坦新世界的人们口中念念有词：地理给予选择，而非设置局限。他们宣称，融入"世界扁平化大潮"，你将尽享好处；否则，你就只能走向毁灭。选择权在你自己手中。

　　果真如此吗？从上海凯悦酒店、孟买欧贝罗伊酒店或迪拜希尔顿酒店的高层房间里俯瞰窗外，或者坐在新加坡航空公司某次航班的商务舱里向外望去，世界看起来的确是平的。每天都有数百万"让世界变平者"（world-flattener）在酒店大堂、机场豪华轿车和头等舱休息室之间穿梭。他们所到之处都有空调，他们在旅途中随时用笔记本电脑上传文件、处理外包业务和离岸事务。这些堪称现代游牧民的人正在改变世界，他们也的确给世界带来了很多进步——当然，这要看你如何定义"进步"。然而，他们带来的一定是机会与融合吗？这些人的存在是降低了参与的门槛，还是增加了竞争的风险？在与地方的必要性的较量中，他们的影响力和作用力是否占据了上风，以至于他们的流动性本身就证明了地理位置其实无关紧要？

并非如此。时至今日，无论是从地理意义上看还是从文化意义上看，地球都是高低不平的。区域分割仍是关键的制约因素，数十亿人受困于弱势境地。在地理位置、自然环境、根深蒂固的文化以及本土传统等诸多因素的作用下，地方的力量和人类的命运形成了千丝万缕的联系。因此，本书想要告诉人们，世界非但没有朝着融合的方向前进，反而陷入了停滞，甚至在倒退。在相对富裕的全球核心地带，一座座围墙正在富人区拔地而起，将那些相对贫困的国际化人口拒于墙外。核心地带和边缘地带之间日益森严的界限加大了两者的差距，激化了彼此间的冲突。尽管英语作为很多人的第一语言或第二语言在全球广泛传播，促进了文化融合；但与此同时，宗教的激进化也在撕裂整个世界。

不仅如此，人类健康水平和福利水平的分布也显示出了不均和倒退的迹象，这难免令人担忧。人们持续聚集并定居在环境风险偏高的地区，尤其是那些拥挤不堪的边缘地带，数以亿计的人不得不长期生活在险境之中（正如2004年的印尼海啸在预警系统没有协调到位的情况下以一种悲剧性的方式所证实的那样）。此外，无论是在过去还是在今时今日，一旦某个地方爆发冲突，而"国际社会"袖手旁观，不肯进行有效干预，这个地方就必定遭受重创。这是会让数百万人陷入险境的另一种形式的风险。在同一地区，男性和女性的境遇也简直是天差地别；两者的命运如此迥异，有时简直令人难以接受。全球化曾承诺将"托起所有的船"。这一承诺在那些国际化城市中本应尤为明显，但即使在这些城市，权力这把刻刀依然会在特权阶层和贫困人群之间凿出巨大的落差。不仅如此，放眼全球，那些出于政治分裂的目的而修建的防线也不可能在短时间内被夷平。就算各国政府试图结成联盟或国家集团，国家内部的各个省份和地区也会反其道而行之，为民族主义摇旗呐喊。因此，地理位置的力量仍然决定着我们绝大多数人的命运。

当然，问题的关键并不在于世界是否真是平的。创造出"世界是平的"这一说法的托马斯·L.弗里德曼（Thomas L. Friedman）承认，他也明白"世界并不是平的。""不过请别担心，我知道……我只是从文学的角度，想要给（我的）那本书起个引人注目的名字……"（Friedman, 2005）弗里德曼用了这么一个带有煽动性的书名，是因为他想着重探讨全球"扁平化"的**过程**，"这是当今世界最重要的发展趋势"，这才是关键所在。从某些方面来看，全球竞争环境**正在**变平。但从另一些方面看，情况似乎恰恰相反。"扁平化的世界"这一概念能够给更多人带来更多的机遇，这是全球化反复灌输给人们的理念，但现实往往并非如此。在这场决定地球未来命运的斗争中，自然界和人类社会的强势群体阻碍了扁平化的进程。也许正如全球化的支持者所声称的，全球化会给世界带来某些变化和进步，但它也会不可避免地激发人性中最恶的一面，制造不平等。让我们想象一下，倘若有那么一群因在现实生活中处于不利境地而心生不满的人聚集在一些偏远的山洞里，并拥有了某些杀伤性武器（这些武器向来只为超级大国垄断），那么我们就有必要衡量一下事态将会如何发展了。

　　地方既可以赋能，也会阻碍世界的融合、流动和互联。本书结合自然条件以及文化景观的差异，对地方的力量进行了综合考量。尽管如今的世界已经出现了许多变革性的因素，但出生地仍然会对数十亿人口的命运造成决定性影响。尽管"世界流动性"的说法不绝于耳，但绝大多数人在一生中还是不会离自己的家乡太远。当国际化人口相信他们看到了一个"变平的"世界并为之欢呼时，对更多的本土化人口来说，世界依然崎岖不平，令人生畏。无论是在个人安全领域还是在公共卫生领域，无论是在宗教的强制性方面还是在当权阶层的强势统治方面，世界各地始终千差万别，各地区的人们所要面对的挑战更是各不相同。是什么造就了地方的力量呢？我们该如何削弱地方的力量对人类命运的制约？本书接下来将着重探讨这两个问题，并厘清两者之间错综复杂的关系。

目 录

序 言 / i

第一章　国际化人口、本土化人口和流向全球化人口　/ 1

第二章　帝国时代的语言遗产　/ 37

第三章　决定命运的宗教地理　/ 63

第四章　高低不平的人类健康地形图　/ 97

第五章　危险境地的地理　/ 131

第六章　开放的地方和闭塞的地方　/ 165

第七章　同一个地方，不同的命运　/ 191

第八章　权力与城市　/ 223

第九章　次国家单位的机遇和危机　/ 255

第十章　降低壁垒　/ 287

参考文献　/ 317

出版后记　/ 324

第一章

国际化人口、本土化人口和流向全球化人口[①]

在地理功能方面，地球上不同地方之间的距离正不断缩短，但是具体到生存条件方面，地区与地区间的差异仍然大得令人难以置信。从自然资源分配的不等到机会的不均，地方的力量正一如既往地起着决定性作用。在亚洲和非洲的江河流域，仍有数以亿计的农民沿袭着祖辈的生活方式，全球化并未惠及他们。他们（无论是儿童还是成人）在各方面都很难得到安全和充分的保障，尤其是要面对严重的物质匮乏。而在世界各地那些偏远的、与世隔绝的山区——从安第斯山脉到巴尔干半岛，从高加索山脉到克什米尔地区，有数千万人仍在困守故土，如

---

① 本章的英文标题为"Globals, Locals, and Mobals"。"国际化人口"（Globals）指少数充分享受全球化的便利并且掌握了巨大财富和权力的人。"本土化人口"（Locals）指那些在多数时候都待在自己的出生地及附近的人，他们并未充分参与到全球化中，几乎没有甚至完全没有受惠于全球化。"流向全球化人口"（Mobals）的中文译法是根据造词法（mobile+global）及它在本书中的含义而得出的，该词包含了"流动的"和"全球化的"双重含义。本书作者认为，无论是国际化人口、本土化人口、流向全球化人口还是流动人口（Movers），所有人的命运都与"地方的力量"（the Power of Place）密不可分。地方在经济、社会、文化等各方面的综合影响力的差异，决定了当今世界的各种版图或格局。——译者注

同他们的祖先一样。在"地球号"邮轮上的70亿乘客中，绝大多数人终其一生都很难踏出他们脚下的那方土地——尽管有很多人误以为大规模移民已是普遍现象。

大多数人一生中的穿着打扮、语言习惯、宗教信仰、卫生医疗条件、教育背景、为人处世之道以及他们所传承的其他的一切，都取决于地方的力量：换句话说，囊括了各种因素的地理决定了我们这颗星球的样貌，即使在今天依然如此。无论全球化发展得多么风风火火，迄今仍有无数人被地方性贫困的阴影所笼罩，他们和他们的后代可能会一直深陷于这种困境中，难以逃脱。至于横亘在那些幸运儿和非幸运儿之间的"财富鸿沟"，时至今日仍然主要由幸运之神或命运之手来掌控。随着特权和权力日益集中在所谓的全球"核心"国家及其全球领地，这条"财富鸿沟"眼看着正在变得越来越宽，难以逾越。放眼全球，形形色色的差异无所不在，尽管程度不一。随着愤怒情绪的不断滋长和武器破坏效率的不断提高，全球的危机必将不断升级。

与此同时，"在全球化的驱动下，世界即使不是'平的'，也至少正在'变平'"这一说法正在深入人心。正如本书序言所指出的，对于地理环境将持续影响人类的多元化进程的说法，国际化人口不屑一顾，他们认为世界正不断朝着同质化和无国界化迈进。近些年的很多书刊和文章的标题似乎都在暗示人们："扁平化"正在成为一种假定，而不再仅仅是一种预期（Fung et al., 2008）。

的确，在全球范围内，某些领域的竞争正趋于公平化。但倘若我们因此就认为人人皆可从中受益，就不由得让人担忧了。我们所享受的福祉和我们所承担的负累皆由地方这件"大行李"

所赐，这件行李里装着我们的出生地、母语、信仰体系、医疗卫生条件、环境标准以及政治环境。哪怕是在同一个地方，男性和女性所拥有的机遇和挑战也不尽相同。当我们急切地想要分得全球"扁平化"带来的红利时，我们也必须提醒自己：我们在未来能够拥有什么样的机会，仍然取决于我们将踏上一片怎样的土地。

因此，本书将着力从环境、文化、社会、经济以及政治等角度全方位展示世界各地的巨大差距。本书试图说明，地方的局限性仍将严重制约人类的思想和行动，导致（在某些情况下仍在加剧的）不平等现象，从个人和家庭到社区及地区，概莫能外。这些差距是如此显著，不是一句简单的假定——"世界是平的"或者"世界是个大熔炉"——就能抹平的。这些差距的存在恰恰证明了地方的影响力仍无所不在。在某些地区，这种差距可能正以某种方式缩小，比如在全球化的节点和途经之处（从美国的明尼阿波利斯到印度的孟买），到处都是千篇一律的摩天大楼、多车道高速公路、商务"园区"以及购物广场。但在有些地方，这种差距仍然存在，甚至还在扩大。在印度，受到新闻媒体大肆宣传的正迅速崛起的高科技产业所带来的就业机会，也许会吸引数十万合格的工人前往班加罗尔和紧邻新德里的古尔冈，甚至是加尔各答，但这一切与居住在恒河下游偏远地区的数千万无地农民关系不大。在非洲，每年都有成千上万陷入绝望境地的难民挤上毫无安全保障的小船，试图偷渡到欧洲大陆。这种情况已经持续了几十年，他们为此付出了惨重的生命代价，尝尽了人间疾苦。对这些试图末路求生的非洲难民以及其他无数想要打破藩篱的人而言，"世界是平的"不过是一句空话。没错，世界正变得越来越平——对于那些掌控现代化进程、走在现代化道路上、能够接触到现代化主流动向的少数人而言，情况的确如此。但他们只是少数。人口预测表明，在 21 世纪末全球人口数量趋于稳定之前，世界上最贫困的地区将出现最大幅度的人口数量增长。这就意味着**本土化人口**（那些最贫困、流动性最小、最容易受地方的力量束缚的人）和那些幸运的**国际化人口**之间的数量差距将越来越大。对后者而言，世界施加的束缚要少得多。

按照某些经济模型的预测，中国和印度在未来将变得更加富裕，全球中产阶级的规模几乎都将激增。然而，前文的论断似乎并不符合这种预期，因此，我们有必要把人口增长预期也纳入考量。在当下这个"崎岖不平"的世界，发达国家的人口年平均增长率为 0.25%，发展中国家的人口年平均增长率则为 1.46%（Cohen, 2003）。众所周知，日本和德国这类最发达国家的人口数量正在逐年下降，这一现象已引起了人们越来越多的关注。与之相反，四十多个最贫困国家（它们的总人口达到了约 7 亿）的人口数量却在以 2.4% 的年平均增长率激增。不仅如此，在一些人口大国**内部**，虽然总体的统计数据表明，人口自然增长率在持续下降，但各地区的人口增速并不同步：在经济相对发达的地区，人口增长保持稳定，另一些地区（通常是相对贫困的地区）的人口却仍在快速增长。以印度为例，2001 年的人口普查数据显示，喀拉拉邦和泰米尔纳德邦的人口增速在 1.0% 左右徘徊，最贫困且人口最多的北方邦的人口增速却高达 2.55%（比哈尔邦和恰尔肯德邦这两个邦的人口增速甚至更快）。根据预测，全球人口的增长将持续放缓，全球总人口数有望在 21 世纪末稳定在 100 亿左右。但我们不要忘记，其中的大部分增长将发生在目前最贫穷的国家和省份。将在未来几十年陆续登上"地球号"邮轮的 30 亿乘客绝大多数都将是本土化人口，只有极少数是国际化人口。

流向全球化人口及其动机

在未来，将有越来越多的本土化人口融入全球化网络，而且是出于自觉自愿而非迫不得已。这是最理想的情况。当今，人们热议的一个话题是，究竟应该如何看待低工资国家的纺织业血汗工厂：它们是为妇女们提供了摆脱愚昧的社会环境的机会，还是应该被视为压榨劳动力的企业怪兽？但无论怎样，这些工厂都犹如一艘船上闭塞的内舱和视野开阔的甲板之间的走廊，为女工们提供了一丝欣赏风景的机会。诸如此类的艰苦工作岗位带来了社会和财富的流动性，最终本应给予人们更多的选择机会。但研究表明，这些流动性也加大了贫富差距，让员工们陷入了文化错位的困境。可尽管如此，全球化与流动性本是同义词，即使是条件最艰苦的工厂流水线岗位，也有望让本土化人口流动起来，转型为**流向全球化人口**。正是在这种希望的驱使下，孟加拉国的农民走进了纺织厂，中国的农民流向了东南沿海地区，巴西的农民则涌向了圣保罗。

流向全球化人口都是甘冒风险的人，他们愿意离开熟悉的一切，去崭新而不同的环境中冒险。他们迁徙的方式多种多样，有的人是合法移民，也有人无证过境。他们迁徙的动机各不相同，有的人是为了就业，有的人是为了寻求庇护。他们当中既有训练有素的专业人员，也有非技术工人；有医生，也有家政人员；有银行家，也有泥瓦匠。他们当中很多人是跨境移民，换言之，他们跨越了边境——他们是变革的推动者。与数以百万计的只在自己的家乡及周边迁移，从未远离自己熟悉的家园的流动人口不同，流向全球化人口希望拥有更多的机会（往往是命运的诱惑），有些人甚至为此付出了生命。

按照这个定义，那些因为战争而流离失所，被迫跨越国境寻求庇护的难民不能被归为流向全球化人口。在苏联出兵阿富汗和随后的塔利班当权时期，数百万普什图人逃离了饱受战争摧残的阿富汗，其中的绝大多数人在巴基斯坦和伊朗边境地区找到了避难所，等待着还乡的那一天。塔利班政权被推翻后，大多数人都抓住了这个机会。同样，在以美军为首的联军发动对伊拉克的军事入侵后，200万伊拉克难民逃往了邻国叙利亚和约旦，他们也盼望着有朝一日能重返家园。跨国难民因冲突而流离失所，流向全球化人口则受到了潜在的机会和现实的需求的吸引。

地球在与时间赛跑。流向全球化人口则在挑战地方的力量，带着故乡给予他们的"资产和债务"，在崭新而陌生的环境中为生计和安全闯荡。他们的世界正在迅速走向城市化；"本土就意味着乡村，全球就意味着城市"的时代将一去不复返。未来的绝大多数新出生人口将生活在贫穷国家的大都市，其数量将达到5,000万甚至更多，规模庞大的都市圈标志着人类社会的根本转变。他们将是移民，是21世纪伟大的国际化者（internationalizer）。他们当中将有足够多的人得偿所愿，他们的本土价值观将得到接纳，他们的努力将得到回报。他们将致力于维持秩序和稳定，而秩序和稳定正是继续主宰世界的国际化人口的目标。在各种武器（手段）层出不穷的当今世界，强势掌控是唯一的出路。

四分五裂的国家

因此,国际化人口与本土化人口之间的角力将决定我们这颗星球的未来。在从达沃斯到多哈的环球航行中,国际化人口(无论是来自政界、工业界、商界还是来自其他决策机构)都在为彼此谋求平等的竞争环境。对于那些可能有损本土化人口利益的行为,八国集团一类的组织会通过立法使其合法化,或为其提供其他支持,本土化人口微弱的声音则会被忽略。建立安保和设置移民壁垒的是国际化人口,而非本土化人口。出兵干涉他国事务的也是国际化人口,而非本土化人口。正是国际化人口把工厂从工资低的地区搬到了工资更低的地区,让工人们难逃血汗工厂的梦魇。正是国际化人口主宰了本土化人口和流向全球化人口的命运,他们往往心狠手辣。

当然,这并不是什么新鲜事,只是如今规模发生了变化。在国与国之间的联系还不像今天这样紧密时,针对殖民国家和作为少数群体的统治者的国际监督也比今天少得多,"国际化人口-流向全球化人口-本土化人口"模式的运行还有着很大的自主性。20世纪50年代,我在南非生活时就见证过令这个国家臭名昭著的种族隔离制度的实施。**种族隔离**(apartheid)是在南非盛行已久的一系列做法的正式称谓,但它直至此前不久(1948年)才被该国列为正式的国策。1948年年底,我们一家人从刚恢复独立不久的荷兰来到了这个国家,我很快就发现,某些地区施行的实际的种族隔离(racial segregation)[①]措

[①] 虽然"racial segregation"和"apartheid"都可以译成"种族隔离",但两者的内涵不同。前者的内涵更广,指的是一般意义上的种族隔离措施、规定或手段。"apartheid"则特指南非白人当局于1948—1994年实施的种族隔离制度。后文提到的"正式的种族隔离制度",指的就是这种合法化的种族隔离制度。——译者注

施比其他地区的措施更为严格。尽管各地都存在歧视,但在当时的开普省(尤其是开普敦)和夸祖鲁-纳塔尔省(尤其是其主要城市德班),还是有些灰色地带。尽管歧视性规定理所当然地占了上风,但种族隔离的程度仍然存在明显的地区差异:内陆省份的情况比沿海省份更糟糕;农村和小城镇的情况比大城市更糟糕,相关规定未得到严格落实的情况在大城市也更多——纳尔逊·曼德拉(Nelson Mandela)就在约翰内斯堡的一家律师事务所里拥有一间不起眼的办公室,该事务所除了他全是白人。在阿非利卡人(Afrikaner,旧称"布尔人")占多数的郊区和城镇,种族隔离早在成为国策之前就已经全面施行了。这类乡村和小镇的名字往往就象征着其文化遗产,比如克鲁格斯多普(Krugersdorp)和路易-特里哈特(Louis Trichardt)。出于不同原因,各地执行种族隔离政策的程度不一,这种地区性的调节机制在一个缓慢走向融合的社会中起到了安全阀的作用(Mandela, 1994)。

在 20 世纪 40 年代的殖民时代,南非在某种程度上是世界的缩影:一小群白人建立了国家的政治、经济和社会框架;黑人工人在金矿、钻石矿、农场和公共项目中辛苦劳作;白人侵占了生产资料和大部分良田。种族隔离制度的缔造者以及共谋者不仅包括阿非利卡人,也包括许多讲英语的南非人,他们都是这个国家的"国际化人口"。他们在豪华会议室里主导着这个国家的经济,在联结了所有白人城市中心和高档郊区的高速公路上驾车飞驰,并根据劳动力需求操控境内非洲人口的流动。

南非的"本土化人口"则是那些发现自己被欧洲白人划定的政治边界困住的非洲民族。其中有几个是名副其实的大部族,他们在人数上远超他们的白人统治者,包括夸祖鲁-纳塔尔省的祖鲁人、东开普省的科萨人（曼德拉的族人）、居住在南非高地的索托人以及内陆的茨瓦纳人。这些非洲民族都拥有历史悠久的故乡以及独特的文化和传统。在矿山、农场和城市的吸引下，成千上万的非洲人离开故乡，涌向新经济地带，但大多数人仍然选择留下。这些居住在偏远乡村的留守者算得上是地地道道的本土化人口。对于与世隔绝的他们而言，现代化的南非是远在天边的另一个世界。

在阿非利卡人主导的政府将种族隔离制度强加给南非后不久，这种本土文化地理就成了该制度延伸的基础。根据一项名为**分别发展**（separate development）的宏大计划，南非黑人的家园在地图上被重新定义，在政治上被指定为国家实体，在实际中被称为"共和国"。它们还有一个名字——**班图斯坦**（Bantustan），这些班图斯坦拥有功能完善的首府、议会大厦、学校和地方工业。但当一切尘埃落定后，（人们发现）它们只占南非领土的不足15%。所谓的班图斯坦实为国内殖民地，从未实现自给自足。当然，南非所需的大部分劳动力都由它们提供。不过，它们是如何促成南非的国际化人口对本土化人口的统治的呢？每一名南非黑人都不得不登记注册，成为自己的祖辈所在的"共和国"的"公民"。这就意味着，每个外出生活和工作的南非黑人倘若恰好待在划定给白人的那80%的土地上，就会成为自己国土上的外国人，成为注定迟早要"回家"的临时移民工人——即使他出生在约翰内斯堡等地，他最终也不得不回到那个遥远的"共和国"。依此类推，任何非洲黑人都不能指望在"白色"南非投票；祖鲁人只能是祖鲁"共和国"的选民，仅此而已。

但这一切都是后来的事。在我来到约翰内斯堡之后不久，我仍有机会见证种族隔离尚未体制化的南非。当时，我父亲作为一名小提琴演奏者，随着德班交响乐团一同演出。他从海拔约1英里的约翰内斯堡那荒凉的高原环境一路南下，来到了有着高耸的棕榈树和优雅的滨海大道的港口城市德班，仿佛进入了另一个世界。德班是一座文化多元的城市，亚洲人（主要是印度人）、非洲人（大多是祖鲁人）以及白人各占约1/3。而在这1/3的白人中，英裔白人的数量远超阿非利卡人。演出开始前，我站在德班市政厅的楼座后面，想等一个空座位，这时我看到了绝无仅有的一幕：几十名亚裔和非洲裔听众坐在大厅后排，有些人手里还拿着票。这说明（白人）售票员、引座员和其他工作人员并未遵守"仅限白人"的规定，而这项规定就明明白白地贴在楼下。在随后的日子里，我注意到当地公交车上的隔离措施并不像在约翰内斯堡那么严格，其他的种族隔离"小"把戏也经常被人们习惯性地忽视。

父亲演出的下一站是开普敦。在那里，他的一位朋友带我参观了伟大的开普敦大学。这进一步证明了，当时南非的种族隔离还没有发展到最严重的地步。和德班一样，开普敦是一座文化多元的城市。与德班不同的是，这里的主流人群是混血的"有色人种"。那时，用来确认种族的身份证明尚未通行（这也是后来才有的事），许多有色人种仍然能在市内自由出入，在多数时候也可以不受阻碍地使用各种公用设施。我在开普敦大学的走廊上和教室里都看到了有色人种学生、非洲学生以及少数亚洲学生。我在参观政府大楼时还了解到，开普省的有色人种公民在南非议会中甚至拥有特殊代表席位。

但在政府的各部门里，种族隔离制度的国家机器正在组装。300年来，南非一直见证着不同种族和不同文化的交流、冲突与融合。这里丰富的自然资源吸引了来自不同种族和文化的人群；经济的增长又从国内吸引了大批流动工人。多种族混杂在一起必然会引发问题，好在多样的自然环境和社会环境为这些问题提供了不同的解决方案。在布尔战争结束后的半个世纪里，由英裔白人主导的政党一度统治南非，但该政党既无效率，也无远见。在1948年的大选中（当时南非的大选还只允许白人参加），阿非利卡人的南非国民党围绕着"南非正面临着不可逆转地走向种族融合的威胁"一说大做文章。为了消除这一威胁，该党的种族隔离制度设计师在尚未取得大选的胜利时就已经开始筹谋布局了。不久后，他们开始严格执行已有的种族隔离政策。他们不再允许白人地区的大学招收拥有"欧洲"以外血统的学生；对于内陆城市长期以来的种族杂居现象，他们也不再视而不见。从微观层面（诸如洗手间和公园长椅这类个人设施）到中观层面（城市住宅），再到宏观层面（地方和国家），种族隔离无处不在（Domingo, 2004）。**重新**分割南非的图谋不断发展，最后的逻辑顶点就是**分别发展计划**，该计划在地理上达成了种族隔离的最终目的。南非由此变成了一个"万邦之国"。在这个过程中，"民族""共和国""发展"和"政府"的定义都被意识形态颠覆了。作为这个世界的缩影，南非的国际化人口将证明，在后殖民时代，种族隔离与文化隔离能够确保殖民霸权的稳定与持久。在这样的体制下，本土化人口无法自由流动，流向全球化人口的迁徙也会受到严格的控制。

20世纪50年代的南非给我们留下了一条重要的教训（现在仍然重要）：某些政权一旦缺乏国际监管和多边制裁，也无须为自己的行为付出其他形式的直接代价，就会为了自身的经济、文化和战略目的而奴役全体人民。在那个年代，殖民霸权几乎不会互相监督；欧洲的独裁者在其非洲属地实行严苛的统治；南非国民党政权推行种族隔离政策的做法并未危及南非在联合国的会员国资格。从国际经济组织到体育赛事，南非的代表团和团队在全世界畅行无阻。南非的国际化人口成了那个时代最大的受益者。到了后殖民时代，当种族隔离制度的邪恶招致全世界的抵制和谴责时，很多分析人士却声称，只有由占少数的白人群体主导的政权才会如此背信弃义。但是，造成种族隔离的是人的需要，而不是种族的需要。时至今日，这些需要虽已改头换面，但在许多地方仍阴魂不散。在世界整体走向全球化和扁平化的当下，人们还能否辨认出它们的嘴脸？

早在种族隔离已经被普遍实施但尚未成为国策的时候，南非的一些本土化人口已经设法突破了无所不在的社会、教育和经济壁垒，进入新的栖身之地，哪怕一时还站不稳脚跟。我在德班市政厅的那个音乐会之夜所看到的那一幕，正如我当时在日记里所写的那样，是一种"南非悖论"。为什么这些处处碰壁的南非人要穿上一身西装，去聆听欧洲作曲家的音乐会，去忍受为国际化人口服务的音乐厅里的那些条条框框？他们为什么要去基督教教堂做礼拜（阿非利卡人经常引用圣经中的阐释为种族隔离辩护）？他们为什么要去那些培养压迫他们的精英的大学里学习？然而，当阿非利卡人政权将种族隔离定为国策时，已经有数以万计的非洲人、亚洲人等有色人种在南非构成了一个日益壮大的中产阶级。这些有着非凡韧性的流向全球化人口用自己的生活方式表明了追求现代秩序的决心。

种族隔离制度的规划者将其视为一种威胁，而非文化上的进步。阿非利卡人当局全方位遏制那些已经成功跨越事实上的种族隔离障碍的人。令人痛苦的现状让这些被压迫者再度投身抵抗运动。对于种族隔离制度在将来的彻底终结，抵抗运动可谓功不可没。在南非以基本和平的方式过渡到多数派政府的过程中，被长期囚禁的纳尔逊·曼德拉是关键人物。那些本想继续以革命改变国家、以暴力展开报复的人再次被说服，转而致力于维护那套由白人统治者打造的社会秩序——这一秩序在未来的几十年中仍将带着种族隔离的印记。一群来自不同种族的国际化人口成了南非的新一代统治者。但与世界上其他许多地方一样，这里的历史顽疾依然存在。此外，南非政府还面临着新的挑战，包括人们对就业、土地改革、住房和教育的不断提高的期望所带来的变革。在经受了几十年的遏制后，数以百万计的流向全球化人口如今正在改变南非的城市和乡镇，催生了规模庞大的非正规经济，却很难成长为正规经济。南非仍是世界的一面镜子。时至今日，它仍未跨过卢比孔河（cross the Rubicon），开启新的篇章。

四分五裂的世界

南非的国家形象也许不会因为正式的种族隔离制度而再遭破坏。但在全世界，从城郊富人社区森严的门禁到富国与穷国之间的边境墙，催生种族隔离制度的那些激励措施正日益成为文化景观的标志。在南非，全国的财富集中在少数几座城市，这些城市掌握着内陆和沿海地区的命运；贫困则主要集中在那些环绕着城市核心的马蹄形的"班图斯坦"，它们为全球化经济提供了原材料和劳动力。在当今世界，财富主要集中在那些城市化和全球化程度都很高的国家及地区，主要是欧洲、北美、东亚和澳大利亚，它们构成了经济地理学家眼中的全球核心地带（global core）。贫困问题最严重、最持久的地区则处于全球边缘（periphery），它们主要包括非洲和亚洲。如图1.1所示，生活质量指数最高的城市几乎都分布在人口增长缓慢的全球核心地带；新兴的、混乱不堪的超级大城市则位于人口增长更快的全球边缘地带。毫无疑问，世界上最"平"的是富裕的核心地带，最崎岖不平的是边缘地带。

当然，图1.1并不足以说明全部问题。全球边缘地带包括了世界上最贫困的国家和社会，但它也有自己的地理差异。虽然南美洲与撒哈拉以南非洲同属全球边缘地带，但前者在经济上远超后者。在东亚，关于中国经济的宏观统计数据并不能反映中国沿海地区和内陆农村地区的巨大差异……在国家政策及市场经济的合力下，中国的沿海地区打造出了一种"扁平化"的环境，至少在物质财富方面，这一地区正在朝全球核心地带的标准靠拢。东南亚也许还徘徊在全球核心地带之外，但新加坡是世界上最发达的经济体之一，拥有非常高的生活质量指数，因此它也常被视作全球化的样板。

地图可以反映地球环境在数千年的冰后期中发生的变化带来的结果，几个世纪的殖民主义和帝国主义带来的结果，农业、工业、技术和政治的变革以及它们在全球的扩散带来的结果，以及在一个全球化的世界中长期保持领先带来的结果。大英帝国也许曾有过日不落的辉煌，但它最终还是日落西山了——可尽管如此，英国在当今的世界事务中仍颇具影响力，伦敦也仍是世界金融中心之一。荷兰和法国这样的帝国则通过在中美洲和东南亚的殖民扩张攫取了财富，获得了持久的影响力。上述国家都位于全球核心地带，恰好也是在被这些国家殖民的地方，本土原住民惨遭欧洲入侵者的镇压，几乎被赶尽杀绝。

要想说明全球核心地带与边缘地带的差距，最有说服力的莫过于人口指标和经济数据了。如图1.1所示，全球核心地带的人口只占全球总人口的约15%，年收入却占全球总收入的近75%（基于世界银行提供的国民总收入数据）。全球边缘地带的人口约占全球总人口的85%，其收入却只占全球的25%左右。

因此，全球核心地带吸引了数百万流向全球化人口，包括合法移民、寻求庇护的难民、非法劳工和革命者。全球核心地带的国家不仅拥有巨额财富，其影响力更是长期渗透到全球边缘地带，激起了愤怒的情绪，也点燃了希望的火种。绝大多数流向全球化人口都是冲着工作和赚钱的机会来到全球核心地带的，他们甚至不惜为此冒险。一旦那些来自墨西哥、印度、菲律宾等国的移民站稳了脚跟挣到了钱，他们汇给老家的钱款就足以供养一大家子人。但也有小部分流向全球化人口不属于此类，他们来到全球核心地带是为了参与有组织犯罪或恐怖活动，等等。因此，移民管理是全球核心地带国家的共同目标。

的确，移民管理必须从源头和目的两方面双管齐下——原籍国和接收国都要参与其中。但事实证明，这种协调很难实现。2001年，时任美国总统乔治·W. 布什（George W. Bush）刚一上任就宣布要与时任墨西哥总统比森特·福克斯（Vicente Fox）达成一项协议，联手治理美墨边境，共同解决美国境内数百万墨西哥非法移民的问题。这一提议因为9·11事件的发生及其后续影响而搁浅。等到日后美国政府再度将此事提上议程时，舆论已经变得很强硬，美国民众对总统及其政府的信心也变得不如从前，兼顾各方的解决方案因此胎死腹中。实际上，美墨边境的移民问题凸显了国际事务运转过程中的一种常态：在全

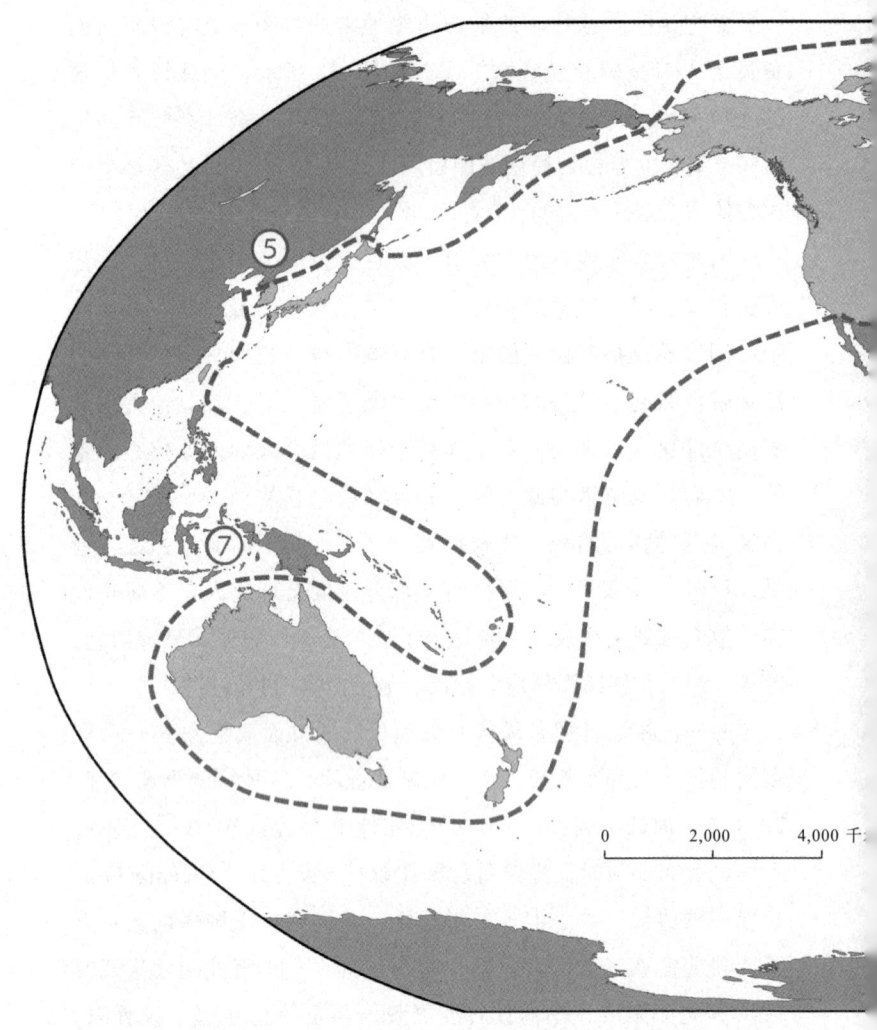

图 1.1 一分为二的世界：21 世纪初的全球核心地带和边缘地带示意图，图中被虚线围起来的部分是全球核心地带，虚线以外的是全球边缘地带。图中那些用数字标记的国家和地区的政府都试图阻止非法移民从边缘地带涌向核心地带[①]

---

① 书中地图均系原文插附地图。——编者注

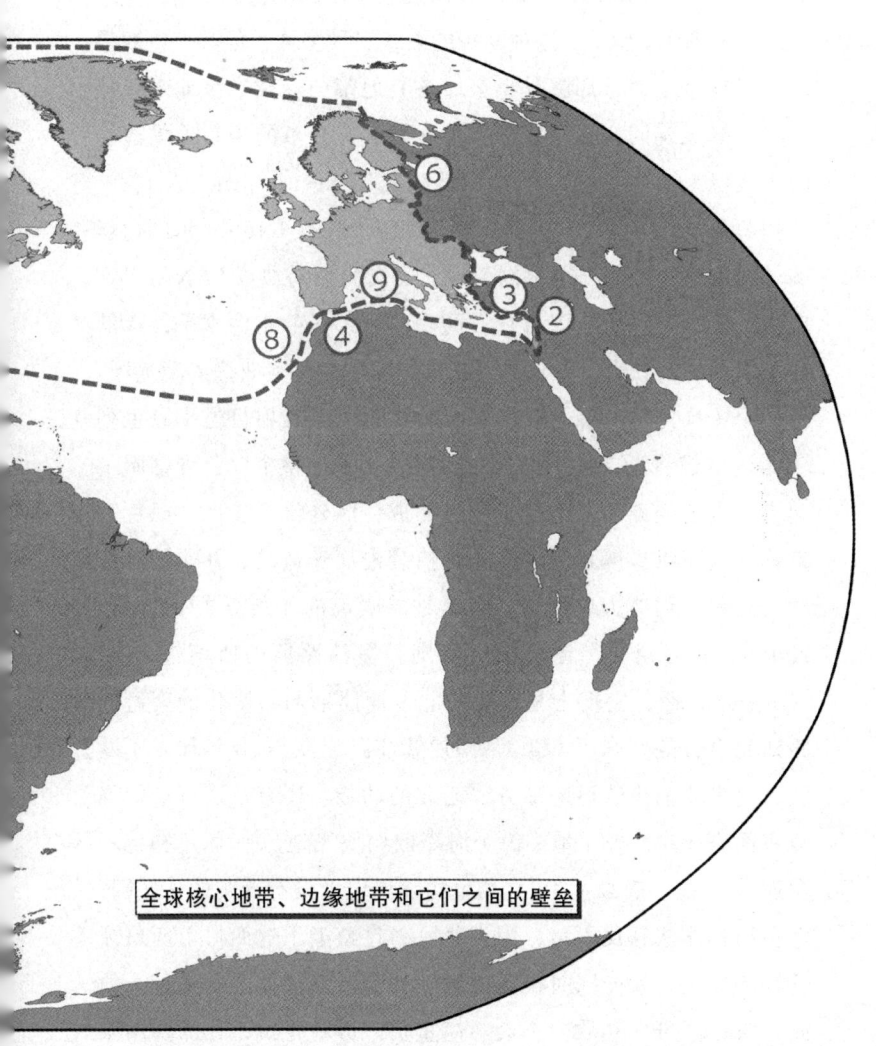

球核心地带，对局部的零碎掌控要优先于全面的协调。

正如图1.1所示，这种掌控的形式多种多样，但其整体效果已经显现了出来，那就是将全球核心地带与全球边缘地带分隔开来。毫无疑问，在这些措施中，最煞有介事的当数美墨边境的边境墙（①）。根据"安全围墙法案"（Secure Fence Act）中的相关条款，美国在其边境扩建和加固了长达1,100千米的边境墙。墙的另一边是与美国同为"北美自由贸易协议"（NAFTA）成员的墨西哥。该协议旨在提高墨西哥人民的生活水平，降低移民活动的诱惑力，阻止墨西哥人冒着生命危险非法入境美国。另一个（从比例上看）规模更大的在建隔离墙项目位于以色列（②）。一道将近700千米长的隔离墙几乎把整个以色列都圈了起来，这道隔离墙由混凝土浇筑而成，墙外设有禁区。以色列宣称，这道隔离墙是为了防止恐怖袭击而建造的，并非针对劳动力移民，但有人质疑该项目是种族隔离的死灰复燃（Carter, 2007）。另一道臭名昭著的屏障则是塞浦路斯的所谓"绿线"（Green Line），它把土耳其化的北塞浦路斯与希腊化的南塞浦路斯完全分隔开来了（③）。即使塞浦路斯在2004年加入了欧盟，也未能消弭这道屏障分隔南北的功能。还有一道有形的屏障将西班牙在北非（地中海）海岸的两块飞地——休达和梅利利亚——围了起来（④），那里的隔离墙上设有带刺的铁丝网，意在阻挡非法移民入境，因为移民一旦踏上了这两块由西班牙管辖的领土，就能同时得到西班牙和欧盟法律体系的庇护。如此一来，西班牙和欧盟都会不堪重负。毋庸置疑，在那些用来分隔核心地带与边缘地带的壁垒中，存在时间最久且知名度最高的当数朝鲜半岛上的那片"非军事区"（DMZ）。它位于朝韩两国之间，长约250千米，宽4千米，两边均有重兵把守，几乎无人能够越界（⑤）。1953年，朝鲜战争告一段落，朝韩休战并在两国交界处设立了这一隔离区。直到韩国走上经济转型和政治民主化的道路后，这一隔离区才成为分隔核心地带和边缘地带的标志之一。除了上述几道隔离墙，欧盟东部还有一道陆上屏障（⑥）。由于欧盟一直在扩张，欧盟和俄罗斯的边界划分经常发生变化，欧盟的申根协定（Schengen Agreement）仍在审批，因此这道屏障的分隔功能并不是那么严格和明确。一旦申根协定生效，欧洲各国就能加强在边境管理、边境安全及信息系统等方面的协调与合作，从而阻止非法移民经由芬兰和希腊等国进入欧盟。

如图所示，除了陆路，流向全球化人口要想进入全球核心地带，还可以走海路。澳大利亚在应对来自海上的非法移民问题上积累了长期经验（⑦）。澳大利亚没有陆地邻国，其北部与印度尼西亚和巴布亚新几内亚隔海相望，长期都有非法移民从这些地方跨海进入澳大利亚。这些移民并不完全来自澳大利亚的海上邻国，其中也有很多人来自遥远的阿富汗和伊拉克。针对这种情况，澳大利亚国防军在帝汶海和阿拉弗拉海的3,000千米海域内开展了长期的海上监控和拦截行动，包括海上巡逻和空中侦察。此外，为了解决澳大利亚入境拘留中心出现的问题，澳大利亚政府正在考虑通过立法将被拦截的寻求庇护者转移到一些岛屿上的安置中心，并在那里对其庇护申请的合法性进行裁决。在西非外海，欧盟的船只常年在加那利群岛和欧洲大陆之间的水域巡逻，拦截和遣返那些企图冒险从海上经由西班牙进入欧洲的非洲移民（⑧）。西班牙、法国和意大利也在地中海水域开展海上和空中巡逻（⑨），以阻止非法移民从北非海岸走水路进入欧洲，防止古巴-佛罗里达模式（Cuba–Florida model）

在这里重演。

已经有数百万合法移民进入了全球核心地带,这种现象还将持续下去。尽管全球核心地带国家的经济正在蓬勃发展,但人口的不断减少和劳动力需求的转型使它们不得不接纳移民,以填补劳动力缺口。全球核心地带的"西墙"反映了墙内的人拒绝接纳外来移民的倾向,但核心地带和边缘地带之间日益加剧的不平等很可能让事情走向反面。不过那都是未来的事了。目前,我们如果从最宽泛的角度去对比核心地带与边缘地带的经济、文化和政治地理条件,就会发现差异性远多于相似性。总的来说,出生在核心地带的人能够享有出生在边缘地带的人所不具有的确定性与机遇。随着差异的不断扩大,边缘地带的人们拥有这种福祉的希望也变得非常渺茫。地理和人的命运紧密相连。

地方和命运

我们不难看出,种族隔离制度下的南非的地理环境与图 1.1 所显示的分裂的世界颇有相似之处。南非的自然和文化地理为掌权的少数白人统治者提供了剥削的便利,其中包括各种天然屏障、历史上的黑人家园、被分割成小块的城市混居区(德班的亚裔-英国人混居区和开普敦的有色人种-阿非利卡人混居区)以及集中的资源。种族隔离主义者为具有职业特长的流向全球化人口提供了有限的条件,在南非打造出了繁荣的经济。之后,他们就关上了大门,筑起了种族隔离的高墙。

当然,阿非利卡人试图保护自身的特权、优势地位、生活方式以及文化的做法并不新鲜。纵观人类几千年的历史，无论是在东方还是在西方，无论是多数派掌权还是少数派掌权，人们一直都是这么做的。南非种族隔离制度的独特之处在于，它主要根据基本的地理框架划定了规模庞大的隔离版图。在一种僵化的意识形态的操纵下，他们依据种族和空间对这样一个拥有数千万人口的国家进行了重组。即使在受到干预之前的伊拉克，也曾有什叶派穆斯林（以及基督徒）支持萨达姆·侯赛因（Saddam Hussein）或与他合作。而在南非，阿非利卡人政权将黑人、亚洲人等有色人种统统拒之门外。自从有了群体的概念，人类就有了排他性，这一点在地图上留下了痕迹。如果不加以遏制，这种排他性必然导致各种畸变，甚至造成国家的畸形发展。

从这个角度来看，当今世界的核心-边缘格局肯定是不同的。如图 1.1 所示，全球核心地带已经汇聚了诸多族裔，其混杂程度甚至超过了种族隔离前的南非。澳大利亚正在迅速成为一个多元化国家（日本目前还不是）；美国从一开始就是一个种族大熔炉；欧洲则正在经历民族和文化的艰难转型。但在整个全球核心地带，各国政府仍在不断推出各种重大政策，包括那些能够被地图反映出来的排外法令，它们和两三代人之前的执政者们做出的决定没什么两样。美国前总统吉米·卡特（Jimmy Carter）在批评以色列对巴勒斯坦人的政策时引用了"种族隔离"一词，他本可以扩大他的指责范围（Carter, 2007）。在当今世界的区域地理中，种族隔离并不只是影影绰绰。禁止本土化人口的流动并在最大限度上控制流向全球化人口的流动，将持续加剧全球的二元对立，地图对此反映得一清二楚。

地方的影响力远不止于此。它也和身份密切相关。一些学者认为，自主的选择以及理性的判断基本可以抵消地方对人的影响，持这种观点的人当中，最近的一位就是哲学家阿马蒂亚·森（Amartya Sen），尽管"毫无疑问，一个人所属的社区或文化会对他看问题的方式和下决断的方式造成重要影响……人们在进行任何诠释性的工作时，都必须注意到当地文化、**区域法则**以及特定社区所独有的观念和价值体系的影响力"（Sen, 2006；这段引文中的黑体字部分由本书作者标注，以示强调）。虽然所有人都承认，"在运用选择权和理性建构身份"时，天赋和教育缺一不可。但正如阿马蒂亚·森所指出的，很少有人承认，这种选择和理性对许多人来说是可望而不可即的，即使对那些受过一些正规教育的人来说也是如此。的确，地方的力量就是如此强大，唯有当"区域法则"被视而不见时，个人选择和理性判断力才有可能得到充分发挥。

20世纪末，随着苏联和南斯拉夫的解体，观察家们纷纷预言，国家将不再是国际事务中的主要参与者，一系列新的实体将取而代之，一种是欧盟那样的超国家集团，另一种是加泰罗尼亚那样的次国家单位。然而十多年过去了[①]，国家依然是国际结构和国际体系的基石，投射权力，保护文化，也压制流动。从很多方面来看，国家仍然是地方的力量最无可争辩的体现，是为了实现"国家的"诸多目标而建构的社会组织。如今，成败是人们关注的焦点。贾雷德·戴蒙德（Jared Diamond）在其权威著作《崩溃》（*Collapse: How Societies Choose to Fail or Succeed*）中引用了一大批例证来分析此书副标题提出的问题——"社会如何选择成败兴亡"（Diamond, 2005）。几个世纪

[①] 本书英文原版出版于2008年，书中许多地方列举的事实和数据都已经与当下的情况不符，请读者在阅读时注意甄别。——编者注

以来，帝国、国家和社会的兴衰一直是地理学、历史学和其他学科关注的话题，人们也一直对兴衰背后的原因争论不休。显然，相比于那些漫长的崛起，突然的衰落是更直接的问题：没有人会无视与自己切身相关的国家和社会的衰落。近年来，"失败国家"这一概念的出现以及它带给恐怖组织的可乘之机，以前所未有的方式让世人的目光聚集到了阿富汗和索马里等国家。在《美国精神的封闭》(The Closing of the American Mind) 一书中，艾伦·布卢姆（Allan Bloom）指出，美国文化结构的瓦解是美国在全球的权力和影响力遭到削弱的主因（Bloom, 1987）。美国的衰退是显而易见的，但那些比美国小得多、影响力也比美国弱得多的国家遭遇的崩溃也要严重得多。美国的巅峰期也许已经过去了，但它仍是全球唯一的超级大国：它并未崩溃。相比之下，另一些国家和社会的确发生了"内爆"，其中的一些崩溃速度惊人，甚至令人恐惧。戴蒙德列举了通常以某种组合的方式导致崩溃的五大因素：一、人口对环境的破坏；二、气候变化的自然力量；三、敌对邻国的行为；四、久远的（最近一段时期的）和近来的（历史上的）贸易伙伴关系和盟友关系的削弱；五、不同社会应对类似问题的不同方式。从根本上来说，所有这些因素都是地理造成的，而最后一个因素尤为关键，因为这些变化与长期以来影响这些社会的自然和社会综合环境直接相关。持久的综合环境是否会导致"失败的文化"？从胡佛研究所的托马斯·索维尔（Thomas Sowell, 1994）到哈佛大学的历史学家戴维·兰德斯（David Landes, 1998），许多学者都曾提出这样的问题。这个议题招致了不少批评，但它明确无误地把失败与物质方面和社会方面的障碍联系了起来，正是这些障碍至今仍在将数百万人挡在世界进步的大潮之外。

经久不衰的人文地理

现代人类从诞生到遍布全球的过程犹如一出戏剧，其场景仍在不断被重建，其背景也仍在不断被描摹。现代人类崛起于非洲，距今并不遥远，这一点已经无可置疑；他们从非洲迁移到欧亚大陆以及其他地区的路线也很快为我们所知。大约4万年前，现代人类来到欧洲，向居住在那里的尼安德特人发起了挑战。大概在同一时期，或者稍晚一些，现代人类也抵达了澳大利亚。当动植物被驯化，越来越多的人被吸引到水土丰饶的河流流域聚居，这种逐水而居的新型定居模式大约在1万年前就形成了，这种模式在今天的地图上依然清晰可见。全球人口分布图（图1.2）能够反映出这种比较稳定的人口分布，其中大部分是在早期形成的，人口分布的其他变化则主要来自地方性扩张，而非区域性迁移。中国在1,000年前是世界头号人口大国，现在依然如此。生活在喜马拉雅山脉和斯里兰卡之间的人口数量与生活在印度河与雅鲁藏布江之间的人口数量大致相等，这种人口分布格局早在英国殖民者用"现代化的边界"将他们禁锢起来之前就已形成。在过去的1,000年里，全球人口分布的最大变化并未发生在由欧亚大陆和非洲组成的"世界岛"（World Island）上——这个恰如其分的名字来自哈尔福德·麦金德（Halford Mackinder, 1904）——而是发生在美洲和澳大利亚这两个人类前哨。欧洲人统治并屠戮了先于他们抵达这两个地方的人类族群（即使在今天，世界岛的人口总数也比其他地区的人口总数要多，两者的人口分别为54亿和13亿）。欧亚大陆和非洲的居民以及美洲印第安人和澳大利亚原住民都已经在现有的环境条件下生活了几千年——无论是在河流流域还是在

全球人口分布图

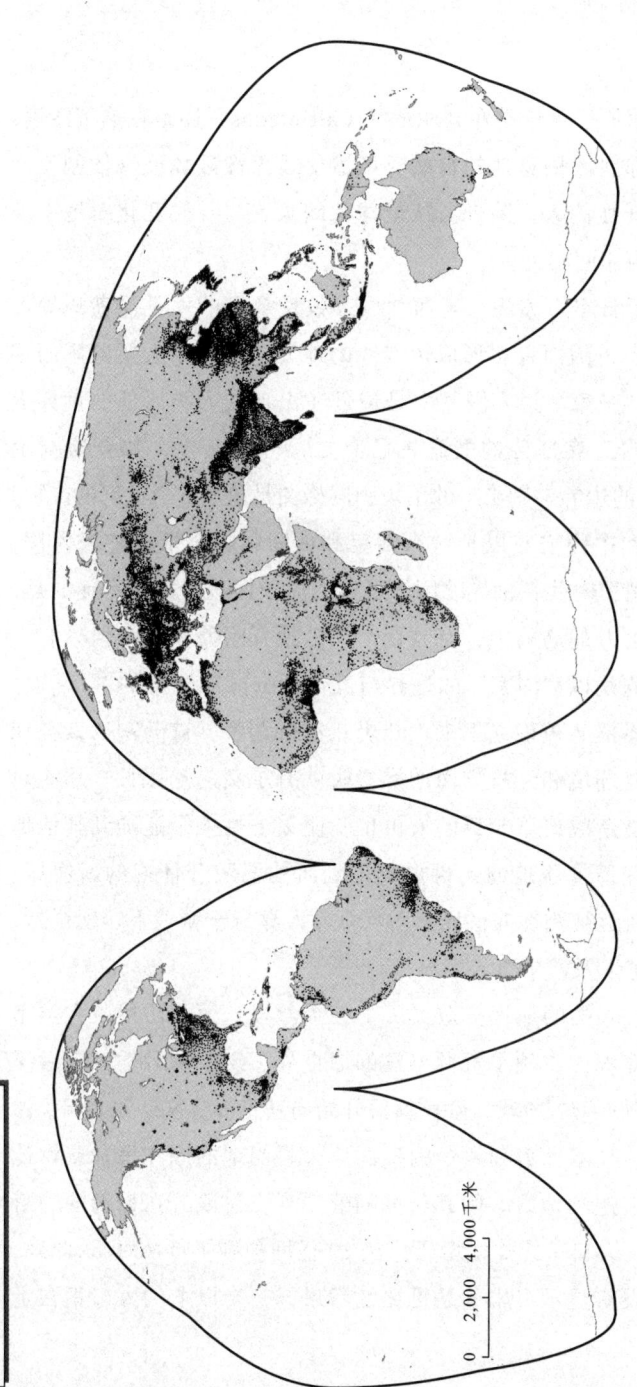

图 1.2 全球人口分布图,图中一个小黑点点代表10万人。本图反映了"世界岛"(欧亚大陆和非洲)以农耕为基础的古老的人口定居模式,这种分布模式一直延续至今

热带大草原，无论是在高原地区（altiplanos）还是在热带沙漠。当然，那些因栖息地的自然环境遭受毁灭性破坏或气候剧变而不得不迁徙的人们除外。从全球范围来看，气候变化对地方的影响可谓非同小可。

除了日本、冰岛、新西兰以及数量众多的太平洋岛屿等因为被海水包围而自然形成边界线的地方，我们今天所熟悉的不规则的"国家"边界网其实是最近才出现在人类居住的世界上的。虽然边界划分的概念古已有之，但事实上，如今这幅由"国家"的边界勾勒出来的不规则网格图是过去5个世纪的产物。罗马人和中国人曾以长城来划定和巩固疆界，抵御外来入侵，但直到殖民时代，世界才因为各国的竞争而被分割（有趣的是，在成千上万的岛屿中，有数百个大岛及其附属小岛，但只有十几个岛屿是以"国家"的边界与其他地方分隔开来的）。然而，一旦边界框架被确立下来，并仍在进行调整，被分割的人类社会在面对环境和经济方面的挑战时就有了新的局限性。那些对自然环境造成严重破坏的人再也不能丢下烂摊子迁徙到其他地方。那些遭受压迫的人再也找不到向他们敞开怀抱的新疆域。在这个新近被割裂的世界上，数百万人葬身于城墙下、围栏外、护城河里以及河岸边。

现代人类的地理扩散经历了三个阶段：第一阶段，人类祖先走出非洲，占领了资源丰富的旧世界（Old-World），随后又登陆美洲；第二阶段，欧洲移民开始向新世界（New World）渗透，凭借技术优势和致命的疾病消灭了当地的原住民，或将他们限制在边远地区，使其与世隔绝；第三阶段，在最近的一百多年里，人口呈爆炸式增长，从10亿增加到了近70亿。此外，地图上没有显示出来的是可比性后果：一半以上的人口正在走向城市化，而且这一重大进程仍在加速。城市化进程正在改变"地球号"邮轮的地理环境及其乘客的命运。

人口模型、流向全球化人口和移民

我在美国西北大学读研究生的时候和在密歇根州立大学地质系任职（那是我的第一份工作）期间，都听到了一些世界顶尖学者就地球的未来所发表的观点。地质学家阿瑟·豪兰（Arthur Howland）将大陆漂移说视作一种"神秘主义"，并预言关于陆地板块漂移的想法会在"确凿的证据"面前成为历史。政治学家戴维·阿普特（David Apter）预测，非洲将拥有"令人惊叹的"未来，拥有政治自由和经济发展机会的非洲将成为欧洲的竞争对手。据英国科学家奈杰尔·考尔德（Nigel Calder）的预测，随着高纬度地区被冰雪吞噬，地球的温度会快速下降，人们将被迫向热带地区迁徙。生物学家保罗·埃利希（Paul Ehrlich）则警告说，人口爆炸将使数十亿人面临饥荒，并在20世纪末引发全球性的混乱和灾难。

所有这些都能说明对未来的预测（哪怕只是短期的预测）有多可怕，但它们的好处在于，人们往往会围绕这些预测展开激烈的、往往富有成效的讨论。图1.3反映的所谓的人口发展周期模型在过去50年里的嬗变就是一个例子。这一模型旨在反映和预测国家及地区的人口已经经历和将要经历的自然增长阶段。这个模型把半个世纪前的人口发展周期分成了三个阶段，并假设所有人口都会经历一个高速增长期（"人口爆炸"），然后是持续的人口膨胀期。几十年前，某些人群（其中包括城市化程

人口发展周期模型

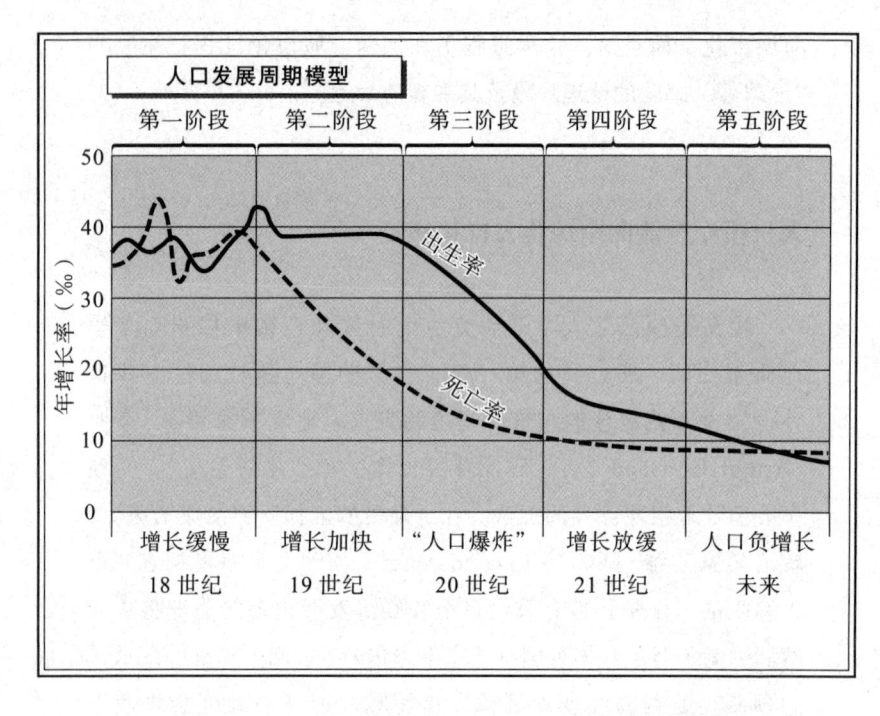

第一阶段	第二阶段	第三阶段	第四阶段	第五阶段
增长缓慢	增长加快	"人口爆炸"	增长放缓	人口负增长
18 世纪	19 世纪	20 世纪	21 世纪	未来

纵轴：年增长率（‰），曲线包括出生率与死亡率。

图1.3 20世纪的"人口爆炸"主要有两个原因，一是死亡率快速下降，二是出生率居高不下。一些国家仍处在人口发展周期的第三阶段；还有一些国家则已经进入第五阶段，其人口数量趋于稳定或者开始下降。目前，全球人口的整体自然增长处于第四阶段

度最高的那部分）经历了第四阶段，即增长放缓。目前，由于各种原因，越来越多的社会（即国家）显然正在经历第五阶段的"负增长"，用人口学术语来说就是人口正在萎缩。综合上述因素，我们可以得出以下结论：在21世纪，全球人口实际上将完全停止增长，甚至可能开始下降。根据预测，这种情况可能在全球人口数量达到90亿—100亿时出现，但我们也知道，这种长期预测包含了许多不确定性。

毋庸置疑，人口不断减少的国家需要输入移民来填补缺口。日本是人口正在加速减少的国家之一，然而它的政策制定者似乎相信，无须通过输入外来人口也可以解决人口问题。另外，在如今的人口大国当中，日本仍然是民族和文化同质性最高的。但移民正在改变其他国家和地区。尽管澳大利亚对寻求庇护者设置了种种障碍，但来到澳大利亚的合法移民正在使它成为一个多元文化社会。50年前，澳大利亚的人口尚不及现在的一半，当时全国95%的人拥有欧洲血统，其中3/4来自不列颠群岛。一直到20世纪70年代，即澳大利亚建国200周年时，其移民政策仍在奉行优生（特定种族）原则。在那之后，它的移民政策开始转向，成为合法移民的条件从血统变成了资金和技术。到20世纪90年代初，澳大利亚每年接收约15万移民，主要来自中国、越南、菲律宾、印度和斯里兰卡。按每年接收的移民数量相对于澳大利亚人口数量的比例计算，这就相当于美国**每年**接收超过200万移民。大量移民的涌入引发了不少社会问题，因此澳大利亚有必要减少合法移民的数量，但每年仍有大约8万人入境，其中既有富有的国际化人口，也包括很多寻求机会和更好生活的流向全球化人口，还有一些是前来寻求合法庇护的人。作为接收亚洲移民的主要地点，悉尼已经变成了一个多民族混杂的大城市，其人口数量接近澳大利亚全国总人口的1/4。随之而来的是越来越多的犯罪行为、帮派暴力、毒品问题、骚乱以及其他与"幸运国家"通常不沾边的现象。在每次移民潮中，都有成千上万的流向全球化人口踏上这块土地。他们一无所有，按照规则行事，在这个自由、开放和愿意接受他们的国度茁壮成长。

移民问题在美洲和欧洲都备受关注，移民也已经给北美和西欧社会带来了意义深远的改变。如前所述，在小布什总统执政期间，约 1,200 万非法移民的存在成了美国的一个政治问题，他们是流向全球化人口中流动性最强的那一部分。当时，美国政府一方面提出议案，准备赋予这些移民以部分合法权利，另一方面，美国又制定了计划，准备加强美墨边境的壁垒，阻挡来自墨西哥的跨境移民。美国是迄今为止世界上最大的富裕国家，与之相邻的墨西哥则是全球边缘地带的代表，是整个中美洲流向全球化人口的移民通道。但是，2006 年的联合国移民报告（Report on Migration）强调，和全球总人口相比，全球流动人口的数量仍然比较有限。1990—2005 年，全球移民人数从 1.55 亿增长到了 1.91 亿，但占比仍然远远不足全球人口的 3%。即使在那些鼓励而非阻止移民进入的国家和地区，尤其是在成员不断增多的欧盟，跨境工人的比例仍然相当低。与此同时，我们这颗星球上的绝大多数居民还是会在出生地终老一生。这些本土化人口的数量远远超过了流向全球化人口——尽管全球核心地带的发达国家对后者的需求正在增加。

移民及其动机

联合国和其他一些机构在需要识别移民的身份时都面临着一个问题，即如何给移民下一个准确的定义。上文提到的移民数据指涉的是跨境（国际）移民（跨越一国或多国边境抵达预定目的地，并在原籍国以外的地方生活了一年或一年以上的流向全球化人口）的数量。这部分移民的数量很少，而**跨文化移民**的数量就更微不足道了，这反映了长距离移民所受到的极为严格的限制。移居美国的墨西哥人既是国际移民，也是跨文化移民。移居西欧的印度人和巴基斯坦人以及移居英国的尼日利亚人也都是如此。与他们不同，在苏联干预阿富汗事务期间，数百万普什图人从饱受战争摧残的阿富汗逃往了巴基斯坦，并在阿富汗国内冲突肆虐时滞留巴基斯坦数年。他们是国际移民，但不是跨文化移民。如今，伊拉克战争正在进行，大批伊拉克人涌入了邻国叙利亚和约旦，其中只有一小部分人是跨文化移民，这些人到达了欧洲、美国或非伊斯兰世界。这些难民中的绝大多数在未来可能会重返伊拉克。

当然，国际移民的人数要远少于国内移民。全球有数亿流动人口只在本国境内迁徙。在上一代的那些大规模迁移中，有一个案例发生在中国境内，且至今仍在继续：环太平洋地区的经济崛起将中国西部的数百万农村人口吸引到了东部的城市化地区。从农村向城市迁徙是一种全球现象，其覆盖面要远大于国际移民。因此，真正的国际化大都市（如纽约和伦敦）的数量远不及那些因为聚集了国内的流动人口而实现迅猛发展的新兴大城市（东京、圣保罗、墨西哥城、拉各斯）。

尽管关于未来移民潮的模型做出了预测，国际移民将不断增多，但所有模型都表明，这种增长将无法满足移民输出国和输入国的需求。从地域上看，很显然，来自世界上最贫困国家的移民在国际移民中的占比最低。一个名副其实的人口贩运和走私行业已经兴起，它所剥削的对象正是那些希望进入全球核心地带的人，而其中只有相对较少的人能够筹集足够的资金，并冒险成为非法移民。另一项关键指标表明，当移民输出国和输入国的生活水平相近时，移民潮的规模就会缩小。这似乎是个令人乐观的发展方向，因此也常被视为解决美-墨移民困境的一个目标：提高墨西哥的生活水平有助于减少美墨之间的跨境移民。

尽管全球核心地带的其他国家已经走到了人口快速老龄化和萎缩的阶段，但美国（目前）并未走到那一步，它也因此陷入了另一个困境。在墨西哥和中美洲的其他地方，收入和财富的差距悬殊，极度贫困现象仍然非常普遍，因此这些地方有一大批潜在的流向全球化人口。美国的收入不平等也在日益加剧，工人的工资原地踏步，就业机会不断流失，这些问题对美国这样一个已经接纳了数百万移民的多元社会来说是无数麻烦的根源。在小布什总统的"大赦"提案被国会否决后，非法移民问题在2007—2008年的大选期间成了一个不受欢迎的议题。

谁能从中受益？虽然美国灵活的劳动力市场可以吸纳数百万跨境工人，但墨西哥及其公民才是最大的受益者（流向全球化人口每年给墨西哥带来约250亿美元的收入，占该国国内生产总值的3.4%）。欧盟的情况则有所不同，这里的人口老龄化直接导致了年轻劳动人口数量的下降。在全球核心地带，按年平均数量来看，每100个人退休，就会有约140个人谋求空出的那些岗位，求职者和岗位的比例为14∶10。但到2020年，这一比例会降至9∶10。因此，无论移民输入国对外来移民怀有怎样的成见或抵触情绪，这些国家对他们的需求仍将成倍增长。例如，经常有人认为，移民的到来会拉低本地低技能工人的薪资，但研究表明，从长远来看，低薪移民会促使当地人转而寻求更高薪的工作。那么，移民输出国的情况又如何呢？根据联合国的报告，在那些较为贫困的国家，按年平均数量来看，每100个工作岗位约有超过340个人竞争。失业和贫穷滋长了政治、经济和其他形式的极端主义。在这种情况下，全球范围内协调一致的跨国人口流动就如同给地球装上了安全阀，可惜它的管道在大多数情况下都是被堵塞的。不仅如此，流向全球化人口和本土化人口之间的文化冲突偶尔还会演变成恐怖主义，这种情况会让决策者进一步限制人口流动的决心变得更加坚定。

被阻隔的世界

2008年，全球人口已经接近70亿，国际移民的数量则在2亿左右徘徊，如此看来，地球并不像其所谓的"平坦性"所暗示的那样适合流动。尽管那些涉及千万人的重大历史性迁徙改变了史前人类的分布格局，但后者的轮廓已然留在了现代地图上。随着人口的增长、社会的多元化发展以及文化意识形态的多样化，政治权力以城墙、围栏、得到加固的堤坝以及遍布在山脊上的防御工事的形式变得具象化。在国家形成的初始阶段，欧洲帝国主义走完了把一套边界划分框架强加给世界的进程。从塞尔维亚到索马里，这一框架仍在不断演变。这一框架的设计者并不了解世界上大部分自然资源基础的分布情况，还往往会故意忽视文化地理因素，当今的世界和国家所面临的许多不平等和障碍是他们始料未及的。一套好的地图集——最好是地球仪——能够揭示部分差异，包括绝对面积、相对位置（世界上超过10%的国家是内陆国家）以及与国际交往主流圈子之间的距离。更加专业的地图则能够反映出，在原材料、自然环境和机会方面，哪些国家天生占有优势，哪些国家处于劣势。

今天的世界不仅被各种边界线分割，还存在着区域性的割裂。上文提到的核心-边缘二分法只是其中的一种表现形式。塞缪尔·亨廷顿（Samuel Huntington）在《文明的冲突》（*The Clash of Civilizations*）中介绍了另一种表现形式（Huntington, 1996）。亨廷顿的框架更具地理学意义，它以文化和种族的空间分布为主要依据，把权力和冲突因素放在了次要位置。亨廷顿用这种方法将世界上的约200个国家划分成了十几个"区域"（图1.4）。不过，无论你怎么看，我们的世界依然是一个四分五裂的世界，它的障碍和壁垒限制了无数想要成为流向全球化人口的人。这些既贫穷又无权的本土化人口无力摆脱困境，更无法影响那些掌控他们命运的人。另一些人似乎更自由，他们受过良好的教育，能力也更强。也许是考虑到移民活动存在着风险和不确定性，现有的环境让人更有安全感，这些人选择安于现状。又或许只是出于认命，他们甘愿留在本土。无论在何种情况下，地球上的绝大多数人都生活在他们所熟悉的自然和文化环境中。很多人渴望加入规模并不那么庞大的跨文化流动大军，但终因种种限制而无法进入全球化的通道。

这些全球性的、区域性的、国家性的和地方性的分割减缓了地球这个社会平台的公平化进程，即全球化所隐含的"扁平化"进程。从母语到医疗服务，从无处不在的宗教到政治意识形态，从地方冲突到环境危险，从生存方式到生活理念，地理条件从来都和人类的命运紧密相连。地方与地方各不相同，有的能带来机遇，有的会制造枷锁，迈向全球的国际化人口和绝少流动的本土化人口就生活在这样一个境遇千差万别、机会极不均等的世界。

全球的地理区域

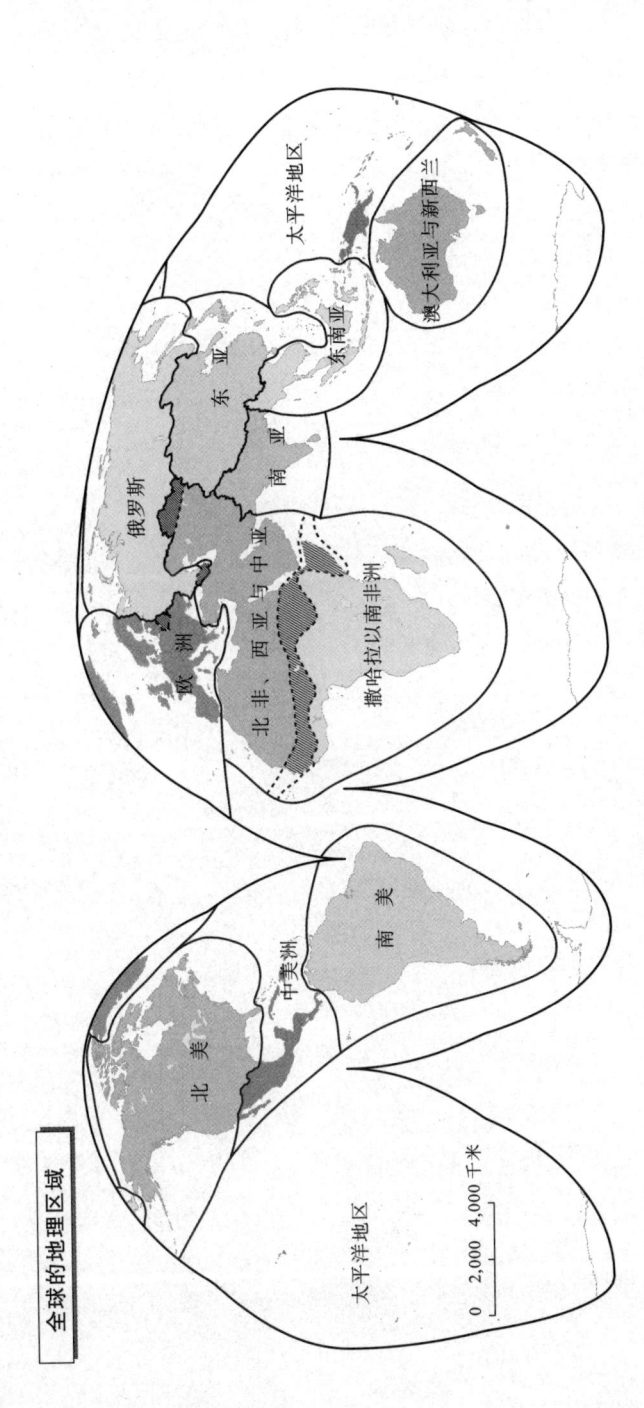

图 1.4 本图反映了一种结合自然、文化、政治和经济等因素综合考察全球地理环境的方法。由于图片尺寸的限制,本图只对几个主要的过渡区(比如非洲、中亚和东欧)进行了标识,而并未清晰地划分其他区域的边界

第二章

帝国时代的语言遗产

语言是文化的精华，文化则是社会的黏合剂。无论是个体还是集体，人们大多热爱自己的母语，特别是当他们确信自己的母语正面临着威胁时。随着早期人类社会的形成，语言也在不断经历着演变。有些人群与世隔绝，有些则向欧亚大陆、澳大利亚和美洲迁徙，语言就和它们的使用者一起经历着崛起、繁荣和消亡。语言学家们估计，可能已经有数以万计的语言诞生过又消失了，没有留下任何痕迹。某些主要的语言（包括苏美尔语和伊特鲁里亚语）仅仅留下了零星的书面记录。只有少数语言（如梵语和拉丁语）延续了下来。语言的历史地理就是语言多样性不断丧失的过程，而且这种趋势有增无减。语言学家指出，目前全世界约有 7,000 种语言，其中有一半都属于濒危语言。从你读到这些文字的那一天起，在之后的一年内，大约又将有 25 种以上的语言消失。到 21 世纪末，地球上可能只剩下几百种语言，数十亿地球居民将彻底和他们祖先的语言说再见（Diamond, 2001）。

如果这一预测是准确的,那么可能会消失的将不只是那些偏远地区的少数人群使用的语言。在全球化时代,文化的趋同是世界"扁平化"的维度之一,语言的同质化则是文化趋同的一个关键部分。我的一些同事认为,这种同质化是一种必然的趋势。他们的这种看法未必完全不可取,但恕我直言,在我的这些同事中,大多数人只使用一种语言:英语。迄今为止,我一共使用过6种语言(至今仍可以掌握其中4种),我能够认同语言学家对语言同质化的担忧。英语相对简单,适应性也比较高,这些是它的优势。但由于语言是历史上的自然和社会环境变迁的产物,因此英语无法与更有底蕴的法语相提并论,它的丰富性甚至不及荷兰语。欧洲的各种语言大多是近亲,如果英语和它的近亲语言之间都能出现差异,而且这些差异难以消除,那么它的未来可想而知。随着语言的不断融合,约鲁巴语、乌尔都语、泰语和其他一些主要语言的遗产也可能濒临消亡。

如今的语言学家们对地方语言的丧失感到非常担忧。在一些村镇,只有为数不多的老一辈居民还在使用已然濒危的本地语言。随着老人的去世,这些语言也会悄无声息地消亡。社群里的年轻一代更乐于使用流传更广的语言。当地人也没有满怀热情地号召人们拯救濒危的本地语言。如果**确实**出现了这样的拯救活动,那它很有可能是外界人士发起的。这些局外人意识到了本地语言在语义、语法或词汇方面的特殊意义或价值,认为这些都与语言的生态环境有关,也能反映出特定的语言与其使用者的"世界"观之间的联系。绝大多数正在消失的语言从未被书写或被记录下来,但其中一些语言可能包含有关环境变化、早期移民、生态学和信仰体系等的关键证据。在研究资金允许的情况下,一场运动正不断发展壮大,其目的在于尽可能多地保留这些濒危语言。但由于语言消失的速度正在加快,这项工作必然会有缺失。

由于语言地理有一个独特的因素,因此这项抢救工作也会变得更加困难。一般来说,物种丰富度梯度的生物学原理似乎也适用于离散的语言的分布情况。在生物学研究中,人们早已清楚地认识到,单位面积内的动植物物种数量会随着纬度的变化而变化:纬度越高,物种越少。因此,1平方千米的热带雨林可能拥有成千上万个动植物物种;但相同面积的苔原上可能只有几十个动植物物种。物种优势原则与这种梯度原则同理。在物种的数量和多样性都极其丰富的热带雨林中,很少有某一种动植物或某一个种群能够占据明显的优势。而在纬度较高的环境中,往往存在着占主导地位的少数物种,比如某种常绿树或某种大型食草动物。

有趣的是,语言的分布也符合这一规律。温暖、湿润、纬度低的环境往往能孕育出多种语言,每种语言的使用者往往并不多。比如,新几内亚岛上的居民至今仍在使用900多种语言,但没有哪一种语言能在这里占据主导地位。撒哈拉以南非洲拥有超过2,000种语言。但纬度较高的欧洲却只有约200种语言——其中少数几种语言明显占据着主导地位。这就意味着绝大多数濒危语种都深藏在偏远的、林木茂密的热带地区,想要把它们记录下来尤为困难。2008年,这些语言中的约400种语言被认定为高度濒危。

这种文化多样性的丧失不仅可以被视作全球化的后果,或许也可以被视为它的一项好处。彼此不通的语言种类减少了,世界各国人民不就可以更好地相互理解吗?但这一说法缺乏有力的支撑。使用不同语言的民族当然会发生冲突,但使用相同

（或相通）的语言也未必能够扭转对立的局面，甚至无法缓和敌对的情绪。几个世纪以来，北爱尔兰的新教徒和天主教徒一直都说着同一种语言，萨达姆倒台后伊拉克的逊尼派和什叶派也是如此。人类总有办法找到参与暴力冲突的理由，就算全世界只说同一种语言，人类这种好斗的天性大概也不会改变。语言是"平"的，并不意味着世界会变平或变得更公平。

另一方面，语言的趋同无疑有利于经济交流。在经济全球化的竞技场上，合同及法律方面的其他误解往往是由语言的含混造成的，这就对双语（和多语种）能力提出了很高的要求。一些观察家认为，加强经济互动有助于缓解可能导致冲突的紧张局面，语言多样性的丧失也可能因此带来积极影响。

对于全球核心地带和边缘地带的居民来说，语言既赋予了优势，也强加了责任。如果一个孩子出生在母语既是地区性主导语言又是全球性强势语言（英语、西班牙语、法语）的家庭，那么他从学龄前到退休后都将获得各种机会，这是帝国时代留给他的文化遗产。相比之下，如果一个孩子出生在以少数民族语言为母语的家庭或者一个语种繁多的社会，那么他就要面临大得多的挑战。数以亿计的幸运的国际化人口属于前者，数十亿本土化人口则属于后者。只要浏览一下全球化的商业文献，你就会发现，无论招聘广告招聘的是哪种级别的专业人员，掌握英语和至少一种别的世界语言都是明文规定。从瑞典到新加坡，商学院中的几乎全部课程或者大部分课程都用英文授课。如果说地方的力量在很大程度上是由语言决定的，那么要想创造公平的竞争环境，关键就在于掌握当前的**通用语**（lingua franca）。

早期的分化，后来的纷争

今天的世界是一座语言的巴别塔，各种语言错综复杂，似乎无法梳理清楚（图 2.1）。语言的某些特性是显而易见的，因此识别出并不相同但又存在近亲关系的语言并不难。通过语言之间的相似性，我们很容易做出判断：它们同宗同源，它们分化的历史并不太久远。如前所述，罗马时代的拉丁语演变成了今天的罗曼语族。罗马帝国的建筑师们使用的语言曾被强行推广到从大不列颠岛到伊斯坦布尔海峡的整个欧洲，但在短短几个世纪里，它就被其五大派生语言（意大利语、法语、西班牙语、葡萄牙语、罗马尼亚语）所取代，这五种派生语言都是外来植入和本土语言混合而成的产物。罗马人是他们那个时代的国际化人口，但就连他们也无法阻止自身语言的地域分化及差异化。英语也会如此吗？

语言是如何演变和分化的？这是几个世纪以来一直困扰着语言学家的一大难题，而地理因素是揭开谜底的关键。当人类迁入开阔地区，形成以狩猎和采集为生存模式的小型社群时，数量众多的离散语言很可能会迅速大量出现（和消亡）。但当人类开始驯养动植物，较大规模的人类社群开始出现并形成永久定居生活时，语言的种类开始减少，这也意味着幸存下来的语言的使用者开始增多。随着现代国家的崛起，"民族"语言成了国家身份认同的一部分，少数民族语言不仅会随之消亡，还会成为被压制的对象。近年来，在本土语言保护活动者和国外支持者的共同努力下，一些地方性濒危语言得以幸存下来。威尔士语正在复兴，毛利语和夏威夷语被彻底遗忘的命运也得到了扭转。但就未来的整体趋势而言，语言仍会越变越少。

全球的语系

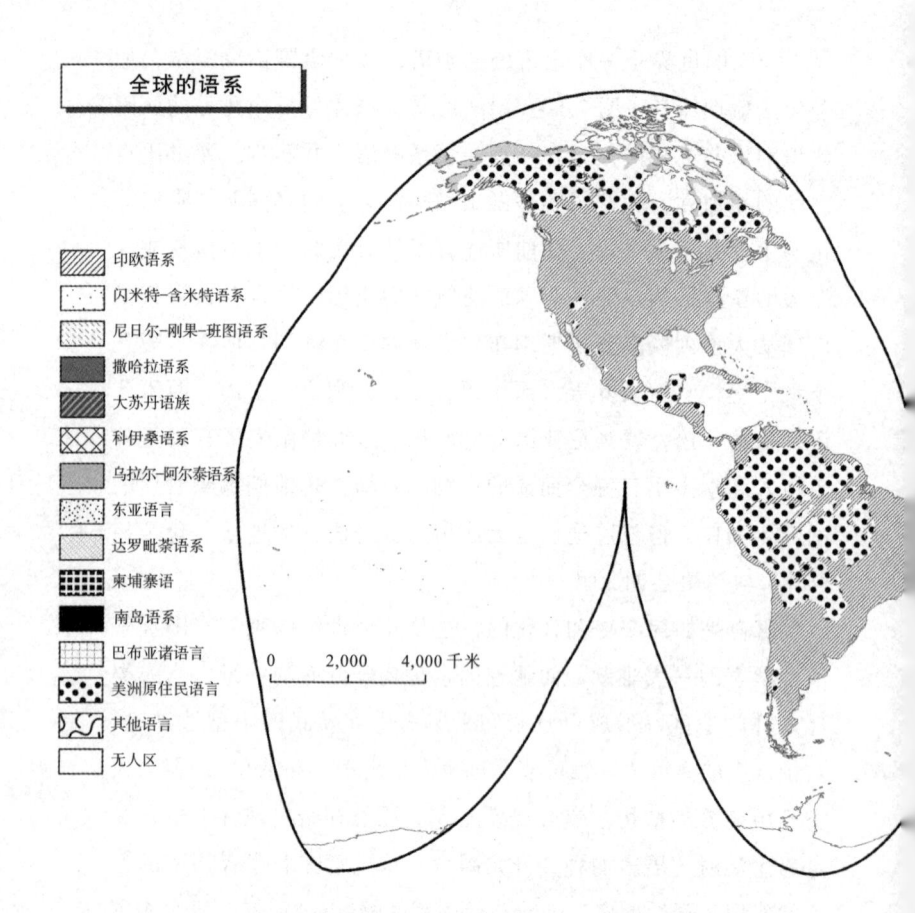

图例：
- 印欧语系
- 闪米特-含米特语系
- 尼日尔-刚果-班图语系
- 撒哈拉语系
- 大苏丹语族
- 科伊桑语系
- 乌拉尔-阿尔泰语系
- 东亚语言
- 达罗毗荼语系
- 柬埔寨语
- 南岛语系
- 巴布亚诸语言
- 美洲原住民语言
- 其他语言
- 无人区

0　　2,000　　4,000 千米

图 2.1 关于全球的语系问题，学者们至今仍未达成一致意见。本图展示的是最简单的版本，包含15个语系。其中印欧语系（包括英语）的覆盖范围最广。本图是在 M. 鲁伦（M. Ruhlen）的《世界语言指南》(*A Guide to the World's Languages,* Stanford University Press, 1987）和约瑟夫·格林伯格的相关资料（Greenberg, 1963, 1987）的基础上修改而成的

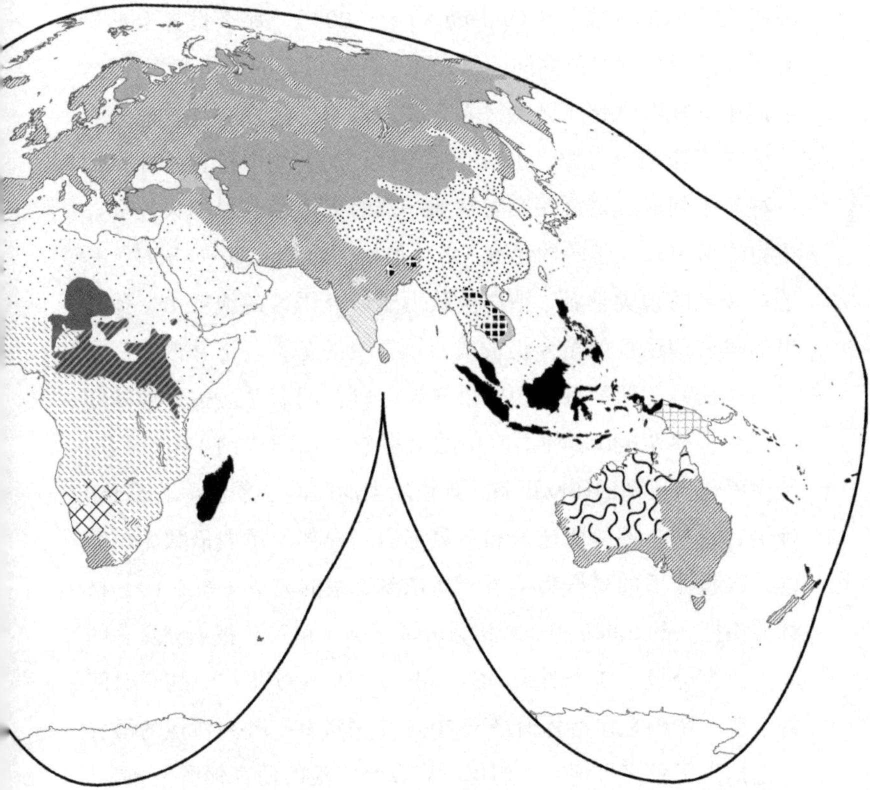

如此一来，重绘语言谱系图的工作将变得难上加难。倘若人类真正的祖先正是斯蒂芬·奥本海默（Stephen Oppenheimer）所谓的"真正的夏娃"（Real Eve），即假想中的那位孕育了第一批人类的非洲女性（Oppenheimer, 2003），那么世界上的所有语言是否也有一位共同的祖先呢？随着语言的繁衍和多样化，它们中的哪些保留了亲缘关系，哪些没有？这样一项针对语言的侦探工作相当有趣，也很有挑战性，加上整个过程所涉及的各种棘手问题，语言探究史犹如一部引人入胜的科幻大片和斗争史。斯坦福大学的约瑟夫·格林伯格（Joseph Greenberg）是这一领域的顶尖学者，他毕生致力于研究语言的演变史，他提出的很多理论框架至今仍被视为该领域的基石。格林伯格赋予了各种语系（即关系密切的语言群）以空间表达。按照他的划分，全世界7,000多种语言中的大多数可以归入约17个语系，其中就包括所谓的印欧语系。规模庞大的印欧语系包含了近150种语言，从东部的印地语和乌尔都语到中部的伊朗语和库尔德语，再到西部的德语和英语，都是该语系的成员（图2.1）。格林伯格把大约2,000种非洲语言分成了4个语系，把美洲众多的本土语言分成了3个语系（Greenberg, 1963, 1987）。随着时间的推移，特别是在格林伯格于2001年去世后，外界对他的语言理论提出了很多批评，人们也一直在修正他的语言地图。如今，一些语言学家认为，仅在美洲就有多达150个语系，至于格林伯格吹嘘的非洲语言体系，同样存在着严重的过度简化问题。但除此以外，他的结论仍未受到质疑，他的语言地图也能帮助人们对语言遗产的分布情况形成初步的了解。

世界语言和地方语言

提到"语言多样性的丧失",人们想到的不仅有濒危语言的消亡,还有"世界语言"的胜利,即印欧语系的胜利。英语是印欧语系的主要语言,它的地位堪比之前的拉丁语。诚然,约有12亿人以汉语为母语(或第一语言),这个数字约为英语使用者数量的3倍,但英语是世界通用语,汉语则不是。这是由大英帝国推动、由美国的全球影响力维系的全球化浪潮的永久遗产。正如俗语所言,大英帝国一度是日不落的国家。今天,英语世界的太阳也永不会落下。

无论如何,把汉语视为一种世界主要语言(正如我们的地名词典和教科书经常做的那样)会让人产生误解。数以亿计的中国人认识汉字,却听不懂自己近邻的语言,因此,汉语书面语比汉语口语更有资格被称为通用语。尽管没有可靠的数据,但是说**普通话**(Putonghua)的中国人——也就是说现代标准汉语的中国人——不超过全体中国人的一半。能够说一口流利普通话的中国人主要集中在历史悠久的北方核心地区和经济蓬勃发展的东部地区。中国的主体民族为"汉民族",但语言分布图却反映出了另一种情形。地图显示,中国有着超过1,400种方言,其中大多数方言彼此之间无法沟通。南方的方言数量远多于北方,将普通话分为"北方普通话"和"南方普通话"的做法并不能反映现实情况。中国的文化地理学者认为,中国多种方言组成的语言万花筒要比欧洲的更繁复,言下之意是,官方地图展示的基于一种民族语言的"多种方言",更多是出于政治考虑,而非基于语言现实。少数民族的人们在迁徙到中国的环太平洋地区工作时,会发现自己在语言上处于劣势;说不好普通话的汉人在某些方面也处于弱势地位。

一种语言虽不是通用语，却能被几乎所有人读懂，这是如何实现的？你只要看一看中国各地的电视节目，就会发现中国的新闻报道都配有汉语字幕，这是中国政府在全国范围内推广现代标准汉语的一种举措。印欧语系虽然也有通用字符，但仅限于数字。以数字5为例，所有欧洲人都能看懂5这个字符。但数字5在欧洲不同语言中的发音是不同的：five（英语），cinq（法语），fünf（德语），vijf（荷兰语），cinque（意大利语）。当多个字符连在一起时——比如571，情况就更复杂了。不过，如果是书面的571，彼此语言不通的欧洲人都能立刻明白是什么意思。由此可见，书面语具有口语所不具备的优势，听不懂对方语言的人也能看懂同一种文字。因此，那些把普通话视为中国"民族"语言的地图也不是完全没有道理。

即使只有一半的汉族人既会说普通话也能听懂普通话，就意味着普通话有6亿左右的使用者。作为汉藏语系的主要成员，汉语在使用者数量方面仍然领先于其他成员。可尽管如此，汉语依然很难成为英语那样的世界语言：汉语仍然受到地理位置的限制，所需的通信技术转换很难实现。虽然印欧语系中没有任何一种语言的使用者数量能超过汉语，但印欧语系中的几种主要语言使用者数量加起来超过了汉语。英语（4亿）、西班牙语（3.1亿）、印地语（3.05亿）、葡萄牙语（1.65亿）、俄语（1.5亿）、孟加拉语（1.3亿）、德语（1亿）、法语（0.8亿）和意大利语（0.6亿）都是印欧语系中具有全球影响力的语言，其中有几种民族语言还曾在殖民时期被广泛传播到本国之外。

因此，这些民族语言就成了殖民者在被殖民的全球边缘地带实行文化统治的工具。法国的殖民政策可以（也确实曾经）用一个词来概括：**同化**（assimilation）。把法语的优越性和法国的价值观传播到殖民帝国的土地上，曾是法语世界的终极目标，这个世界的精英——以及后来的大众——都视法国文化为欧洲文化中最优越的部分。法国人一直都（如今依然）激烈地甚至激进地保护他们的语言。直到今天，法国政府仍然坚持每年召开国际会议，维护和推动法语语言的影响力。从马提尼克岛到越南，从塞内加尔到魁北克，曾经的和如今的法属殖民地与领地上的代表都会参加会议。法国前总统乔治·蓬皮杜（Georges Jean Pompidou）喜欢说这样一句话："正是通过我们的语言，法国才彰显了其世界地位，才成为一个世界性大国，而不仅仅是'另一个国家'。"

英语语言的崛起

不过，成为全球化语言的是英语，而不是法语。从殖民时期、后殖民时期和新殖民时期到全球化时期，英语演变出了多种形式，成了从美国到新西兰等许多国家的官方语言，还成了尼日利亚和马来西亚等国家的精英阶层的语言。在帝国统治下的诸多国家，英语成了行政管理、公共服务、商业贸易和高等教育等领域的**通用语**。英语曾是全球近10%的人口的母语，直到二战爆发以及全球边缘地带的人口开始爆炸式增长之后，情况才有所改变。盟军获胜之后，英语看似将加速崛起，率先成为第一种名副其实的全球语言，但人口爆炸改变了这一前景。

在前殖民时期全球边缘地带的传统文化中，使用多种语言的现象屡见不鲜（现在仍是如此）。在撒哈拉以南非洲和新几内亚，当地人往往会说多种语言，因为市场会吸引来自不同村庄的商贩,而那些村庄的村民使用的往往是其他语言。在有些地区,人们在区域性商业活动中使用的语言(比如东非的斯瓦希里语和西非的豪萨语)已经积累了数千万使用者。豪萨语目前在西非内陆的几个国家被4,500多万人使用;斯瓦希里语在坦桑尼亚是官方语言,在肯尼亚则和英语同为官方语言。但是,殖民征服改变了数十亿本土化人口和流向全球化人口的境遇。在传统社会中,熟练地掌握多种本地语言意味着能拥有为数不多但颇有分量的优势。然而到了殖民时期,殖民者的语言才是权力的语言,当地人唯有学习和熟练掌握殖民语言,才能拥有更多的机会。语言多元化因此具有了全新的内涵。在说法语的非洲和亚洲国家,法语说得最好的本地人能够在国内拥有地位和影响力,他们时常还会获得资助前往法国学习,进一步接受"同化"。在大英帝国的那些殖民地,行政和管理部门的工作人员只要英语能力突出,就能得到升职的机会,这批人效忠于王室,替殖民统治者管理着领地。无论是税务员还是学校校长,无论是放贷人还是邮局职员,只要以英语为母语就能占据优势。于是,语言的等级制度里又增加了一个全新且关键的层面。

当语言学家们努力重新绘制一幅本土语言谱系图时,真实世界中的残酷现实却与理论构想并不一致。在英语、法语和西班牙语等殖民语言的排挤下,北美的本土语言不断退缩,只在零星的保留地上有所残存;只有在南美洲的安第斯山区和亚马孙河流域以及中美洲的一些面积较小的地区,大量的美洲原住民语言区保留了下来(图2.2)。在澳大利亚和新西兰,英语使用者的人数已经超过了原住民语言和毛利语使用者的人数。南非已经成为一个"双语"国家,但这里的"双语"并不是指在该国拥有最多使用者的两种语言,而是两种代表权力的语言:

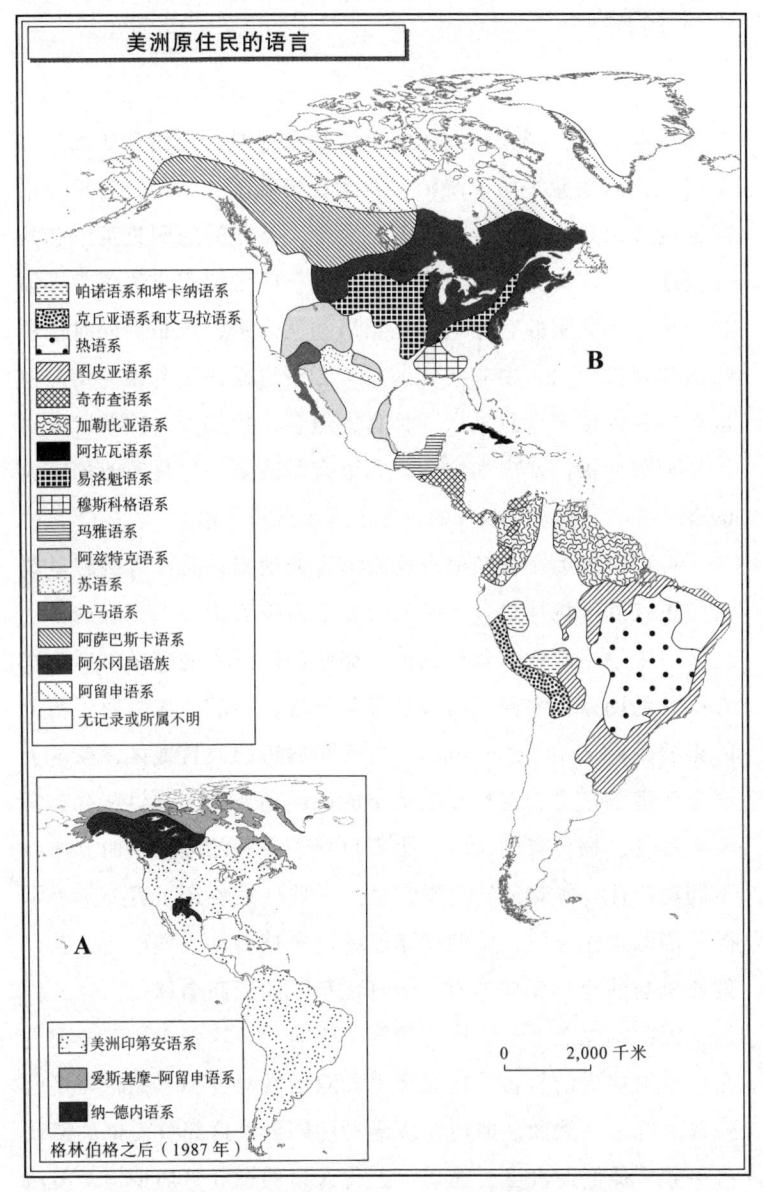

图 2.2 本图展示了对美洲原住民语言加以归类的两种方法。约瑟夫·格林伯格把美洲原住民语言分为 3 个主要语系（如图 A 所示）；另一些学者则将其分为 16 个甚至更多语系（如图 B 所示）。很显然，学者们仍未在这个问题上达成一致。图 B 是在对不同的资料来源进行汇总和修订的基础上绘制的，这些资料就包括 J. Diamond and P. Bellwood, "Farmers and Their Languages: The First Expansions," *Science* 300 (2003), p. 600

南非语和英语。当去殖民化浪潮席卷全球时,亚洲和非洲的许多国家先后摆脱了殖民统治,并宣布将英语、法语、西班牙语或葡萄牙语作为他们的"官方"语言,有些国家则把英语和某种当地语言同时当作官方语言。例如,印度的官方语言是英语和印地语,文莱的官方语言是英语和马来语,吉布提同时使用法语和阿拉伯语,中非共和国的官方语言是法语和桑戈语。但也有一些国家至今只承认一种官方语言,比如安哥拉的官方语言是葡萄牙语,塞内加尔的官方语言是法语,尼日利亚的官方语言是英语,赤道几内亚的官方语言是西班牙语。

对那些出生在只使用本民族语言的地方,既没有接触过覆盖面更广的区域性语言,又与官方语言隔着十万八千里的本土化人口来说,这意味着什么?在那些仍以过去的殖民语言为官方语言的国家,掌握该语言是参与管理、行政或成为商界精英的**必要条件**(sine qua non)。生长在偏远的农村地区,在本土语言环境下接受教育,不能从小就接触到专属于政界和社会精英的语言,都会直接让本土化人口处于不利的境地,而且这种不利地位往往很难逆转。现代化为一些国家创造了需要熟练掌握英语的工作岗位,比如在印度的高科技和外包型产业,获得就业机会的都是那些拥有"语言优势"的流向全球化人口,他们也因此率先登上了全球化的第一级阶梯。这些人大部分都是在城市里接受的教育,在城市里,双语教育并不罕见,而是已经普及开来。然而,即使在多语种的印度,这部分人也仍然只占少数。他们的世界可能比本土化人口的世界更加平坦,但从2008年的数据来看,在印度的4亿劳动人口中,这部分人刚刚超过100万。和全球边缘地带的大多数国家一样,对印度的本土化人口而言,"世界是平的"无异于天方夜谭。

变动中的语言版图

如果数以亿计的本土化人口发现，自己之所以处于弱势地位，是因为没有掌握通行全球的印欧语系语言，他们是否会打造自己的世界语，以替代"标准"语言？就算旧的本土语言在持续消亡，这种替代性创造是否会开创一个语言形成的新时代？当然，这种创新以前就有过，比如人们曾将西非海岸地区的西部海岸语和加勒比群岛上的各种克里奥尔语用作非正式的商业语言。不过，如今的前景已经不同了。正如本书第一章所提到的，全球人口预计还会增长约30亿，其中的绝大部分都将居住在全球边缘地带。城市化进程的加速意味着这部分人口将聚集在未来的那些超大城市中。在那里，他们会继续使用父辈的语言——同时，为了方便与同龄人交流，他们也会创造出自己的语言。具体来说，他们会把电视、娱乐、广告、购物、求职以及其他领域常用的词汇混合在一起，发明出一种能在他们的城市栖息地里通用的混杂型语言。

这种全球性的发展趋势在世界各国的各种城市环境中催生了数百种新的英语形式，在旧语言不断消失的时候，新的语言则在不断涌现。这种发展趋势是全球化的副产品，我们还不清楚它将带来怎样的后果（Crystal, 2003）。但这一趋势显然与民族国家长期以来致力于保护和编纂民族语言或"标准"语言并以此来区分社会精英和社会地位更低的人群的做法背道而驰。标准语言不仅仅是个人身份的问题：它是上流社会维护自身特权的一种方式。"标准英语"（King's English）是伦敦及其周边地区受过良好教育的人所说的英语，它曾是英国广播公司新闻主播的标配。但我们如果再看看如今的英国广播公司的新闻节目,就会发现情况已经变了。

不过,"保留和维持标准语言是有好处(和优势)的"这一理念并未被抛弃。几个世纪以来,英语一直受到"国家语言项目"的保护,"标准英文发音"(BRP)仍是英语使用者所追求的标准发音。英国人会很自然地把首都伦敦的英语视为"标准"英语;巴黎及其周边地区的法语也是最标准的法语,在16世纪时还曾被法国确定为标准语言和官方语言。4个世纪后,法国人不得不发起一场大规模的语言保护运动(包括使用民事处罚手段),以打击在商业、广告和其他公共场合使用"外国"语言(主要是英语)的现象。如图2.1所示,中国境内从东北到西南全都使用汉语,但前面已经提到,中国方言众多,其中的很多方言彼此并不相通。在过去的30年里,环太平洋经济带的蓬勃发展给中国带来了深刻的变化,随着数以百万计的人口从西部向东迁移,中国出现了前所未有的文化融合。而在此之前,大部分中国人很容易通过方言来辨识各自的地域身份,因为方言是他们随身携带的"地方标识牌"。当中国共产党的领导人决定采纳一种"标准的"汉语口语时,他们选择了首都北京使用的版本。当时,只有少数中国人会讲这种最纯正的"北方普通话"(Northern Mandarin),也就是汉语中所称的"官话",一个人会说官话,就表明他来自中国的核心地区。但是,最终将从中国经济和社会转型的大潮中脱颖而出的是**普通话**,它很可能与之前政府大力推广的"北方普通话"相去甚远。

直到20世纪末,除了东南亚华人社区等少数例外,汉语的通行范围基本仅限于中国境内。尽管当时已经有10亿人说汉语,但它仍不足以成为一种世界语言。但如今,这种情况正在发生改变。中国国内的经济转型带动了其在海外的商品采购、基建投资、文化外交和教育交流等方面的需求。中国的领导人鼓励其重要贸易伙伴在当地学习中国文化或加强在中国文化方面的交流。(近年来最热衷于学习中国文化的是津巴布韦,中文已经成为该国的学校课程之一。哈拉雷大学在北京市的支持下设立了中国问题研究中心。)毫无疑问,中国作为超级大国的崛起,必将推动中文融入全球语言体系。

尽管如此,"北方普通话"在中国本土之外还是不太可能挑战欧洲语言。汉语将成为语言变革的一部分,这种情况在那些长期既说汉语也说英语的城市里已经有所体现。比如,中国香港地区曾经长期由英国管辖,初次来到这里的游客会惊讶地发现,并不是所有的出租车司机或商店老板都能使用标准英语。不过这也很正常,香港的 700 多万市民所使用的语言不只是英语和汉语,还有很多其他语言。香港人正在设计他们自己的混合语言,有人称之为"中式英语"(Chinglish)。中式英语很容易入门,本地人可以很方便地用它来交流。在以华人为主的新加坡,英语、汉语、马来语和泰米尔语都是官方语言,在这个多语种的环境中,你会听到一种类似于城市世界语的"新加坡式英语"(Singlish)。无独有偶,从荷兰的阿姆斯特丹到新西兰的奥克兰,很多城市都在经历同样的语言混合过程(其具体组成部分会因为区域地理环境而异)。

在语言的金字塔中,作为基石的地方语言会整个消失;位于塔尖的标准语言也会受到语言混杂的侵蚀。更有甚者,语言文化的历史属性也在丧失。其中,最岌岌可危的可能是众多亚洲语言和大多数非洲语言所共有的一个属性:声调。举例来说,汉语不仅有发音,还有声调。同一个汉字可能因为"唱法"的不同而具有不同的含义。约鲁巴语和本巴语都有声调,英语和德语则没有。在汉语中，普通话有 4 个声调：阴平、阳平、上声、去声。这些声调可以用来区分汉语中的一些具有相同的元音和辅音但含义不同的汉字（在非洲的"阶地声调"语言中，情况更为复杂）。例如，在普通话中，名词"米"（大米）和动词"眯"（"眯眼"）、"迷"（"迷惑"）的发音都是"mi"，区别只在于声调的不同。显然，那些在没有声调变换的语言环境中长大的人很难学会标准汉语，但是当有声调的语言和没有声调的语言相遇并融合时，人们很快就会选择舍弃声调。

这种情况带来的损失超乎我们的想象。研究表明，在学习汉语及其他有声调的语言方面，受过音乐训练的西方人（他们因此比较熟悉声调的变化）比那些没有受过音乐训练的人更有优势。神经科学家黄俊文（Patrick C. M. Wong）在美国西北大学进行的一项研究中发现，声调的影响可能是双向的：以有声调的语言为母语的人在学习乐器时更具优势（Nagourney, 2007）。甚至在我们还不清楚即将失去哪些进化的遗产时，语言的同质化可能就已经终结了我们的文化史上的一个重要篇章。

与此同时，新技术（主要是互联网技术）带来的语言全球化、语言质量把控的缺失（比如维基百科现象）、城市化（主要发生在中国和巴西等国家的大型城市）以及公众对语言规范性的态度的转变（比如媒体和字典会快速接纳俚语和新造的词），都反映了语言的历史和地理进入了一个新时代。这个新时代可能会给流向全球化人口带来新机遇，也对多语言能力的新形式提出了要求：语言的规范正在快速改变，仅仅熟练掌握一种"标准"语言已经不够用了。对国际化人口来说，随着"世界"语言不断与地方语言混杂并失去其国际性，语言的文化地理会发生改变，从而带来意想不到的挑战。戴维·格拉多尔（David

Graddol)举例说,瑞典语"现在的定位更像是一种有利于民族团结的本土语言,而不是一种用于科学研究和大学教育或供欧洲人交流的语言"(Graddol, 2004)。从这个角度来看,就连标准英语也未必能在更广阔的世界长期占据主导地位。

尽管如此,英语目前仍处于上升阶段,尤其是在全球核心地带(图2.3)。由于近期的政治历史方面的部分原因,欧盟的扩张加快了英语的发展。德语仍然容易让人习惯性地想到战争,这一劣势在短时间内无法消除;俄语则会让人们联想到苏联时代。虽然欧盟承认20种官方语言,进而产生了高昂的多语种互译费用,但欧盟委员会和它的工作人员只使用英语、德语和法语。在这3种语言中,英语的主导地位正日益稳固。在位于布鲁塞尔的欧盟总部的一系列讨论中,英语也是通用语,虽然各国的代表在使用英语的熟练度上差别很大(图2.4)。同样,随着2004年欧盟开始大规模扩张,东欧的教育体系也开始推广英语。"在东欧……英语能力开始被视为现代生活的一项基本技能,就和会开车或者会使用电脑一样。"(*Economist*, 2004)

纵观全球边缘地带,在通往全球化的道路上,英语正在由点及面,一路开花。但就像之前的拉丁语一样,英语也在不断分化,产生各种形式,未来的语言地图可能会因此而发生改变。虽然在全球边缘地带,有数以亿计的学生在学校接受英语教育,但即使他们学的是标准英语,他们也会把在课堂上学到的东西和在媒体上接触到的内容混杂在一起,改造成独具地方特色的"他们的"英语。中式英语、新加坡式英语、意第绪式英语(Yinglish)以及其他类似版本的地方英语仍将继续演变,不过在全球化时代,因为这些地方英语具有足够的相似性,因此使用它们的人沟通起来不会遇到障碍。

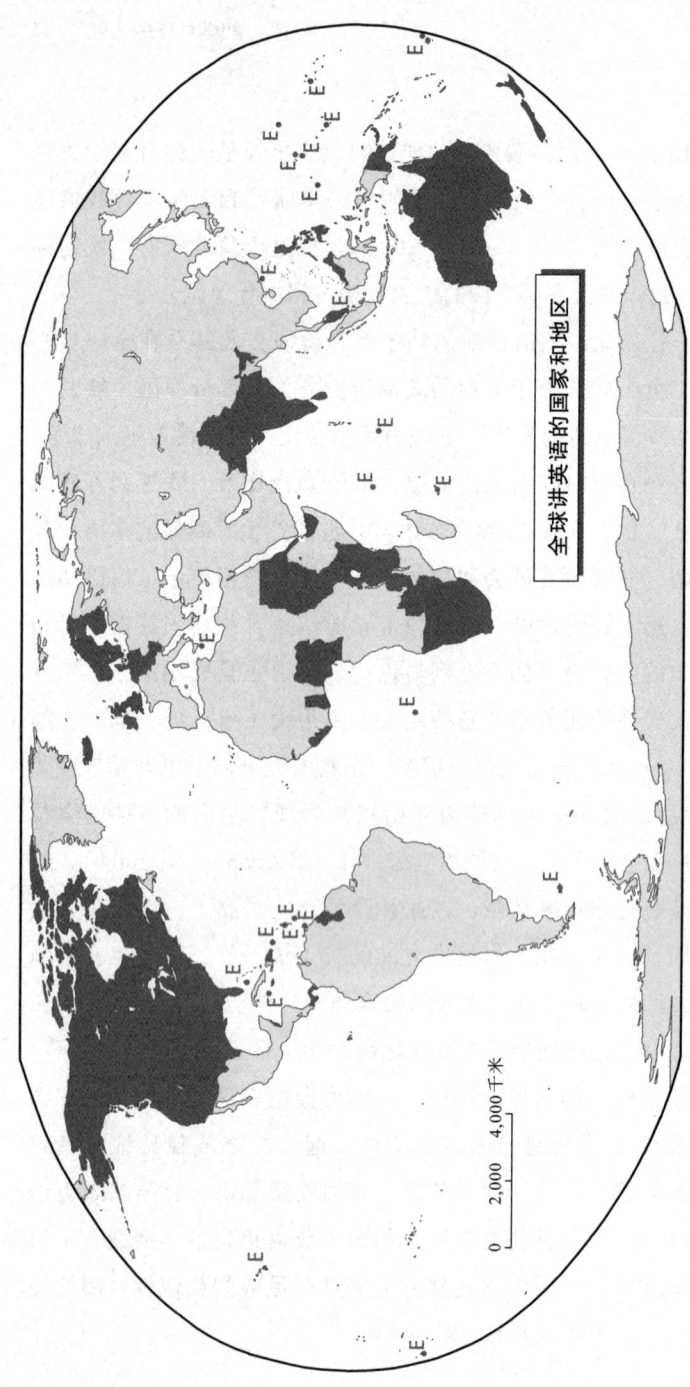

图 2.3 在以深色标注或以大写字母 E 标注的国家和地区，英语具有以下一种或多种作用：作为民族语言或官方语言；作为当地 50% 以上的人能够熟练使用的语言；作为多元社会中的政府、高等教育和商业领域的通用语；作为前殖民时期的留存语言。本图根据不同的数据来源绘制而成，包括 R. G. Gordon, Jr. (ed.), *Ethnologue: Languages of the World* (Dallas: SIL International, 2007), *Book of the Year 2007* (Chicago:

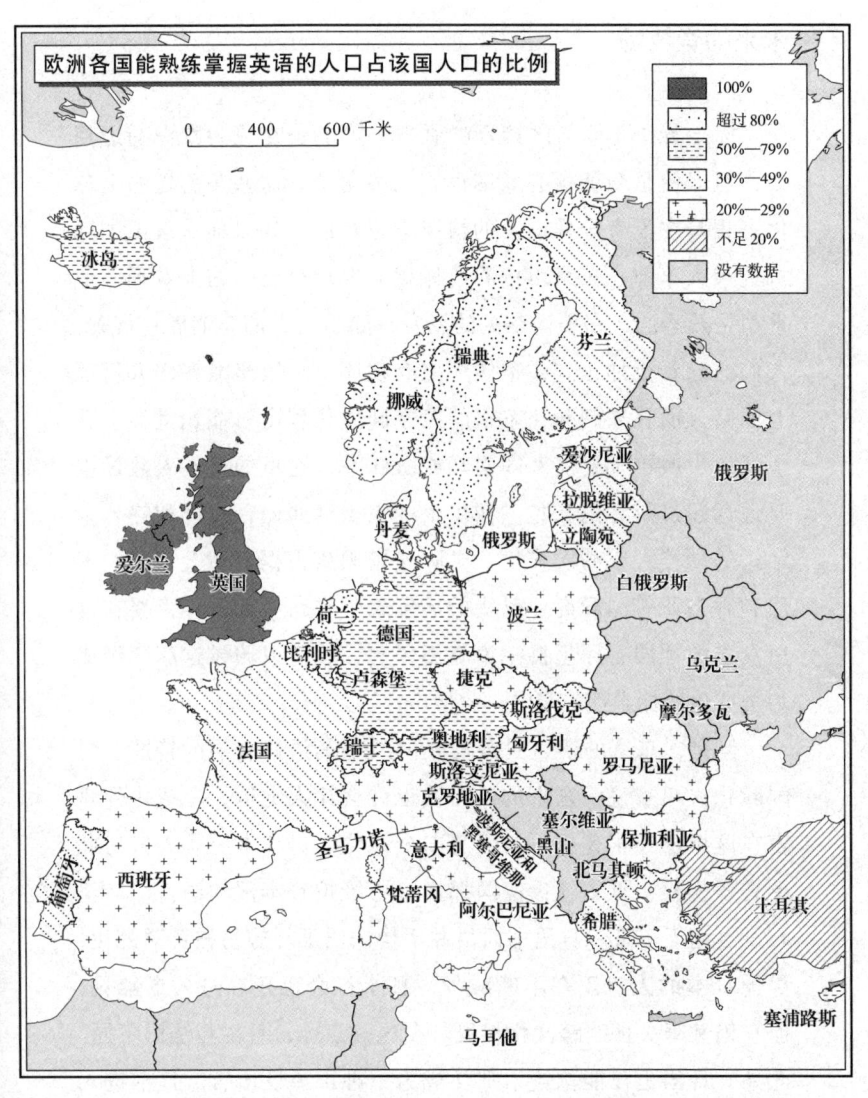

图 2.4 本图反映的是欧洲各国能熟练掌握英语的人口在该国总人口中所占的比例。在荷兰、丹麦和瑞典，绝大多数人都能说英语。在某几个国家，有超过半数的人能够说英语。本图的数据来自欧盟委员会的欧洲民意调查表特 243 号（Special Eurobarometer 243）中的"欧洲人及其语言"部分（Brussels, 2006）以及维基百科。瑞士、挪威和冰岛的数据是估算值。此外，少数几个东欧国家没有这方面的详细数据

未来的竞技场

标准英语（或与之接近的版本）可能正在成为欧洲的**通用语**，但即使是全球核心地带也有一些角落，这些角落里的全球化进程是在没有全球语言的情况下进行的。如果你从成田国际机场乘火车前往东京市中心，你就会发现自己一路上看到的似乎都是熟悉的、在美国常见的场景，除了这里的车辆靠左行驶，人们的穿着更加正式，整体上更有秩序。从银座宽阔的人行道上的路人面孔来判断，东京的民族同质化程度可能比世界上其他任何大城市都要高。即使在旅游旺季，这里的日本人数量也要远远超过游客的数量。在东京的主干道两侧，玻璃和铬合金结构的高楼大厦鳞次栉比，国际连锁酒店占据着黄金地段，索尼和香奈儿等国际商业巨头的店铺聚集在市中心。你只要在这里众多的顶层餐厅里挑一家享用午餐，就可以俯瞰这座已经成为全球化的标志性景观之一的城市。

但是，东京的语言景观反映的只是英语最表层的特征。对国际化人口来说，东京的天际线也许会让人觉得，全球化的语言在这里已经很普遍了，但流向全球化人口和本土化人口对此更有发言权。日本就像法国那样精心维护着本国的语言，甚至有过之而无不及。日语书面语并不像法语那样容易被英语同化；尽管日本的人口正在不断减少，日本社会也正在进入老龄化，但它仍然坚决抵制跨文化移民。在这一点上，日本与法国不同。此外，日语也没能像法语那样成为一种世界性语言。日本进入帝国时代的时间比较晚，它的帝国在地理上仍然受限，持续的时间也不够久。到了适应和发明的现代时期，日本从英美两国借鉴和采用了不少知识和技能（靠左行驶就是从英国学来的），但日本人使用英语的场景非常有限。尽管日本经历了美国的军事占领以及之后的复兴,但日语仍是日本的技术和现代化领域的通用语。日本的例子证明了,不用英语化(Anglicization),也可以实现全球化。尽管日本的管理者和技术精英都能掌握两门语言,英语也是学校的科目之一,但日本的大学、研究机构和跨国公司都主要用日语交流。根据2007年《民族语》(*Ethnologue*)的估计,目前只有不到1%的日本人认为自己能够熟练使用英语,这一比例远低于任何一个欧盟国家(图2.3)。按照这一比例,在日本的1.27亿人口中,只有不到100万人能够同时掌握日语和英语。可尽管如此,日本仍是全球化进程中最强大的力量之一,它的经济规模也位居世界前列。

如果日本能做到这一点,那么我们该如何看待英语在未来的全球化世界中的主导地位?我们在第一章中探讨过,地球人口未来的发展将迎来这样的前景:到了21世纪,以标准英语为第一语言的人口占比将有所下降,因为未来的人口增长将主要发生在英语不那么重要的国家。在3代人以前,全球有将近10%的人会在自己家里说英语,但各种估算表明,这个数字如今已经降到了6%,到21世纪中叶将下降到5%(Graddol, 1997)。虽然"标准英语在目前的全球化浪潮中将成为通用语言"的观点仍有市场,但种种证据表明,世界将朝着另一个方向发展。从日本和法国在对待本国语言方面表现出的保护主义到阿拉伯国家的民族主义,再到将西班牙语带到更广阔的新世界的扩张主义,一系列因素都将影响标准英语的发展前景。和2,000年前的拉丁语一样,英语自身也在经历种种变革,这表明它会成为未来的诸多变体的基础(McArthur, 1998)。于是,英语扮演的角色似乎会变得更加多样化,它将从一种受到严格保护的标准语言变成一种灵活变通的交流媒介，既可以保留那种必不可少的精准版本（比如在科学文本中），也可以衍生出一些不那么标准的版本。那种精准版本可能仍将在国际交流中充当主要媒介，也许在未来几代人的时间里都是如此，但即便如此，它也绝不是唯一的媒介。因此，各种"英语"不仅会横向出现，也会纵向产生。正如香港的"中式英语"和拉各斯的"约式英语"（Yorlish，也称约鲁巴英语，Yoruba-English）相似度有限一样，科技英语和商务英语的差异也很大。在欧盟和环太平洋地区，商务英语为正处于上升之势的英语提供了强大的助力（*Economist*, 2007a）。尽管仍有一些国家将抵制英语的渗透当作一项政策来执行，但在那些把英语列为主要语言之一的国家，英语能力会因此变得更有价值。

对本土化人口和潜在的流向全球化人口而言，这种情况意味着掌握双语和多种语言是通往美好未来的关键。众所周知，无论是在英国、美国还是在澳大利亚，以英语为母语的人都是多语种学习能力最差的人群之一。作为帝国遗产的英语也保留了其冷漠和无能的一面。最近，一项关于伊拉克战争的研究数据显示，在位于巴格达的美国驻伊拉克大使馆的约1,000名工作人员中，只有6人能熟练使用阿拉伯语。尽管有很多美国人极力宣称，美国的西班牙裔移民必须遵守"只讲英语"的规定，但相对而言，很少有讲英语的美国人愿意多学习一种语言，以便和新来的移民交流。但是，在如今这样一个语言种类越来越多的世界，只会讲英语的人可能会发现自己正处于越来越不利的地位。拥有双语能力的本土化人口一旦成为流向全球化人口，就更有可能获得成功。在印度尼西亚和中国，越来越多的儿童正在将英语当作第二语言来学习；在智利和蒙古等国家，政府的教育部门已经将所有学生都掌握双语能力当作教育政策的目标。人们会引述戴维·格拉多尔的话来做出预言："10年内，世界上约1/3的人口都将努力学习英语。"(*Economist*, 2006) 因此，讲两种语言或多种语言（以及各种版本的英语的混杂）很有可能成为未来英语发展的常态，而唯英语论（以及只讲英语的人）将被历史抛弃。

对于最近十年来出生于全球边缘地带的数百万农村居民来说，本土语言仍是他们难以抹去的身份标识，语言能力限制了他们的进一步发展。但是语言模式正在发生革命性变化，人口地图也预示了一个新时代的来临。生长在城市的本土化人口的数量将不断超过生长于农村的本土化人口。在未来的多元文化大城市的民族社区里，语言和社会身份之间的联系不会再像今天这样紧密。人们会学习新的语言，也会打造自己的专属语言。对他们来说，掌握多种语言是战胜地方之力的关键。

第三章

决定命运的宗教地理

如果语言是文化的黏合剂,那么宗教就是文化的宣言。我们要想通过语言来揭示一个人的身份,就只能等这个人开口说话。可即便如此,我们也不能完全依靠语言来识别身份,除非是在这方面最老到的人。那个说着一口流利的斯瓦希里语的人是来自肯尼亚海岸的米吉肯达人还是来自肯尼亚内陆地区的坎巴人?那个说着文雅的法语的人是塞内加尔人还是巴黎人?我们该如何断定圣保罗的酒吧里那些在讲日语时夹杂着一些巴西词汇的人是流向全球化人口而非游客?

宗教归属则不同。数以亿计的人常常用服饰、发型、符号、手势和其他可见的方式来宣示自己的宗教信仰。这些方式为那些有着共同信仰的人营造了一种自信和团结的感觉。对那些没有这种信仰的人来说,它们可能会被视作挑衅。对信徒而言,宗教是身份认同的关键,而这种身份认同是地方影响力的一种体现。宗教和地方之间的关系非常紧密,这不仅因为宗教建筑往往在地方上既重要又醒目,更因为某些正统的信徒至今仍然宣称，他们的神"赐予"了他们一些不动产，这些不动产的所有权不在世俗政治讨论的范围内。对一些人来说，圣地是耶稣曾经现身的地方。对另一些人来说，圣地是上帝赐予的礼物，值得他们誓死捍卫。

曾有无数人为信仰赴死，却没有什么人愿意为语言献身。上一代的荷兰小学生常常在学校里听到这样一个传说：曾有一艘满载中世纪雇佣兵的船在荷兰北部的须得海上被俘获，俘虏们都声称自己是荷兰人。负责处理俘虏的船长想到了一个简单的解决方案：任何一个真正的荷兰人都能念出**斯海弗宁恩**（Scheveningen）这个单词——斯海弗宁恩是位于北海海岸的一个渔港。那些发音准确的俘虏获得了特赦，发音不准的则被扔进了大海。这个故事有点不同寻常。语言、方言、口音和语法都能带来优势，从而打开（或关上）通往机遇的大门，也能成为一种社会评判标准。不过，历史上并没有出现过因语言而发生大规模毁灭的情况。

在文化的宗教层面，没有任何东西可以和语言层面的那种多元性相互观照或相互呼应。比如，以一位波斯先知在19世纪中期创立的宗教为基础的巴哈伊运动（Baha'i movement）曾经断言：全人类的所有信仰体系终将合而为一。然而，无论这一运动如何呼唤智性，无论它在世界范围内传播得有多广，它的全球影响力都仍是微乎其微的。其他的"普世主义"宗教运动在统一全人类信仰体系方面的影响力就更小了。相比之下，孩子们在从父母那里学习了语言之后，会根据各自不同的情况，或按照学校的要求，或被迫继续学习，以扩大自己在语言方面的视野。宗教灌输的目的和效果都与此截然相反。在拥有宗教信仰的家庭里，孩子们一旦开始具备读写能力，就已经开始受到其父母所信奉的教条和仪式的影响了，只有极少数人会在长大后改信其他宗教。在一年一度的阿舒拉节朝圣活动（Ashura pilgrimage）中，为了纪念发生在公元680年的先知穆罕默德的外孙之死，一些孩子会模仿他们的什叶派长老流血受难的样子，我们可以从这样的活动中看出宗教信仰的灌输有多么根深蒂固。

尽管前文列举的只是宗教的全球影响力的一个例证（虽然有点极端），但宗教渗透带来的影响是相似的。把古兰经从头到尾背下来，也许能让那些教条戒律深入人心，这是**伊斯兰学校**（madrassas）一贯的做法。同样，无论是基督教"主日学校"里的福音教育，还是佛学院里推崇的轮回的理念，不同形式的宗教植入会带来大致相同的结果：人们往往对自己已经接受的宗教信条坚信不疑，因此会排斥甚至完全不考虑任何其他信仰（具体原因后面再讨论）。这种不宽容正是一切宗教得以延续和维持其影响力的关键。当然，在不同信仰之间或同一信仰内部，这种不宽容的程度是有差别的。宗教是地方的力量中的一个决定性因素，其影响力的大小也会因地域差异而不同。

同样，和语言不同的是，宗教信仰和宗派主义会让人变得敏感，变得容易受伤害。人们往往会内化那些针对自己的语言或方言的批评，将其视作对自己的批评；种族诽谤则会招致更广泛的怨恨。但这些都无法与宗教侮辱或羞辱所引起的激愤情绪相提并论。一件在世俗语境中被视为言论自由的小事一旦被置于宗教语境中，在那些自诩信仰捍卫者的人眼里可能就等于犯了死罪。不同宗教的相互渗透——通过移民、传教、商业和军事行动——不仅会使全球的宗教景观复杂化，还可能导致更多有意无意的冒犯。

如同语言的演变一样，宗教的全球地理差异也处于动态的发展过程中。当福音派围绕着一些历史分歧向基督教的主要教派发起挑战时，当逊尼派和什叶派在伊斯兰世界内部互相争夺时，宗教保守主义（也称复兴运动）正在全球范围内崛起。宗教就以这种形式"入侵了"许多国家的政治领域，成为人们必须优先考虑的重大问题。因此，宗教正在变成一种反作用力，使全球化的景观朝着更加崎岖不平的方向发展。

宗教与生态

如同语言一样（是的，也如同其他事物一样），全球的宗教种类繁多且分布密集。将地方信仰体系和世界性宗教加在一起，总数有数千之多。此外，宗教的分布也和语言的分布一样遵循物种丰富度梯度原则，但它们又有一点不同。考虑到南美洲、非洲、东南亚和新几内亚的低纬度热带雨林中有很多小型人类社群，这样的生态环境孕育出了众多的信仰体系也就不足为奇了。纬度较高的地区（比如卡拉哈里沙漠和戈壁沙漠）的人类社群数量相对较少，他们居住在面积更大且往往更空旷的地带（显然，热带雨林中的居民并不向往游牧生活）。此外，在更加潮湿的热带地区，绝大多数本地居民和稳定的社群已经发展出了多神教信仰体系，他们崇拜众多神祇，赋予了祖先、动物和植物以宗教含义。相比之下，居住在沙漠和大草原上的人则往往信仰一神教，他们只相信一种神灵的存在，虽然也会有人相信存在着一些较小的神灵或邪恶力量，比如龙和魔鬼。如同语言的分布规律一样，今天在世界地图上占据显赫位置的宗教都来自那些更干燥的高纬度地区，而不是那些低纬度的雨林地带。

你几乎不可能在比利时看到一名来自新几内亚岛的传教士劝当地人皈依他的宗教；但你时常能在非洲或南美洲的森林部落里看到来自犹他州（沙漠地区）的摩门教传教士。

很久以前，文化地理学家和人类学家就注意到了这种区域差异，并就气候和"文明"之间的关系得出了一些初步结论，这些结论表明，种族主义在那个时代十分盛行。人类学家认为，中纬度地带（欧洲）的生态系统滋养了优越的文化；地理学家则假设，"环境决定论"能确保卓越的智力、优越的宗教和道德体系、更值得推崇的家庭观念和个人美德。当时，颇有影响力的地理学家埃尔斯沃思·亨廷顿（Ellsworth Huntington）在自己编写的一本教科书中这样总结道："气旋地区的人远比其他地区的人更为优秀，他们天生就是领导者……那些生活在最具活力的温带地区的人精力充沛，相比之下，生活在热带地区的人则更为懒散，这种差异主要是气候造成的。"（Huntington, 1940）纳粹德国急切地想要抓住所谓的"雅利安人优越性"这一学术论调不放，殖民国家也通过这些结论为自己在殖民地的"文明化"和基督教传教活动找到了正当理由。然而，第二次世界大战的恐怖以及战后人们对殖民冒险不断加深的怀疑，导致从生态的角度（哪怕和生态的关联非常牵强）进行的跨文化研究名存实亡。近半个世纪以来，大多数人类学家一直专注于研究特定民族的风俗和礼仪，避免把它们放在一起对比；文化地理学家则尽可能地和环境决定论划清界限。

直到近十年，人们才开始再次认真思考文化传统和生态环境以何种方式产生关联的问题。亨廷顿和其他学者曾在这个问题上误入歧途。如今，人们之所以开始重新思考这一问题，主要催化剂之一是一位备受尊敬的学者写的一部关于新决定论的专著，这本书因作者本人卓越的科学成就而赢得了读者的信任（Diamond, 1997）。此外，人们之所以会重新思考这个问题，还要归功于一位重要的经济学家，他不太像地理学家那样受学科研究维度的局限，而是把气候当作世界贫困地区冲突不断和持续贫困的关键因素来研究（Sachs, 2006）。此外，还有一大因素促使人们重新思考这个问题：人们越来越意识到，对环境决定论的全盘否定导致这一领域的研究变得止步不前，它如果能以合适的方式发展下去，将给人类社会从古至今的命运和发展机遇带来一些有价值的启示。

其中一些研究直接涉及宗教传统及其空间分布差异的问题。人类学家梅尔文·恩贝尔（Melvin Ember）曾得出过这样一个结论：雨林环境中的那些一神教社会的神祇（其中的一部分）在控制力或威慑力方面通常比沙漠地区信仰的神小很多，沙漠地区的神和宗教信条往往会宣扬惩戒和报应（Ember, 1982）。他还总结道，沙漠地区的社会很可能更倾向于中央集权、等级之分和军事化。在不同地区的社群中，女性的地位和角色也存在着明显的差异。在传统的雨林民族中，女性通常是社群的稳定和可持续发展的保障，因为几代人都生活在同一个村子或相邻的村庄。她们可能在当地的贸易和其他社群活动中发挥了重要作用，因此不太可能被认为低人一等。相比之下，在很多传统的沙漠文化中，女性不仅承担了大部分繁重的工作，还要受男性支配，可能还会被禁止参加社群活动。自然而然地，雨林社会的居民对待性和婚姻的态度也比沙漠社会的居民更加开放。

在麦金德所谓的世界岛上（即伟大的一神论宗教诞生的地方），或许早在畜牧经济时代，干燥的环境就与一神教之间产生了一定的关联。当时，牲畜（尤其是牛）是人类拥有的第一批实质性的财产，男性占有并维护着这些财产。父系血统制度催生了一神教：要想拥有更多的牲畜、草场和水等资源，只能通过侵占他人财产的方式来实现，上帝为此类行为提供了庇护。信仰多神教的农民（无论男女）都必须被压制，对女性的控制实际上使她们变成了男性的财产。在美洲，生活在干旱环境中的原住民从未发展出畜牧经济；他们大多将狩猎和采集结合起来，母系制度在他们当中一直存在，比如易洛魁人就是如此。

更广泛的影响是什么呢？罗伯特·萨波尔斯基（Robert Sapolsky）写道，我们的星球"正被干旱世界居民的文化后裔主宰"。"在不同的时期，这些中东来客涌向了世界的各个角落，占领了欧亚大陆的大部分地区……美洲、非洲和澳大利亚的原住民也得听命于他们。于是，我们的世界变成了犹太教-基督教和伊斯兰教的世界，而非姆布提人-加勒比人-特罗布里恩人（Mbuti-Carib-Trobriand）的世界。事实证明，沙漠思维及其承载的文化内涵在向外输出和传播到世界各地时具有超乎寻常的韧性。"他继续补充道，雨林传统的传播力相对较弱，它们一旦被连根拔起，就很难再生存下去。不只是语言，雨林文化传统的信仰体系也在流失，因为"雨林文化以及它那脆弱的多元性诞生于丰茂之地，最终却消亡在了里约热内卢、拉各斯和雅加达的贫民窟里那些未经处理的污水中"（Sapolsky, 2005）。

如果这么说似乎有些夸大其词，特别是在"丰饶繁茂"的热带雨林环境中，生态系统的不稳定会给当地社群带来严峻的生存挑战，那么有一点是毫无疑问的：地方的力量在很大程度上取决于信仰体系，而最具韧性和影响力的信仰体系诞生于热带雨林之外的地区，由此产生的信仰传播模式一直延续至今。我们难以断定拉各斯和雅加达这类大城市里的宗教将走向何方，但可以确定的是，诞生于热带雨林的信仰显然无法在这些都市大熔炉中发挥什么作用。

地图上的宗教

就像世界语言地图一样，世界宗教地图必然也只是一种概括，但它确实能够精准地反映出这样一种格局：少数几种宗教在地球上的大部分有人类居住的地方占据主导地位，其他的大多数信仰体系则只能聚集在狭小且仍在不断收缩的区域内（图3.1）。同样，我们也可以把语言-语系的谱系图套用在宗教语境里，因为世界上影响力最大的几种宗教（基督教和伊斯兰教，以及印度教和佛教）都可以被视为离散的宗教大家庭，虽然同一家庭里的成员（教派、宗派、教团）并不总能和睦相处。

关注宗教的空间分布和功能特性的文化地理学家和其他学者发现，宗教的空间分布模式正在快速变化，甚至在图3.1这种全球规模的层面也是如此。我们可以从图中看出，全球约70%的人类社会都已经被最主要的两大宗教占据。起源于中东的基督教已经成为全球核心地带的第一大宗教，南美洲和欧亚大陆的那些邻近全球核心地带的地区也深受其影响。在全球边缘地带，占据主导地位的是诞生于阿拉伯半岛的伊斯兰教，它的形成时间比基督教晚6个世纪。基督教在传入欧洲后成了罗马帝国的国教，然后随着欧洲人的殖民征服和移民大潮传播到世界各地，尽管它的内部时常发生教派分裂。伊斯兰教给世界岛的中心带来了一股创造性能量，从伊比利亚到印度、从东欧到西非的广大地区都成了它的势力范围。时至今日，这两大全球性宗教的地理分布情况已经截然不同：基督教分散各地，伊斯兰教则集中成片。只有在信仰伊斯兰教的马来西亚和印度尼西亚，伊斯兰教才曾经像基督教那样势不可当。

地图上并没有显示具体的数字。根据最新的统计，基督教仍是信徒最多的宗教，约有16亿信徒。但在很多国家，去教堂做礼拜的人已经变得越来越少，人们学习基督教教义的热情也不如从前。伊斯兰教的信徒人数据说在12亿—13亿之间，而且它仍在不断成长和壮大，原因有二：一是全球边缘地带的人口增长速度远超全球的平均人口增速；二是伊斯兰教吸引了越来越多的弱势群体和叛逆群体。如今，世界上最大的伊斯兰教国家不在西南亚的伊斯兰中心地带，而在东南亚的岛屿上。

然而，在全球最大的两个人口大国，伊斯兰教和基督教都不占优势。在印度，伊斯兰教虽有一席之地，但印度的穆斯林人数只占印度总人口的14%。在中国，基督教也有所发展，虽然没有可靠的统计数据，但据大致估算，中国的基督徒占总人口的比例仍然很低。相比之下，印度的印度教信徒和中国的本土信仰追随者加起来有10亿人左右——尽管从全球来看，他们影响的空间范围相对有限（这一点可以反映地图的重要性）。从地图上看，中国西部有大量人口信奉伊斯兰教或佛教，但我们只要比较一下图3.1和图1.2就不难发现，中国的绝大多数人口都生活在占国土总面积约1/3的东部。在中国西部的西藏和新疆，穆斯林和佛教信徒在中国13亿人口中的占比也很低。

根据地图可以反映以及无法反映的信息，我们可以确定，世界上有三大信仰体系。在几种名副其实的全球性（和正在全球化的）宗教中，基督教和伊斯兰教是两大巨头，它们的覆盖范围最为广泛。从历史的角度来看，虽然佛教也是一种世界性

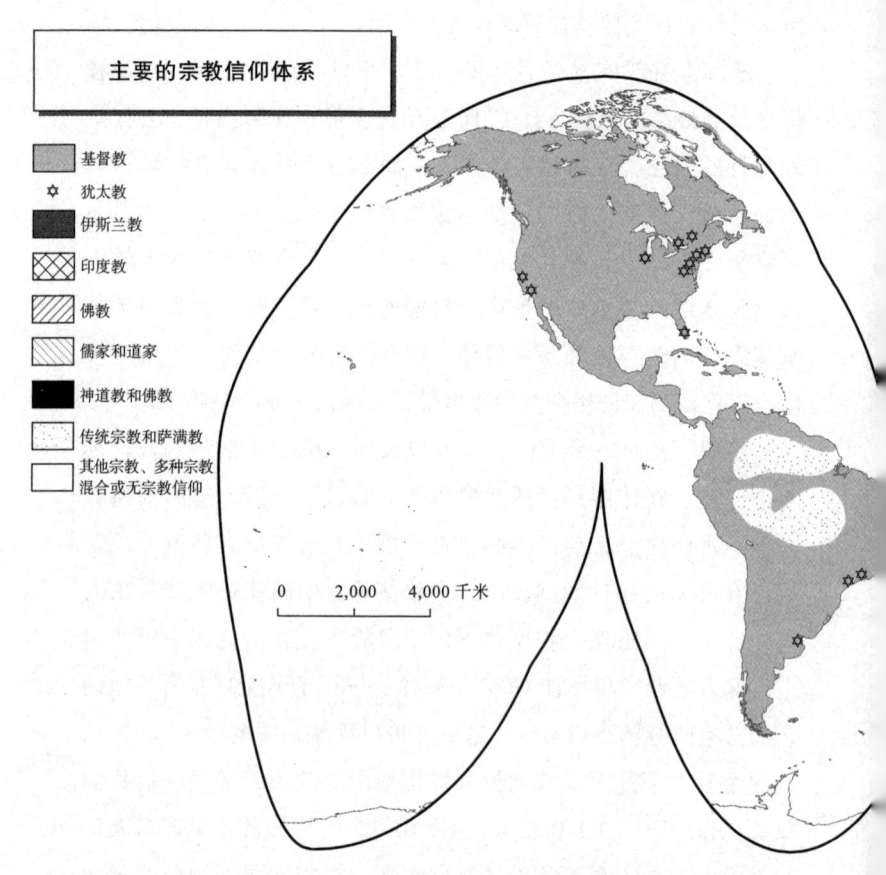

图 3.1 本图反映了世界各大主要宗教和信仰的势力范围。在这种比例下，本图无法反映各大宗教的诸流派乃至重要的宗教少数群体的分布情况（比如，在印度教占主导地位的印度存在着大量的穆斯林）。在撒哈拉以南非洲，基督教是主要的非本土宗教。儒家和道家是信仰体系，而非传统意义上的宗教

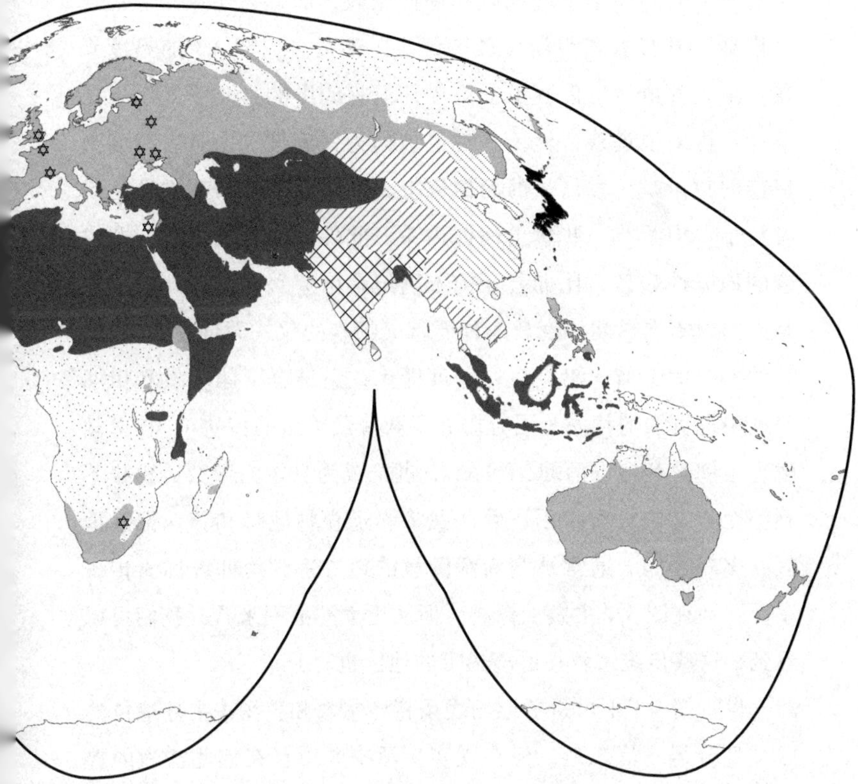

宗教，但它的信徒数量要少得多（目前不到4亿人），但正如地图所显示的那样，佛教的传播范围也很广，它已经在东南亚的几个国家占据主导地位。犹太教目前只有不到2,000万信徒，但它的诞生时间要早于基督教和伊斯兰教，而且它还在一定程度上推动了基督教和伊斯兰教的诞生。然而，以图3.1的尺度来看，犹太教虽然也传遍了全世界，但它的影响力几乎可以忽略不计。再来说说地区性（有时也被称为民族性）宗教。印度教信徒的数量是佛教信徒的两倍以上，不过它的分布范围远比后者更小。中国有一些本土信仰体系。此外，世界上还有一些古老的地方性宗教，比如公元前6世纪在南亚兴起的耆那教，它是人们因不满早期印度教那种严苛又烦琐的仪式而创立的宗教。大约5个世纪前，锡克教在印度诞生，它结合了印度教和伊斯兰教中最可取的特质（同时摒弃了两者最落后的特质）。神道教融合了佛教和地方信仰，并在19世纪成为日本的国教。我找不到一个合适的分类术语，因此我将赤道森林地带和其他偏远地区众多较小的、通常被归为萨满教的地方宗教信仰统称为传统宗教，并在图3.1中做了标注。但从更大的范围来看，我们可以看到，这些传统宗教在远离热带的地区也有分布。

尽管图3.1不可避免地用线条将各宗教和教派占主导地位的区域划分得一清二楚，但在现实生活中并不存在如此清晰的界限。在印度教占主导地位的印度，穆斯林虽然只占少数，但印度的穆斯林可能是世界上最大的文化少数群体了。然而从地图上看，印度的穆斯林群体只是宗教分界线另一侧的数百种同类少数族群之一。目前，阿尔巴尼亚在名义上是由基督教国家主导的欧洲唯一一个穆斯林人口占多数的国家，但也有相当多的穆斯林作为少数群体居住在欧洲其他国家。一旦科索沃的独立运动取得成功，科索沃在穆斯林群体的占比方面将超过阿尔巴尼亚。如果涉及教派划分，世界宗教地图就会变得更加错综复杂。美国东南部各州大多信奉浸信会，东北部居民大多是罗马天主教信徒，中西部的北方地区是路德宗的势力范围，西部内陆则是摩门教的地盘。直到最近，美国人才开始注意到伊拉克的教派地图有多复杂，其中涉及的远不止让政客们争论不休的逊尼派与什叶派的分裂。众多规模更小的教派构成了伊拉克混杂的多元文化，任何"三分天下"的说法在这里都站不住脚。

如前所述，世界宗教地图正在迅速变化。俄罗斯东正教在后苏联时代的复兴只是这种变化的一种表现形式，伊斯兰教在欧洲的扩张则是另一种表现形式。在非洲，基督教的传教活动和伊斯兰教的扩张使得传统宗教不断失去原有的领地（de Blij，2005）。有人认为，也许在未来的某一天，如今的世界宗教地图仅仅会被当作哲学和科学发展进程中一个过渡阶段的见证，但至少在现阶段，对于那些生在清真寺宣礼塔、寺庙佛塔、教堂尖塔和神龛的影子下的人们来说，宗教地图勾勒出的是他们正在面对的严峻挑战。

图 3.1 展示了宗教在数千年里不断走向成熟的过程留下的遗产。如同寻找人类祖先的"原始"语言一样，从学术的角度探寻宗教的起源是一件饶有趣味的事。正如第二章所指出的，这种地理语言学的探索可能会白费力气，也可能毫无意义。语言可能是在很多地方各自独立诞生的，只有少数几种语言能够形成经久不衰的语系。公众和学术界最近都比较关注宗教问题，因为学者们已经开始从进化和神经学的角度以及哲学和道德的层面来研究相对较短的宗教发展史（和人类约 17 万年的发展史相比）（Dennett，2006）。不过，如今宗教研究的重点已经从探

寻原始宗教的踪迹和发掘它们对后世宗教造成影响的证据（比如：琐罗亚斯德教是首个一神教信仰体系吗？它是犹太教和基督教某些教义的源头吗？）转向了其他领域，包括遗传学和神经科学。在任何情况下，存在一种单一祖先宗教的可能性都不会比存在一种原始母系语言的可能性更大。信仰体系的出现是为了应对竞争和挑战，打造优势地位，争夺解释权，指导行为，制定规则。这些信仰体系脱胎于千差万别的自然和社会环境，分化成众多形式，最终有五六种脱颖而出，演变成了主流宗教。

欧亚大陆的东翼

人们可能会以为，三千年的交流与竞争会让宗教逐渐走向融合，从而弱化地方的支配力量。但我们只要看看欧亚大陆的东西两翼，就会发现情况似乎恰恰相反。中国的主要信仰体系（主要包括儒家以及与它差不多同时出现的道家）诞生于公元前1千纪中期，西南亚的琐罗亚斯德教和南亚的佛教也形成于这一时期，这是一个具有非凡哲学创造力的时期。然而，中国的信仰体系从来都不是有神论的。孔子并不是一位能够预言谁会上天堂、谁将下地狱的先知。相反，孔子否认统治者的神性血统，摒弃超自然的神秘主义，关注被压迫者、弱者和无土地者。孔子致力于教育穷人，从而终结了贵族阶级对知识（以及因此而来的权力）的垄断。他还教导大众，人的社会地位应该取决于自身的美德，而不是所谓的神性血统。孔子在公元前479年去世后被奉为中国人的精神领袖，在随后的几个世纪里，孔子的学说和思想被收录到了众多哲学经典著作中，为汉民族以及整个国家提供了实际的思想引领。

事实上,孔子名下的著作有很大一部分并非出自他本人之手,尽管他的思想和学说的确贯穿了"儒家十三经",这十三部儒家经典构成了中国两千年来的教育和礼仪的基石。儒家、道家和佛教思想(在孔子去世很久之后的汉代传入中国)的融合构成了古代中国的国家伦理,尽管它并没有被当作一种限定的信仰。正如图3.1所示,众多地方信仰体系反过来又与这一国家伦理相融合,中国的宗教区域分布格局由此形成。

西方的一些宗教地图显示,中国是无神论或无宗教信仰的国家,这反映了制图者本人的观点。的确,中国的信仰体系里没有万能的神或关于来世幸福的承诺,在这方面有别于基督教或伊斯兰教。但道家哲学的元素以**风水**的形式存在于古代中国人的思想中。风水是一门关于生活空间和建筑物结构布局的学问,它相信自然界中存在着生命能量,空间布局要本着趋吉避凶的原则引导这种能量。因此,无论是建筑商还是掘墓人,需要和土地打交道的人都要咨询**风水师**(geomancer)。风水师通晓祖先对子女的强大影响力,也懂得龙、虎和熊猫等动物在风水学中的吉凶寓意。

仅用了一代人的时间,环太平洋地区的经济繁荣就改变了中国东部沿海地区。倘若当时的中国推行一种严格的宗教等级制度,那么这种繁荣很可能无法实现。在这个意义上,东亚确实是"平坦的"——在政策和法律法规的推动下,中国内部的流向全球化人口和外部的国际化人口得以携手推动经济发展,而不必与僧侣、毛拉或牧师这类宗教人士打交道。在这一地区,改革的生力军可以大踏步前进,因为他们并没有背负着沉重的宗教包袱。虽然在太平洋沿岸和附近的新兴城市,人们依然热衷于请风水师，但传统思想并没有阻碍经济的繁荣。明智的美国公司和日本投资者都知道，最好不要把宗教问题和商业活动混在一起。在这些如雨后春笋般涌现出来的城市里，本地的众多少数民族从未因受到宗教狂热的驱使而要求社会变革。太平洋西岸的这种快速崛起常常被视为一个奇迹，但它绝不仅仅是经济上的奇迹。

欧亚大陆的西翼：多元文化的碰撞

在欧亚大陆的另一端，移民也在发挥着重要作用，只不过这里的经济和政治转型依循的是另一种模式。如图3.1所示，由于中世纪激烈的教派冲突，欧洲的基督教最终一分为三：欧洲南部的主要宗教是天主教，北部主要是新教的势力范围，东部则基本是东正教的天下。伊斯兰教在刚刚崛起时曾经统治伊比利亚的大部分地区，在随后的全盛时期则横扫了欧洲东部，但这几个世纪的统治在如今的地图上却几无踪迹可寻，只有欧洲东部还有一些地区仍是伊斯兰教的势力范围。在一百多年里，包括12世纪的大部分时间里，欧洲的宗教和政治领袖组织了数次十字军东征，以对抗伊斯兰教在所谓圣地的统治。十字军从穆斯林手中夺回了对耶路撒冷的控制权，后又失去了它，但他们在黎凡特建立的要塞成了后来欧洲渗透的门户。

基督教内部的教派分裂很早就开始了，并延续至今；目前的三大派别之分只是对这种分裂的最粗浅的描述。基督教曾是罗马帝国的国教，随着帝国的解体，以君士坦丁堡（现在的伊斯坦布尔）为中心的教会开始打着正统教会（东正教会）的旗号自行其是。在西欧，罗马成了天主教会和教皇制度的中心，西欧的大部分地区都处在其日益严酷的强权统治之下，这不可避免地引发了15和16世纪的宗教改革，路德、加尔文和其他"新教"改革者开始反抗天主教会。随着新教运动的不断壮大，基督教内部的混战导致了史无前例的暴行，数十万人因此丧命，那些痛苦的历史时刻都被当时的艺术家们记录了下来。

教派分裂导致了欧洲的南北分裂，这一局面也延续到了美洲殖民地：南美洲被南欧（天主教）国家殖民，北美洲则为那些逃离宗教战争和压迫的新教徒提供了庇护（图3.1）。在欧洲，从16世纪开始的科学革命为启蒙运动奠定了基础，催生了哲学和政治思想领域的理性主义。于是，知识界开始审视基督教的基本信条，而不仅仅是某个教派的信条，有关上帝和自然的种种概念也得到了自由讨论。这场讨论的结果之一是，人们开始普遍意识到，倘若没有多种教派的共存，所有的基督徒乃至所有欧洲人都将面临危机。

启蒙运动开启了欧洲文化的世俗化进程，这一进程始于新教盛行的北方地区，后来也扩散到了罗马天主教主导的南方。如今，天主教会在婚姻、节育、堕胎和其他个人行为上的政令的影响仍在不断减弱。无论是在北方还是在南方（尽管迄今为止，东欧的世俗化进程相对滞后），欧洲人正逐渐远离教堂，享受世俗生活。在接受问卷调查时，他们表示自己对那些无关紧要的圣经叙事和中世纪仪式不屑一顾。2007年，英国那些名义上的基督徒只有6%表示自己会坚持去教堂做礼拜。毫无疑问，第二次世界大战带来的幻灭感加速了宗教的没落，但更现实的问题（晚婚、更脆弱的家庭关系、不断上涨的生活成本、城市生存的压力、不确定的未来）也起到了推波助澜的作用。战后的欧洲满目疮痍，人心涣散，它的经济已经被摧毁，它的前景也处于冷战阴影的笼罩下。在马歇尔计划的刺激和《罗马条约》的保护下，欧洲将经济复苏当作自己的首要目标，宗教复兴则没那么重要。

在战后的混乱中，伊斯兰教再度进入欧洲——它曾随着奥斯曼帝国的消亡而退出欧洲。当时，欧洲因为劳动力短缺向世界敞开了怀抱。与一代人之后的中国不同，欧洲在战后输入的劳动力主要来自外部，包括欧洲各国在全球各地的殖民地和前殖民地；中国的发展则主要依赖国内劳动力，国内的人口流动带来了流通方面的问题，却很少造成文化问题。欧洲吸引大批穆斯林的时候正是伊斯兰教蓬勃发展的时期。基督教教堂几乎已经空无一人，伊斯兰教的清真寺则在欧洲传统城镇拔地而起。欧洲的城市街道上开始出现长袍和罩袍；围绕着妇女佩戴头巾和在工作场所设置祈祷室的争论也开始爆发。随着更多来自摩洛哥、阿尔及利亚、巴基斯坦和阿富汗的移民来到欧洲（这些流向全球化人口更具自我隔绝意识和宗教热忱），那些曾经接纳过其他移民的国家（比如接纳了马鲁古群岛和苏里南移民的荷兰和接纳了西非和西印度群岛移民的英国）发现，它们面临着不同以往的挑战。

将这种移民现象放到后殖民时期伊斯兰教教派演变的地理语境下考察会带给我们很多启发。当欧洲人已经基本平息了基督教内部的教派纷争，欧盟各成员国也能够平心静气地坐下来讨论是否应当把基督教这一思想遗产放入欧盟宪法草案中时，欧洲却发现，自己不仅要应对基督教与伊斯兰教的争端，还卷入了伊斯兰教内部的教派冲突。中世纪伊斯兰教的派系斗争如今正在以逊尼派和什叶派之争的形式重演，且愈演愈烈，美国对伊拉克的干预以及伊拉克逊尼派政权的终结更是造成了火上浇油的效果。虽然两派分歧的根源在于先知穆罕默德的继承权问题，这一分歧贯穿了古老的阿拉伯世界的整个发展史，但在16世纪初，波斯（非阿拉伯）的执政者采纳了建议，将伊斯兰教什叶派定为波斯的国教。当时，波斯的势力范围从今天的伊拉克穿过伊朗延伸到阿塞拜疆，直抵阿富汗和巴基斯坦的部分地区。这一做法给伊斯兰教的宗教地理带来了决定性的改变。如果没有这一决定，在由逊尼派主导的伊斯兰世界，什叶派仍将是分散的小派系。但发展到今天，什叶派穆斯林的数量已占到全部穆斯林的15%。以伊朗为中心，什叶派不仅已经颇具规模，而且其分布范围集中连片。从沙特阿拉伯到叙利亚，从黎巴嫩到也门，在毗邻伊朗（以及与伊朗相距较远）的国家，什叶派也在不断壮大。

随着穆斯林移民加快涌入欧洲，这些摩擦和冲突成了欧洲的常态。早在"9·11"恐怖袭击事件使欧洲被迫卷入阿富汗战争的几十年前，早在美国以打击恐怖分子的暴力行径为由入侵伊拉克之前，欧洲就已经卷入了纷争。目前，德国境内的土耳其移民数量已经接近400万。虽然这个少数群体不存在历史上的殖民纠葛，但由于他们当中有1/5是库尔德人，因此土耳其人和库尔德人之间长期以来的仇恨也被移植到了德国的土地上。法国境内的500万穆斯林移民大多来自它的前殖民地阿尔及利亚，他们是在一场艰苦卓绝的独立战争后移民到法国的，其中有众多的柏柏尔人和阿拉伯人。西班牙对摩洛哥曾经的殖民统治以及其毗邻北非的地理位置吸引了100多万来自摩洛哥的非法与合法移民，尽管有更多的摩洛哥移民选择向北迁徙到法国、比利时与荷兰。英国的穆斯林人口来自众多曾同在大英帝国屋檐下的伊斯兰国家（或穆斯林人口占少数的国家），包括巴基斯坦、印度、尼日利亚、孟加拉国和斯里兰卡。

西欧（和南欧）也接纳了一些来自其他地区的移民，但那些来自以伊斯兰教为唯一宗教的地区的移民给欧洲带来了沉重的教义包袱。当来自这些地区的年轻的本土化人口想要以流向全球化人口的身份寻找新的机遇时，他们会发现，对权威的无条件服从、基于宗教信仰的教育、有限的视野以及受挫的人生理想全都成了自己前进路上的绊脚石。

这些移民来到欧洲之后所处的环境会使这些问题变得比之前更加严重。欧洲各国政府开始尝试使用不同的制度来接纳这些流向全球化人口，有些做法已颇有成效。比如，英国的印度教和锡克教社区表现出了惊人的向上流动性。这些来自南亚的移民群体不仅基本把历史恩怨抛在了脑后，而且彼此扶持，以实现他们刚来英国时怀揣的梦想。

在英国的160万穆斯林中，年龄在40岁以下的约占70%，整个西欧和南欧的穆斯林移民在这方面的情况也差不多。越来越多的常住穆斯林已不再流动，他们获得了所在国的公民身份，并在欧洲生儿育女。欧洲各国政府正在重新审视多元文化的优点，他们似乎开始意识到，民族宗教团体的某些特殊团体权利可能导致这些团体产生自己的领袖，这些宗教领袖会遏制团体内部的多样性，要求其追随者与欧洲社会保持距离，从而确保和维护自己的权力。他们正在将那些显露出融入欧洲文化倾向的流向全球化人口变回顺从的本土化人口，而欧洲本身仍带着500年前的教派战争的伤痕。这是一场关于不同原则的纷争，本地基督徒正不断减少，还有很多人已经对信仰失去了信心——与之形成鲜明对比的是，充满活力的穆斯林移民正怀揣着坚不可摧的信念，源源不断地涌入欧洲，无论是从人口上看还是从宗教上看，其数量都相当可观。2005 年的某期《大西洋月刊》（*Atlantic Monthly*）曾提出这样一个问题："欧洲将成为穆斯林的欧洲？"提出这种预设的人并未夸大其词（Savage, 2004）。欧洲的经济、政治和社会的未来已经与西南亚的过去不可避免地交缠在了一起。

全球无明运动？[①]

伊斯兰教与其他信仰之间的纷争在世界各地以不同的形式展开，而欧洲只是其全球舞台的一部分。伊斯兰教的教派分裂导致了从政治分歧到死亡暴力等一系列内部冲突，伊斯兰世界的国家、部族以及宗派之间的自相残杀由来已久，且从未间断。此外，伊斯兰运动还有很多外部对手：它在菲律宾对抗罗马天主教，在泰国对抗佛教，在外高加索地区对抗俄罗斯的统

---

① 本节的英文原标题为 "A GLOBAL ENDARKENMENT?"。其中的 Endarkenment 一词本是心理学术语，意为"潜意识无明"，在宗教语境下可译为"无明运动""复暗运动"或"复归运动"。2015 年，牛津大学出版社出版了当代哲学家伊利贾·米尔格拉姆（Elijah Millgram）的哲学专著《伟大的无明运动：超级专业化时代的哲学》（*The Great Endarkenment: Philosophy for an Age of Hyperspecialization*）。米尔格拉姆在书名里使用了 Endarkenment 一词，是对"启蒙运动"（Enlightenment）一词的戏仿。启蒙运动的核心思想是理性崇拜，主张用理性之光驱散愚昧的黑暗，反对封建专制和教会统治，摒弃非理性和对宗教的盲目崇拜。米尔格拉姆则认为，在知识变得超级专业化的当代，仅仅借助理性已经不足以解决所有问题，因此我们必须恢复对超级专业权威的崇拜，只有这种超级专业的权威才能在不同的领域游刃有余。部分宗教人士在 21 世纪开始借用 Endarkenment 一词为自己辩护。比如基督教要主义和印度教民族主义都主张回归最基本的教义，并恢复对传统的最高权威的崇拜，这一趋势和潮流被视为宗教领域的"无明运动"。这种对黑暗及愚昧时代的回归，究竟是一种本质上的超越，还是一种保守和倒退？这正是作者在本章所探讨的问题。——译者注

治，在克什米尔地区与印度争夺控制权，在非洲之角（Horn of Africa）对抗埃塞俄比亚政权，在从苏丹到苏拉威西岛等一系列地区对抗其他对手。流向全球化的穆斯林正在抵达那些远离伊斯兰世界的国家——智利、巴西、南非、澳大利亚，一座座清真寺在利马、布法罗、维也纳、首尔和胡志明市拔地而起。曾几何时，伊斯兰教主要通过集中连片的方式向周边地区扩散，如今，它也在随着穆斯林移民的脚步走向全世界。

伊斯兰教与世界其他地区之间日益增多的接触使其遭遇了前所未有的审视和解读。古兰经和《圣训》在过去从来没有现在那么多的读者和研究者。伊斯兰教（及其经文中）关于女性身份的表述以及女性的遭遇都已成为受到热议的话题。

可以肯定的是，伊斯兰教的思想发展史犹如一幅山地地形图，有高有低，起伏不定。我们可以用"示范效应"来回答上面提到的部分问题：出于自我保护的目的，他们需要向世人展示出团体或宗族内部的团结一致，以确保自己得到宗教领袖的认可。但从整体效果来看，这反而让全世界的目光都聚焦到了伊斯兰教思想地图的低点上。在伊斯兰社会，拥有卓越的才华、更高效的生产力、非同寻常的抱负或超乎常人的判断力并不一定是危险的，但在伊斯兰教背景下，这些东西所带来的风险确实比其他宗教背景下的风险要大。在宗教教条的深沟巨壑与理性主义的寥寥几座高峰之间，仍然存在着巨大的落差。

伊斯兰启蒙运动（或改革）这一不切实际的概念已经成为"9·11"事件后许多论文的主题，但其他宗教的信徒们在自作主张给伊斯兰教开处方前，也许应该先给自己看看病，关心一下自家宗教的前途。近年来，频频被曝光的恋童癖事件，揭开了罗马天主教会历史上最黑暗的篇章之一，美国和欧洲都有儿童受到侵犯：在爱尔兰，"据估计，目前宗教学校里**未曾**受到性骚扰的儿童很可能只占少数"（Hitchens, 2007）。一些基督教批评家总是急于指责沙特阿拉伯的穆斯林苛待妇女，但他们不如调转一下矛头，重新关注一下自己所膜拜的大教堂和教会里发生的恶行。

从基督教基要主义在美国的复兴到印度教"民族主义"在印度的崛起，再到犹太教甚至佛教的正统思想，过去一代人的宗教都已经蒙上了反动色彩，它们主张回归最基础的教义和准则，这在某些方面和所谓的伊斯兰启蒙运动的教条主义主张不谋而合。基督教基要主义在美国继续蓬勃发展，成了一股强大的政治和宗教力量。同一批激进分子一方面主张在字面上解读圣经文本，主张尽早对儿童进行宗教思想灌输，另一方面却又声称，这些儿童在学校的课堂上有权在进化论和所谓的智能设计论（intelligent design）之间做出"选择"。这种基要主义的复兴并不局限于地理意义上的新"圣经地带"，它在美国南部或东南部地区可能都有根据地，其信徒则遍布美国各地。在堪萨斯州，教育界的部分领导者试图将所谓的智能设计论引入课堂；在宾夕法尼亚州，人们不得不借助一场声势浩大的法律诉讼来阻止类似的提议被付诸实践。尽管其他国家也不乏这种现象，但在美国，基督教尚未遭遇它在欧洲所面临的种种侵蚀。2005年，荷兰的科学和教育部长率先发起了一场"学术辩论"，呼吁大家探讨这种智能设计论"是否有可能（甚至可能已经）应用到学校和课本里"（Enserink, 2005）。

苏联的消亡带来了一个重大后果：俄罗斯东正教的复兴。当时的俄罗斯虽然政教分离，但这种分离并不彻底。教会领袖纷纷投身运动，试图将宗教教条带入公立学校课程，他们认为儿童应当尽早接触东正教传统和礼仪。他们还成功地将东正教牧师安插到了军队中，并给予其他的所有信仰体系（包括基督教的其他教派）以负面评价。俄罗斯东正教的领袖、莫斯科及全俄东正教大牧首阿列克谢二世（Alexy II）的一贯主张是，东正教信仰和"斯拉夫主义"（"the Slavic soul"）是一体的，前者是后者的精神和文化基础。因此，他认为俄罗斯所有的儿童都必须了解俄罗斯东正教，以便理解国家的历史和遗产。

俄罗斯东正教已经在这个文化多元的世俗化社会掌握了强大的政治话语权。调查显示，伊斯兰教和佛教这两个在俄罗斯有着悠久历史的宗教如今的地位已经不如往昔，东正教却仍在不断抢夺阵地。身着长袍的神职人员在各种官方活动中格外引人注目；街道上也有很多人佩戴十字架。尽管如此，在俄罗斯近90%的地区，面对教会的压力，学校管理者仍有一定的回旋余地。因此，地理位置仍然会导致差异：一般来说，在距离莫斯科越远的地方，宗教官僚作风的影响就越小。

一些观察者认为，美国的基督教基要主义在"9·11"事件之后加速复兴，在很大程度上是对伊斯兰教中的激进派在全球崛起的一种回应。但基督教保守主义也在回应现代流行文化的兴起，这种流行文化的很多形式和内容都近乎淫秽。作为文化全球化的载体之一，"音乐会"的舞台上往往充斥着裸露、性暗示、污言秽语以及其他的颓废现象，不论是在全球边缘地带的保守社会中还是在全球核心地带的宗教社群中，这些都被视为对社会标准和"家庭价值观"的威胁。对此，有些西方国家宗教界的做法是试图回归基本教义，不管人们如何理解这些基本教义。不同的文化对于道德的理解各不相同，但当道德观念受到威胁时，它们的反应却大致相同。

在世界上的其他地区，宗教的视野也正在被遮蔽。在印度，印度教在几千年里既是一种信仰，也是一种生活方式，它的基本教义是因果报应，主张灵魂的转世重生。无论是动物还是人类，一切生命都有灵魂，生命在前世和今生的所作所为会决定其在来生的等级排序，行善会让生命升级，作恶会让生命降级。因此，轮回原则是印度教的一块基石：你在今生虐待动物，在来世就有可能**变为**那种动物。理想的状态是不断向上攀登，以期达到与创造之神梵天（Lord Brahma）合二为一的境界，就此摆脱永恒的轮回。尽管印度教常常被看作多神教，其万神殿里似乎有无数的神祇，但其他主神——守护神毗湿奴（Vishnu）、破坏神湿婆（Shiva）、象头神甘尼许（Ganesh）——和他们的配偶以及众多较低等的神都是创造之神梵天的化身。人们常说印度教没有比肩圣经和古兰经的那种权威典籍，但它的确有一本圣书，即《薄伽梵歌》（*The Bhagavad-Gita*），这本书既是教义指南，也是印度教诸神的编年史。

印度教的这种基于化身说的奖惩体系一方面可以鼓励人们行善，但另一方面也给那些处在社会最底层的人带来了重负，因为它意味着最低种姓人群的处境要归咎于他们自己（前世的所作所为）。这些人在过去被称为"不可接触者"（untouchable），现在被称作**达利特**（dalit，意为"被压迫者"或"残缺者"，即"贱民"），是世界上最弱势的本土化人口。他们的数量约占印度总人口的15%。约40%的人口被指定为倒数第二等级的低种姓群体，20%的人口属于第二等级的高种姓群体。最高种姓的婆罗门（the Brahman）则由神职人员（还有一些非印度教的少数民族）构成。历届印度政府都试图帮助这些最低种姓人群，然而从成效来看，城市地区的进步远远好于农村地区。在数以千计的偏远乡村，达利特在教室里也往往只能席地而坐（倘若他们有资格去上学的话）；他们不能去村里的水井打水，理由是水源有可能被他们污染；达利特在路过高种姓人的住所时，必须脱掉鞋子打赤脚。但在城市里，学校会允许一部分达利特来上学；联邦政府和各邦（State）[①]的政府部门均保留有固定比例的名额，录用符合条件的达利特；联邦议会和各邦的立法部门也为他们保留了一定的席位。

在印度历史上，占多数的印度教信徒和虽然占少数（15%）但数量也很庞大的穆斯林之间曾多次发生冲突，但印度教给人的印象一直都是温和的，而非暴力的。在几个世纪以前，印度曾被穆斯林统治，但殖民主义和印巴分治造就了由伊斯兰教主导的巴基斯坦和孟加拉国以及由印度教主导的印度。早在印度被殖民之前，印度教就已经传播到东南亚地区，但当时它在那些地方的影响力远不及佛教和伊斯兰教。但是，当英国殖民者把印度劳工运送到远离印度本土的南非、东非、马来西亚、斐济和圭亚那时，印度教的圣徒并没有努力试图改变当地人的信仰，劝他们皈依印度教。时至今日，印度教仍然只是一个民族性宗教，那些信奉印度教的流向全球化人口作为跨文化移民，并不太关心宗教皈依这件事。

因此，让人越发感到不安的是，这个和平的宗教已经被注入了狂热的民族主义特性，它正在改变印度的社会景观（当然也包括印度的版图）。无论从哪种意义上考量，印度都是一个多元文化的国家，但是宗教保守派已经把**印度教特性**

[①] 在本书中，当"state"一词小写时，指的是国家，比如"the state of India"指的是印度。当"State"一词大写时，比如在"the State of Michigan"（密歇根州）中，则指国家的一个组成部分（州、邦，等等）。所以，"the State of Queensland"指的是澳大利亚联邦六个州之一的昆士兰州。——作者注

（Hindutva）——也可称其为印度教民族主义（Hinduness）——作为自己的口号，试图将印度社会改造成一个以印度教教义为准则的社会。印度教民族主义狂热分子想把与印度教相关的课程强加给学校；他们还提出要修改现在这种宽松的家庭法案，以便把穆斯林排除在相关权益之外；此外，他们还试图通过控制和禁止其他信仰人群的传教行为，打造一个几乎将所有的非印度教徒排斥在外的印度社会。一个风头正盛的政党全盘采纳了上述主张，并在选举中大获全胜。不过好消息是，该党的势头最近已有所减弱。然而，印度教特性仍在蛊惑印度选民中的核心力量，它已经披上了印度教版本的宗教基要主义外衣（Fernandes, 2006）。

一些观察家把印度视为"世界三大伊斯兰国家之一"，然而这种说法和"孟加拉国是世界上最大的印度教国家之一"一样并不符合事实（Sen, 2006）。印度的穆斯林群体虽然只占总人口的少数，却是个超过 1.6 亿人的庞大的少数群体。然而，他们在国家政治中几乎毫无发言权。不仅如此，他们在经济地位和社会地位方面也毫无优势：在教育和贫困指标方面，一些邦的穆斯林甚至落后于达利特（Sengupta, 2006）。只有不到 4% 的印度穆斯林完成了中学教育。在印度的穆斯林群体中，有少数富有且成功的国际化人口（包括研发出印度第一枚核武器的那位科学家），剩余的大部分都是贫穷的本土化人口，中产阶级几乎断层。不过，印度实行民主制，于是贫穷的穆斯林选民以压倒性优势投票反对主张印度教民族主义的高种姓政党。印度教基要主义者的计划一旦付诸实施，将给这个以容忍多样性为**必要条件**的社会带来麻烦。不过，印度还是无法避免激进的无明运动可能造成的伤害与破坏。

然而，在印度那种混乱而腐败的民主制度中，印度教民族主义的拥护者可能会遇到对手。想要让这样一个广袤的多元文化国家重新接受僵化的印度教民族主义，很可能会被证明是不切实际的，因为这种做法不仅会引起非印度教信徒的抵制，还会引起信奉印度教的国际化人口和流向全球化人口的抵制。事实上，全球化似乎正在对印度教的主要教条之一——素食主义——造成反向的影响。2006年，印度全国抽样调查组织（National Sample Survey）的报告显示，在过去的5年里，该国的人均禽肉消费量翻了一番，其他肉类的消费量也有所上升。出现这种趋势的原因是肉类价格的下跌和供货的便利，以及越来越多的印度国际化人口和流向全球化人口跨出国门，他们在国外不必像在国内那样严守宗教戒律。尽管保守的印度人民党（BJP）抨击这种有悖印度教信条的行为，但随着印度与世界其他地方的经济往来变得越来越频繁以及牛肉制品（beef）和水牛（water buffalo）肉产量的迅速增长，印度教信徒甚至会打破禁忌，食用这些肉类。

对印度的本土化人口和流向全球化人口来说，眼下印度经济的崛起意味着希望。随着一些汽车工厂在金奈市落成，众多超市在德里开业，印度人发现，过去往往要奔赴异国他乡才能谋得的工作机会现在就在眼前（Luce, 2006）。对本土工程师的巨大需求也使得国内外工程师的薪资差距不断缩小。印度的电信行业也正在蓬勃发展，虽然在本国从事电信行业获得的薪资待遇也许不像美国或欧洲的同行那么丰厚，但那些不愿去往国外的流向全球化人口已经使班加罗尔成为印度的高科技之都。下面这个例子也可以说明国际化人口眼里的世界正在变平：最近，有一批美国大学毕业生来到印度参加企业培训，他们放弃了美国的就业机会，选择在全球边缘地带积累工作经验，在印度的高科技公司谋求发展。但是，在由此就认为印度国内已经变得扁平之前，我们不妨看看以下数据：在印度，从最贫困的农村地区到城市寻找就业机会的国内流动人口只有中国国内流动人口的1/10。在印度的60万座村庄里，数以亿计的本土化人口一出生就处在营养不良、贫穷和失学的困境中，而教育本可以让他们摆脱匮乏和宗教思想的灌输。2008年，仍有近一半的5岁以下印度儿童吃不饱饭；大约有2.5亿印度人平均每天的生活费不足1美元。对这些人来说，金奈的工厂和班加罗尔的商务园区差不多和火星一样遥远。

如果就连大家公认的标榜和平的印度教都难逃宗教基要主义的侵袭，那么佛教呢？佛教那种宁静和冥想的形象与推崇狂热信仰的伊斯兰教和基督教有着天壤之别。佛教（和跟它出自同一源头但更推崇生命崇拜的耆那教一样）是一种关于生活的哲学，更接近儒家学说那样的伦理体系，而不太像伊斯兰教或基督教那种意义上的宗教。但这并不意味着佛教没有积极的弘法者。活跃于公元前5世纪的佛教创始人曾公开表示厌恶印度教的种姓制度。他还宣扬，任何人都可以通过自我的戒、定、慧来获得解脱。佛教创始人是今天的尼泊尔境内一个小国的王子。他对周遭的种种苦难深感震惊，身为佛陀（觉者），他选择以身传教。他前往南亚各地，孜孜不倦地讲经布道，因此他的身边聚集了一小群忠实的追随者。

几个世纪后，南亚的伟大君主阿育王（Asoka）注意到了佛教的哲学思想，佛教也因此迎来了它的"什叶派"时刻。阿育王把佛教定为国教，不仅承诺会以佛教理念治国，还向偏远地区派遣使团，弘扬佛法。在阿育王统治后期，南亚的佛教信徒数量可能已经超过了印度教信徒。可以肯定的是，佛教在此后得到了更为广泛和深远的传播：西至地中海，南及斯里兰卡，北抵中国西藏，东到朝鲜、越南和印度尼西亚。然而与此同时，佛教在其发源地的影响力却开始衰退。印度教开始复兴，伊斯兰教的传入也在很大程度上侵蚀了佛教的领地。

随着时间的推移，佛教发展出了许多分支，其中最重要的两个分支是大乘佛教（Mahayana Buddhism）和南传佛教（Theravada Buddhism）。前者更看重禅定，如今在从越南到日本等地广为传播，其信徒视佛陀为神圣拯救者；后者则在缅甸和柬埔寨等东南亚国家有着很大的影响力，壮观的佛塔和橙黄色的僧衣构成了南传佛教的文化景观。此外，藏传佛教和日本禅宗也属于佛教的分支。但与其他分裂的宗教不同的是，佛教内部从未有过派系斗争。在过去的两个多世纪里，佛教已经证明了它在世界范围内的吸引力。哪怕它在发展后期的大本营——东亚和东南亚等地承受着来自其他意识形态的压力，它在西方世界依然在不断收获信徒。

佛教并没有像其他全球性宗教那样，被宗教激进主义的愤怒情绪点燃，因此，它也就没有像其他宗教那样卷入无明运动。不过，就算是在佛教占主导地位的社会，佛教信徒与其他宗教的信徒之间的冲突也从未间断（现在依然如此）。显然，一旦面临威胁和挑衅，佛教信徒也会把教义准则抛到脑后，但佛教和其他宗教的冲突从未达到另外两大世界性宗教和其他宗教的冲突那种程度。斯里兰卡75%的人口信奉佛教，与之对立的主要是信奉印度教的泰米尔人，后者作为斯里兰卡的少数民族，一直在为独立建国而战。夹在两者之间的是规模更小的穆斯林群体。虽然斯里兰卡内战十分惨烈且代价高昂，但它从未打着宗教斗争的旗号。的确，佛教僧侣确实参加了支持斯里兰卡政府的公众示威活动；在阻止政府向泰米尔人让步的立场上，他们也越来越强硬。泰国的绝大多数人口都信奉佛教，与之对立的是泰国最南部省份（毗邻由穆斯林主导的马来西亚）的穆斯林少数群体。美国人应该还记得印度支那战争期间的僧人自焚事件。那些僧人的抗议是出于政治原因，而非宗教原因；他们的诉求也无关来世的幸福生活，而是匡正现实世界中的卑劣行径。这些令人吃惊的自杀事件针对的并不是美国军队或无辜平民；也没有僧人以佛教之名攻击越南的基督教教堂。

然而，佛教一旦成为一个社会的主流宗教（除了斯里兰卡，缅甸、泰国、柬埔寨和不丹也都是如此），或在一个社会中拥有了举足轻重的地位（就像在约一半人口为佛教信徒的老挝那样），就能凭借其特色鲜明的建筑和服饰，成为当地文化景观中的一个重要标识。在南传佛教盛行的东南亚，地方文化景观中的宗教印记尤为明显。但佛教在越南的存在感相对较弱。越南约有一半的人口是佛教信徒，其中大部分信奉大乘佛教，大乘佛教不要求信徒出家剃度，也不要求他们参加集体或公开的禅修和仪式，而是允许他们私下独自静修。在泰国和缅甸，佛塔和舍利塔等金碧辉煌的地标性建筑充分证明了南传佛教在当地文化中的主导地位。

事实上，佛教在柬埔寨被定为了官方信仰体系，在泰国也是最主要的信仰体系。佛教在斯里兰卡享有特殊地位；偏远的山地王国不丹则将大乘佛教定为国教。在泰国，90%以上的人口信奉南传佛教，它的国家宪章还规定，政府"必须支持和保护佛教及其他宗教"。出人意料的是，佛教在缅甸却没有获得这种待遇（因为缅甸可能是对佛教最热忱的国家）。缅甸的军政府已经使这个国家陷入社会萎靡和经济崩溃,年轻一代只有加入寺院才能拥有工作机会。如果说缅甸城镇的街道上随处可见各个年龄段的僧侣,那是因为宗教在某种程度上已经成为该国最大的产业,寺院至少能为自己屋檐下的人们提供最基本的生活保障和人身保护。

泰国南部的少数民族反抗活动恰好是在泰国政府正处于危急时刻,需要起草新宪法时爆发的。泰国的佛教民族主义者(他们的自称)要求在宪法中强调对佛教的保护,他们的理由是佛教正受到威胁,需要政府加强保护。伴随着这种呼声,泰国街头出现了一幅壮观的画面:数千名身着法衣的僧人跟随在大象(泰国的国家象征)身后,穿过曼谷街道。这场声势浩大的游行表明,保守的南传佛教正被注入与佛教教义并不相符的民族主义色彩(*Economist*, 2007b)。这场游行(和缅甸的僧人游行一样)并未达到预期的效果,但在此之前,佛教已经显露出了激进主义的苗头。

在世界上的主要宗教中,佛教通常被视作最宽容的,但它和印度教一样相信化身说,认为此世的社会等级低下是对前世罪恶的惩罚。一位尼姑在照顾身有残疾的弃儿时,会把这个孩子的残疾视为其前世恶行的罪证,她的同情心也会因此而减弱。不管怎样,佛教各派系之间并未发生战争。对于持不同信仰者,佛教的僧侣倾向于以法相劝,而不是强迫皈依。在以佛教信仰为主流信仰的国家和文化中,佛教也从未表现出激进的一面。一些对佛教持批评态度的人认为,耆那教是佛教的"开明"版本,即使是言辞最激烈的宗教批评家也能接受它。然而事实上,由于骨子里的被动性,佛教从未在全世界那些你死我活的宗教分裂中推波助澜(Harris, 2004)。

如同印度教信徒或锡克教信徒一样，佛教信徒中的本土化人口不会把宣扬教义和劝他人皈依当作日常任务。尽管佛教在它的核心地区之外（例如在韩国、中国台湾和美国夏威夷）也有信徒，但佛教信徒中的流向全球化人口发现，他们在自己移居的世界城市里找不到佛教社群，因为当地的移民社群通常都是按照国籍来划分的，比如越南人社群、泰国人社群或柬埔寨人社群，在此基础上人们才会考虑社群成员是否为佛教信徒（这个因素往往会被忽视）。在这样的环境中，佛教领袖虽然也会自然而然地召集信众，传经布道，但他们从未将劝他人皈依并合力达成这一目标视为要务。对于自己眼中的颓废或堕落行为，佛教信徒一般更倾向于包容而非对抗。泰国的佛教社会对该国臭名昭著的色情产业的态度就是如此。该国的领导人无疑反对这一产业，但在芭堤雅或普吉岛，并不会有佛教卫道士站出来给酒吧女招待套上长袍、戴上面纱，将她们的男性客人拖走。

因此，21世纪的无明运动对佛教的影响并不大，受其影响最大的首先是全球范围的伊斯兰教和基督教，其次是本土的印度教。其他宗教和信仰体系虽然也有自身的复兴运动（用伊斯兰教最喜欢的表述），比如犹太教的正统派运动，但这些运动与其倡导者所拥有的政治权力往往不成比例。绝大多数参与这类运动的本土化人口都出生在伊斯兰教和基督教社会，这两种社会里产生的流向全球化人口也最多。受到自身信仰体系的内部冲突的影响，也由于基要主义针对宗教冲突大做文章，很多人在尚未与其他宗教信仰产生交集前就已经开始展露出激进倾向。一旦面对面，他们就会试图通过传教或强迫的方式，在其他信仰主导的地区植入自己的信条，从而加深本就紧张的多元文化社会的对立和冲突，并将世界推向他们的某些经文所预言的那种大灾难的边缘。从某种意义上说，宗教是地方的力量中最强大的力量；宗教间的融合、交流与自我克制会缓解与之相关的文化压力。但正如我们所看到的，愈演愈烈的宗教狂热情绪加剧了社会分裂，也阻碍了全球化的世界进一步变平。

第四章

高低不平的人类健康地形图

如果我们绘制这样一幅全球地形图,把公共卫生状况普遍良好的地区标识为山脉,把公共卫生状况普遍较差的地区标识为山谷,那么这张图看起来只会非常粗略。健康与福祉的分布不均不仅是一种全球性现象,也存在于每一个国家甚至每个地区和省份之内。从营养指数到预期寿命,从传染病到婴儿死亡率,无论从哪一个指标来看,健康地理学都显示出了区域差异,这也是我们在考虑地方的综合性力量时可以使用的又一个重要标准。如果说全球医疗卫生条件参差不齐是一个不争的事实,那么问题是,人类健康的地貌是否正在变平?

当然,健康状况与自然环境、文化传统、遗传倾向等诸多因素都有关系,但它与权力也密切相关。一般来说,地球上最贫穷、最弱势的群体同时也是健康状况最差的群体。在21世纪,仍有3亿人身患疟疾,每年有100多万人(主要是儿童)死于疟疾,这一事实一方面与图1.1所显示的贫富差距有关,另一方面也要归咎于热带环境以及病媒生物的环境适应性。疟疾在全球边缘地带是一种十分常见的疾病,但它得到的重视远不如中纬度地区的某些疾病,全球核心地带那些医疗卫生条件良好的富裕国家从未就消灭(或至少控制)疟疾展开持续的、协调一致的行动。在过去30年里,致命的人类免疫缺陷病毒(艾滋病)已经夺走了2,500多万人的生命,其中大部分是在撒哈拉以南非洲。美国和其他国家的医学机构确实为这一致命疾病提供了治疗方案,但价格不菲,在全球核心地带之外的地方,这些方案惠及的病人少之又少。

我们可以在几乎任何一张全球边缘地带医学地理图上看到持续贫困和地方性疾病之间的明显关联,这也是促使联合国的189个会员国在2000年共同签署《联合国千年宣言》(UN Millennium Declaration)[①]的关键因素之一,该宣言提出了8项发展目标,包括降低儿童死亡率,消除极端贫困和饥饿,消灭疟疾和艾滋病等重大疾病。在宣传和促进这些目标方面,经济学家杰弗里·萨克斯(Jeffrey Sachs)的工作最为突出,他在《贫穷的终结》(The End of Poverty)这一力作中强调了地理和健康、地方和福祉的关系(Sachs, 2005)。

在热带地区,古老而又顽固的疟疾和当代的致命杀手艾滋病会引发一系列其他病症,繁多的疾病种类又与前文提到的热带地区的物种丰富度存在关联。低纬度、低海拔地区的病媒生物(从蚊子到蜗牛,从苍蝇到蠕虫)的数量和种类都要远远多于高纬度地区(和高海拔地区)。在蒙古、智利、芬兰或新西兰,疟疾对儿童已经不再构成威胁;但对低纬度的撒哈拉以南

[①] 这里的原文是"联合国的全部191个会员国在2002年共同签署了《联合国千年宣言》",但根据联合国官网,《联合国千年宣言》是在2000年由当时的189个会员国共同签署通过的,参见https://www.un.org/zh/documents/treaty/A-RES-55-2。——编者注

非洲、南亚、东南亚以及其他赤道地区的数亿本土化人口来说，疟疾仍然足以构成致命威胁。不过，目前的死亡率数据还不足以反映疟疾究竟会对易感人群造成多大的影响。在疟疾流行的地方，那些染病后又幸存下来的人能够获得一定的免疫力，但他们的身体往往会变得虚弱。在外国游客眼里，本地人往往工作懒散、无精打采，但这也许是因为他们被疟疾消耗了精气神。在热带地区，像疟疾这样的传染性疾病还有很多。针对这些疾病的治疗手段确实在进步，但进展缓慢，而且远未普及。对于数亿人来说，健康水平仍然主要取决于出生地。

热带森林是危险系数较高的人类栖息地之一。在热带非洲的大部分地区以及南亚和南美的小部分地区，野生动物和人类仍比邻而居，导致动物将自己身上的疾病传染给人类的风险有所升高。研究表明，在非洲，人类身上的艾滋病源于喀麦隆、刚果（布）和加蓬交界地区的黑猩猩身上携带的一种病毒。这种猴免疫缺陷病毒早在 50—75 年前就实现了跨物种传播（Altman, 2006）。但人类一开始并未能够识别这一病毒，而是把它和其他病毒弄混了。由于艾滋病肆虐，非洲人的平均预期寿命已经下降到了几个世纪以来的最低水平，整整一代人的健康被摧毁，2,000 万儿童成为孤儿。这并非人类第一次因为与野生动物亲密接触而付出惨重代价，也不太可能是最后一次。

不只是野生动物可能将疾病传染给人类。在人类驯化家畜之后，牛就将天花、麻疹和结核病病毒传染给了人类，猪和鸭子则是流感的传染源，这就是贾雷德·戴蒙德所谓的"牲畜的致命礼物"（Diamond, 1997）。此外，野生和家养禽类共同传播了一种名为"禽流感"的疾病，我们现在可能正处于该疾病的传播过程的初始阶段。那些出生和生活在野生动物或被驯养的动物身边的人染病的风险都要更高。

除了上文提到的这几种传染病和其他传染病（无论是否需要通过病媒生物来传播），随着时间的推移和一代代的遗传，人类的染色体还会呈现出遗传性疾病的聚集。这一研究领域还存在着颇多争议，因为它涉及不同地区不同人群的系统生物学差异，还涉及将种族当作导致健康差异的因素之一的论调。但人们早已了解，特定的血液和免疫系统蛋白质基因的特定等位基因（包括多样的基因形式）的频率会呈现出地域差异（Cavalli-Sforza et al., 1994）。某些世代相传的遗传疾病也具有显著的地域特征，比如与酶有关的代谢紊乱（包括乳糖不耐受）、血细胞异常（包括镰状细胞贫血）以及受基因影响的疾病（包括2型糖尿病和高血压）（Garfield, 2007）。

近年来，随着医学和遗传学研究的发展，一个早已尘埃落定的问题重新成为人们热议的话题：人类的"种族"纯粹是社会建构的产物吗？还是说，世界上确实存在着不同的"种族"，尽管这个"种族"并不等同于大众想象中的"种族"概念（Leroi, 2005）？一项有1,000多人参与的重要研究表明，"在事先并没有掌握研究对象的来源地信息的情况下，（作者们）识别出了6个主要的基因簇，其中的5个与几大地理区域相对应，而次级的基因簇大多与个别人群相对应"（Rosenberg et al., 2002）。换句话说，我们如果用计算机对来自世界各地的人们的脱氧核糖核酸（DNA）进行分类，就可以将人类分成6大区域组：非洲人、欧洲-西南亚人、中亚-南亚人、东亚人、美洲印第安人、太平洋人。此外，还有巴斯克人、普什图人和玛雅人等由本土化人口组成的次级区域组。这一结果不仅对文化地理学有着重要意义，对医学也颇有启示，因为相同的治疗手段可能会因人群的差异而产生不同的治疗效果。另外，这项研究也凸显了全球边缘地带的本土化人口身上与生俱来的无法摆脱的脆弱性，他们从一出生就生活在高风险的生态和进化环境中，远离集中在全球核心地带的知识和权力。

事关生死的地理环境

已故的英国地理学家 L. 达德利·斯坦普（L. Dudley Stamp）在近半个世纪前就用一系列地图清晰地展示了全球健康状况和福祉的地理分布（Stamp, 1964）。他的制图学不仅揭示了疟疾和黄热病这类需要借助病媒生物传播的热带疾病的区域特性，还追踪了那些无须借助病媒生物即可传播的热带传染病（特别是霍乱）在更高纬度地区的可怕传播路径。斯坦普的工作至今仍有参考价值，能够帮助我们了解全球的医疗卫生景观自他那时到今天发生了怎样的变化——以及全球还有多少普遍而持久的健康问题有待解决。从全球地理上看，疟疾已经逐渐消散，但它仍在影响数百万人的健康。霍乱在全球核心地带的城市地区已经不再大规模流行，但仍然时不时会暴发，且常常是致命的。登革热曾经几乎销声匿迹，可后来又卷土重来。对 1964 年的人们来说，艾滋病是未来的事情，但它如今已经成为全球主要的流行病之一（Gould, 1993）。从 L. 达德利·斯坦普出版那部作品的 1964 年到今天，全球人口已经增长了一倍多，但全球核心地带和全球边缘地带的医疗卫生水平依然有着巨大差距。

霍乱的例子就特别能说明问题。即使人们如今已经找到了霍乱的病因，知道该如何防范，也研制出了疫苗，但它仍在危及人类的生命。这说明疾病的潜在威胁仍未被消除，尤其是在卫生条件差的拥挤城市地区和因为武装冲突和战争而动荡不安的地区。霍乱于 2007 年年中在伊拉克北部地区暴发，并于当年 9 月扩散到巴格达，在战事紧张的时候，很少有人关注这次疫情。至今，霍乱仍在困扰着全球边缘地带。

霍乱的症状已经广为人知。在最糟糕的情况下，患者在感染后的数小时内就会出现肠梗阻的症状，随后开始腹泻和呕吐，并导致脱水。如果不能迅速得到治疗，患者接下来就会皮肤干裂，血压下降，肌肉痉挛，陷入昏迷，这预示着患者将在抽搐中死亡。从感染到死亡最少只需两天，最多需要一周。并非所有患者都会死亡，但霍乱患者和未受治疗的感染者的死亡率总是相对较高。

对生活条件优越并远离热带疾病的欧美人来说，霍乱曾是一种特别可怕的传染病。早期的欧美殖民者视其为一种潜在的威胁，因为它的病因不确定，发作起来也很可怕。从发展史来看，霍乱这种古老的顽疾长期都只在它的发源地——东南亚地区传播。19 世纪初，它突然以迅猛之势蔓延到了东亚、东非和欧洲的地中海沿岸。一场始于 1816 年的霍乱大流行直到 1823 年才有所减弱，但那时它的名字已经让世人畏惧。没人知道它的病因，也没人懂得该如何防治。从意大利到日本，从土耳其到坦桑尼亚的桑给巴尔，有成千上万人死于霍乱。在随后的 1826 年和 1842 年，霍乱先后登陆西欧和北美，在英国和美国分别造成了长达 11 年和 20 年的大流行，造成了巨大的损失。地理学家 G. F. 派尔（G. F. Pyle）在斯坦普绘制的原始地图的基础上，详细记录了 1848 年霍乱从纽约和新奥尔良登陆美国本土，然后两路并进，向美国中西部扩散，继而跨过落基山脉抵达圣弗朗西斯科（旧金山）的传播路径（图 4.1）。

正是在第三次大流行期间，英国内科医生兼地理学家约翰·斯诺（John Snow）用一张至今仍广为人知的地图证实了他的理论，即霍乱传播的罪魁祸首是被污染的水源（图 4.2）。1842 年霍乱侵袭英国时，斯诺开始在人口密集的伦敦苏豪区绘制病例地图，他在地图上详细标记了所有新病例和死亡病例，每一个小圆点都代表一位病患的住所。这个区当时有数千人感染霍乱，500 多人死亡。斯诺根据病情的发展绘制的动态地图不久就表明，在布罗德街和列克星敦街的交叉口，死亡病例呈现

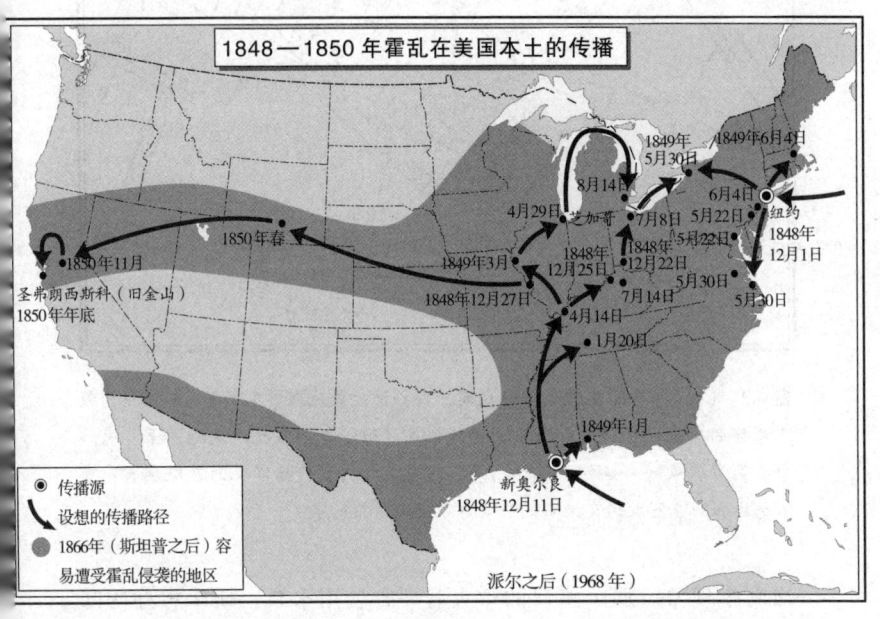

图 4.1 1848—1850 年美国本土的霍乱传播路径，根据霍乱在特定地区出现的最早日期绘制。来源：L. D. Stamp (1964) and G. F. Pyle, "The Diffusion of Cholera in the United States in the 19th Century," *Geographical Analysis*, 1 (1969), p. 59

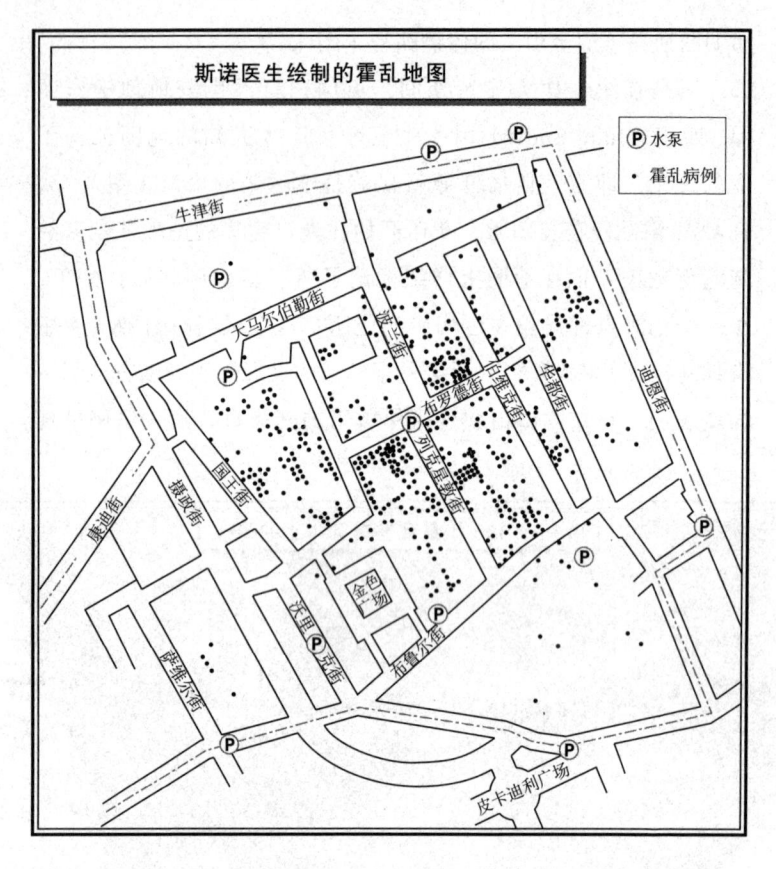

图 4.2 1854年英国霍乱大流行期间，内科医生兼地理学家约翰·斯诺把伦敦苏豪区的所有死亡病例和新病例都标记在了他绘制的霍乱病例地图上，每一个小圆点代表一个病例。最终，病例的聚集指向了传播霍乱的罪魁祸首：布罗德街和列克星敦街交叉口的公共水泵里被污染的水

出聚集现象。那个路口的中央有一台公用水泵，斯诺想办法卸掉了水泵的把手，使其无法使用。与此同时，该地区的霍乱病例几乎清零，这证明了被污染的水源是霍乱的传播媒介。由此，斯诺的研究为人们防控霍乱指明了方向（Johnson, 2006）。

然而，并非所有人都用得起开水（以及用其他方式净化过的水）。即使斯诺已经证明了水与霍乱的传播之间的关系，人们还是难以阻挡霍乱的卷土重来。1865年，又一场霍乱暴发了，此次疫情历时10年。1866年5月，霍乱首先在美国东海岸暴发，几个月后侵袭了新奥尔良，继而沿着五大湖区北上抵达密西西比河河谷，随后蔓延到了芝加哥，但美国西海岸并未受到侵袭。由于人们已经了解了被污染的水在霍乱弧菌传播的过程中可能致命，因此在这次疫情期间，美国和欧洲的死亡病例比之前都要少。到了19世纪末，霍乱似乎又一次被"囚禁"在了其发源地——东南亚，不再是一个全球性威胁。

然而，正如20世纪的一系列事件所证明的那样，这一论断下得为时过早了。在南亚和东南亚那些拥挤的城区，霍乱时常暴发，但它们都局限于本地，都能得到控制，因此几乎不为外界所知。但在1972年，致命的霍乱袭击了意大利那不勒斯，这让欧洲人意识到，哪怕是在全球核心地带，霍乱的威胁仍未完全消除。更糟糕的事情还在后面：20世纪70年代中期，大规模霍乱疫情先后在非洲29个国家暴发，当时卢旺达和刚果（金）周边地区频发的暴力冲突让事态变得更加严重。无数人在冲突中死亡，大量尸体污染了当地的湖泊与河流，霍乱因此得到了广泛传播。直到1995年，一场大规模的国际救援行动才最终遏制了霍乱的进一步扩散。

美洲也未能幸免。南美洲曾在一个多世纪里都没有暴发霍乱，直到1990年12月，秘鲁利马的一个区（barrio）发现了第一批霍乱病例。利马出现疫情是因为当地的供水遭到了污染。那次的霍乱传播速度快，毒性强，一年内就有约40万人患病，近4,000人死亡。5年后，南美洲的所有国家无一幸免，超过

100万人感染，约1万人死亡。霍乱不仅袭击了农村地区，也在城市地区肆虐（霍乱弧菌一开始在厄瓜多尔和智利传播，有毒的灌溉用水和被污染的贝类在疫情扩散的过程中起到了一定的作用）。飞机把新感染的患者带到了在正常情况下通常不会出现霍乱的地方，这些地方的人在确诊之前就已经暴露在霍乱面前了。

进入21世纪，霍乱仍在持续侵扰人类。尽管人们已经意识到了霍乱的危险性，掌握了相应的治疗方法，并研制出了短期疫苗，但霍乱仍在持续威胁数百万人的健康与安全。在全球边缘地带，一旦某地发生文化冲突，这里的霍乱发病率就总会随之上升，正如人们在刚果（金）东部地区和卢旺达看到的那样。在21世纪的头10年，苏丹的达尔富尔地区和与之相邻的乍得发生的可怕危机导致该地区的霍乱发病率再次激增。不过，在另一些情况下，霍乱也会暴发。例如在2005年，约有100万穆斯林参加了塞内加尔的一场朝圣活动，活动期间暴发了霍乱疫情。更糟糕的是，之后的数场大雨淹没了拥有300万人口的塞内加尔首都达喀尔的大部分地区，让疫情变得更加严重。相比之下，2006年安哥拉的霍乱大流行主要是因为经济，而非宗教活动。当时，由于石油产量增加和政局恢复稳定，安哥拉的经济一片繁荣，棚户区在首都罗安达周边发展起来，卫生条件的恶劣以及饮用水的普遍短缺引发了霍乱，疫情很快从城区蔓延到乡村。据估计，截至2006年年底，该国的霍乱病患已达50,000人，其中死亡2,000人。2007年，索马里的秩序再次崩溃，导致沿海的摩加迪沙和基斯马尤地区暴发了新一轮的霍乱。据媒体报道，内陆地区也未能幸免。

霍乱从地理学角度呈现出的顽固性提醒了人们：全球的医

疗景观绝非一片平坦。国际商务人士或游客在前往热带地区时，不再需要出示霍乱疫苗接种证书，想要接种的人只需给诊所打个电话预约一下就可以前去接种。正在旅行的国际化人口万一在某个热带地区感染了某种疾病，也能得到相应的医疗干预。他们能够支付医疗费用，发展成重症患者的可能性也很低。相比之下，身陷政治暴力或城市化的大旋涡之中的本土化人口和流向全球化人口往往面临着被疾病侵袭的风险，而这要么是因为医疗条件的匮乏，要么是因为预防措施不到位。

全球警告：正在扩散的登革热

在全球边缘地带，霍乱只是会威胁本土化人口和流向全球化人口的诸多传染病中的一种。不同于霍乱，登革热（及其最严重的类型——登革出血热）无法通过必要的卫生措施或疫苗接种来预防。与艾滋病一样，登革热也是一种源于野生动物的疾病（病源是东南亚的猴子）。如今，它又开始死灰复燃。目前，人们尚未掌握针对登革热的预防性治疗手段或抗病毒疗法，但其传播方式和途径已经确定无疑。已知的4种会引发登革热的病毒是由蚊虫传播的，其中雌性伊蚊（*Aedes*）的传播力最强。登革热的传播周期与霍乱类似：蚊子叮咬已感染者（"宿主"）并吸食其血液，然后再去叮咬未感染的人，这样就扩大了宿主的范围，增加了患病的风险和病例。患者最初的症状就像得了重感冒。之后，随着体温的不断升高，患者会出现恶心、呕吐、头部刺痛、剧烈的关节痛以及迅速扩散的皮疹等症状。最恶性的登革出血热会导致患者身体内外出血并死亡。世界卫生组织（WHO）的报告称，即使患者能够进入医院接受治疗，死亡率也有 2%—3%；如果患者不能入院治疗，死亡率可能高达 1/5。

登革热（当地人称之为"断骨热"）是一种古老的痼疾，但它演变得如今这般致命却是近年来的事。登革热可能起源于东南亚，后来传播到美洲，并有可能在 18 世纪末渡过加勒比海到达美国东部。当时，登革热会引发疼痛和皮疹，但不致命（Meade and Earickson, 2005）。它在原产地的原始病媒生物是白纹伊蚊（Aedes albopictus，因其腿部有条纹，一般被称作"虎蚊"），这种蚊子喜欢植被繁茂的环境，所以大多远离城市地区。因此，城市化进程实际上减少了登革热的整体危害。但后来，埃及伊蚊（Aedes aegypti）从非洲扩散到了全世界，这一"超级病媒"不仅入侵了城市，还使登革热升级为了致命的登革出血热。

在美洲，一次大规模清除运动根除了埃及伊蚊，人们经常把这个故事与巴拿马运河的修建联系在一起。不过，虽然人们消灭了黄热病，但埃及伊蚊在其他热带地区不但从未绝迹，反而继续向东扩散。20 世纪 50 年代，登革热在菲律宾和泰国卷土重来，连城市地区也未能幸免。这是登革热大流行的开始，人们在这次大流行中付出了比以往惨重得多的代价，东南亚和南亚有成千上万人死于可怕的登革出血热。与此同时，埃及伊蚊也在中美洲和南美洲卷土重来，不仅造成了登革热的流行，也为其他与之密切相关的疾病（比如黄热病和西尼罗病毒）提供了可乘之机。就连登革热最初在亚洲的病媒生物——白纹伊蚊也在得克萨斯州的港口现身，它们藏身于渡轮上的汽车轮胎中，并四处扩散，最远传播到了美国北部的弗吉尼亚州（Meade and Earickson, 2005）。于是，登革热已经成为热带和亚热带的地方性流行病，威胁着城市、城郊及农村人口的健康（图 4.3）。

2007年，报告出现登革热病例的地区

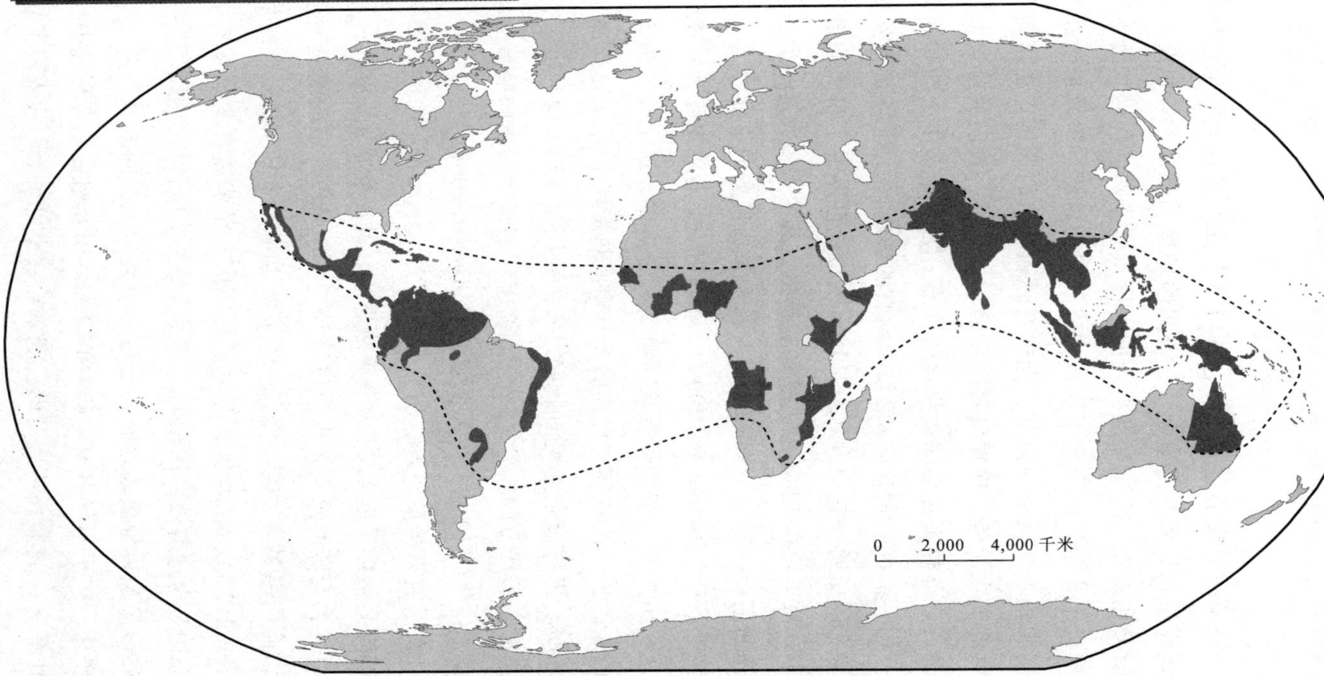

图 4.3 图中深色区域为报告出现了登革热的区域。本图表明，登革热的发病情况呈扩散趋势，而且它有可能通过美国南部的两处边境进入美国。显然，登革热并不会被国境线挡住。因此，图中的虚线国境线是根据官方报告的数据推算并绘制出来的，目的是反映目前登革热的传播范围

和预防疟疾的方式一样，预防登革热的最佳方式也包括消杀病媒生物以阻止其繁殖，在高风险地区喷洒药物，以及在睡眠时使用蚊帐。几十年前，人们一度从登革热病例的持续下降中看到了希望，以为它不会再构成严重的威胁，但热带的高温天气和积水是蚊子的盟友，全球变暖和城市的拥挤正在扭转登革热的消亡趋势。根据世界卫生组织的评估，我们的前景不容乐观：登革热正在全球边缘地带肆虐，尤其是在中美洲和南美洲。100多个低纬度国家已经受到它的影响，大约25亿人正面临着它的威胁，其中大部分是城市人口。世界卫生组织的报告显示，每年约有5,000万人感染登革热，其中大多数是儿童（这一点和疟疾一样），约有50万人属于无法自愈的重症患者，必须接受治疗（Budiansky, 2002）。不仅如此，这些数字还在持续攀升：2006年，墨西哥报告了近3万个病例，这个数字是5年前的4倍多。2007年，巴西的登革出血热发病率比2006年高出约50%。巴拉圭是南美洲最贫穷的主要国家，也是世界上受登革热影响最严重的国家之一。2007年年底该国报告的登革热病例是上一年的10倍，让人震惊（*Economist*, 2007c）。

东南亚是传播登革热的另一个温床。2007年，印度尼西亚的医院共治疗了近10万名登革热患者，其中死亡1,000人；马来西亚和泰国的感染者也数以万计。即使是以严格的蚊虫消杀计划而闻名的新加坡，在2007年秋也报告了3,000多个病例（Arnold, 2007）。医学地理学家们确信，登革热再度暴发的主要原因是全球变暖，病媒生物显而易见的适应性也是原因之一，这种形势逆转将极大地影响全球边缘地带人口的未来。由于气候变化，蚊子不仅占据了新的栖息地，还开始在城市环境中安营扎寨——这是前所未有的。登革热有史以来第一次入侵了包括美国南部在内的全球核心地带。

不过，与霍乱一样，登革热威胁的主要也是全球边缘地带。在这些地方，国际化人口患病的风险要远低于本土化人口。美国一家报纸最近的一篇报道就讲述了一位国际游客的经历：

> 在曼谷市中心一家露天餐厅吃完午饭后，我感觉到了轻微的反胃。当我乘坐出租车返回酒店时，我的腋下和肚皮褶皱处甚至小腿都在使劲往外冒汗，腿部关节也发软……我下了出租车，瘫倒在街边。司机把我推回了车子，开到了康民国际……医院。我几乎是刚到急诊室就晕了过去。当我醒过来后……我的……医生，他是在美国学医的，立刻安慰我……"我们可以肯定你得了登革热。"我高烧到了104（华氏）度，但医生迅速做出了判断，我得的不是登革出血热……后来，我在一间非常干净的房间里休息，医生给我制定了一套康复方案，他建议我休养一周，还给我开了一系列治疗关节剧痛的药物。（Kurlantzick, 2007）

接着，这位国际游客又回顾了自己在曼谷的好运气，因为他曾见识过邻国缅甸的本地诊所，那里的病人们必须自带床铺和绷带，甚至连针头也得自备。他在康复期间发过一次烧，于是步行前往曼谷附近的一家本地医院："我坐在候诊室中间的一张硬长椅上，满地都是烟头和空塑料瓶。我等了一个多小时都没人来叫我。最后，终于有一名护士过来跟我打招呼，但她警告我说，再等几个小时可能也等不到医生，说完转身就走了。"这位国际游客所经历的一切正是全球边缘地带本土化人口的日常，对后者而言，获得更好的医疗条件可谓困难重重。

2002年,斯蒂芬·布迪安斯基(Stephen Budiansky)在《科学》(Science)杂志上发表了一篇报告,从"生和死的地理学"的角度总结了全球核心-边缘地带的生存质量以及健康条件的差异,该报告的资料来源是位于亚特兰大的美国疾病控制与预防中心(CDC)的昆虫学家保罗·赖特(Paul Reiter):当登革热的超级病媒在中美洲、墨西哥和美国南部迅速繁殖并导致登革热病例激增时,美墨边境的格兰德河两岸的发病率却呈现出了惊人的反差。在20世纪的最后20年,得克萨斯州总计报告了64例登革热病例;而在格兰德河对岸,与得克萨斯州毗邻的墨西哥塔毛利帕斯州、科阿韦拉州和奇瓦瓦州在同一时期的登革热病例高达62,514例。尽管埃及伊蚊的数量在美国这一侧要在比对岸的墨西哥更多,但这种将近1,000∶1的比例仍是普遍现象(Budiansky, 2002)。保罗·赖特将这一巨大差异的根源归结为经济因素:在墨西哥的城镇地区,纱窗相对罕见,只有少数人用得起空调,因此无论是在室内还是在室外,墨西哥人暴露在病媒面前的概率都要远高于河对岸的美国人。根据这些情况来判断美墨两国已有的医疗条件,我们就可以得出一个显而易见的结论:哪怕与全球核心地带仅有一步之遥,医疗平等也难以实现。

水与健康

前文用两个案例分别介绍了由水和蚊子传播的疾病,但水对于这两种疾病的传播来说都是关键:作为传播登革热(以及其他疾病)的病媒生物,蚊子只有在条件适宜的池塘和积水中才能繁衍，从而传播疾病。水是生命之源，病媒生物的繁衍自然也离不开水。全球核心地带的居民普遍能够获得净化过的清洁的水，全球边缘地带的情况则并非如此。每年死于腹泻的儿童数量甚至超过了死于疟疾的儿童，其中大部分（每年200万人）来自非洲和亚洲的热带地区。世界卫生组织的数据显示，全球1/3以上人口的卫生条件亟待改善。在两代人之前，全球一半以上的人口缺乏必要的卫生设施，与那时候相比，最近几十年来人类已经取得了显著进步。然而，绝对数字并不令人乐观：人口爆炸已经让卫生问题成倍增长。

矛盾的是，为发展经济而建造的水坝、人工湖、灌溉设施以及其他水资源调控设施实际上会使当地的公共卫生环境进一步恶化。虽然这些项目改善了住房和就业状况，进而改变了当地的经济面貌，但减缓或截断溪流和峡谷中奔腾的水流，就有可能让附近的居民和工人暴露在疾病的危险中。棚户区的居民需要水龙头和水泵，但他们如果用蓄水池和水桶储存雨水并加以利用，就可能使蚊子的数量成倍增长。

这种意外后果的例子比比皆是，比如殖民时期苏丹的杰齐拉灌溉工程（位于白尼罗河和青尼罗河的交汇处）、尼罗河上的阿斯旺水坝（纳赛尔水库）以及加纳的沃尔特大坝。这些水利设施都使得当地的血吸虫病发病率有所上升。血吸虫病是一种由淡水螺传播的使人衰弱的疾病。血吸虫的虫卵在水中孵化成幼虫，幼虫会钻入淡水螺的体内，并在这种病媒生物的体内大量繁殖。然后，淡水螺会将血吸虫的幼虫排入静止或缓慢流动的水中，人们在水中洗浴或干活时，这些幼虫就会通过皮肤或身体的开口钻入人体内寄生。进入人体后，幼虫会逐渐发育为成虫，它们产下的卵会附着在肝、肾、膀胱和其他器官上，最终导致内出血和皮疹。染病的儿童会发育迟缓，成年人则会营养不良。血吸虫病会降低人体对疟疾、艾滋病和其他传染病的抵抗力。未被治愈的病人也可能存活20多年，但身体的各个器官最终都会受到影响，体力也会持续性地损耗殆尽。

有些人估计，血吸虫病是对人类危害最大的传染病之一，仅次于疟疾。尽管它的发病区域主要是非洲（在非洲以两类最严重的形式出现）、南美和东亚，但不包括印度（图4.4）。近年来，血吸虫病在撒哈拉以南非洲迅速蔓延开来，约有7亿人（几乎是非洲的全部人口）面临着患病的风险，近2亿人被感染（Fenwick, 2006）。也有人估计，血吸虫病的患病风险没有那么高，患病人数也没有那么多，但大家都认为，全球边缘地带有超过2亿患者是不争的事实。只要喝上一口被污染的水，在病媒生物滋生的污水里游个泳、洗个澡或干上一天活，就有可能染上血吸虫病。在健康严重受损之前，患者可能都不知道自己已经被感染。尽管如此，人们仍在不断修建水坝，这些颇为壮观的新建工程很有可能再度引发公共卫生紧急事件。

尽管上文提到的种种情况令人不安，但在中美洲和南美洲、中国部分地区、埃及部分地区以及日本全境，由于人们采取了协调一致的医疗干预措施，血吸虫病的防治工作已经取得了一定的进展。日本在这方面的表现尤为突出，其他地区的血吸虫病卫生条件也有所改善。在非洲，吡喹酮在过去20年里一直都可以用来治疗血吸虫病，但它的成本直到最近才下降到数百万非洲人都用得起的水平。因此，虽然情况在恶化，但也有出现转机的希望。乐观者认为，非洲的另一种借助水传播的传染病——麦地那龙线虫病——几乎已经被根除，这是个很好的先例。寄生在人体内的麦地那龙线虫给数百万人带来了难以忍

21世纪初血吸虫病流行的地区

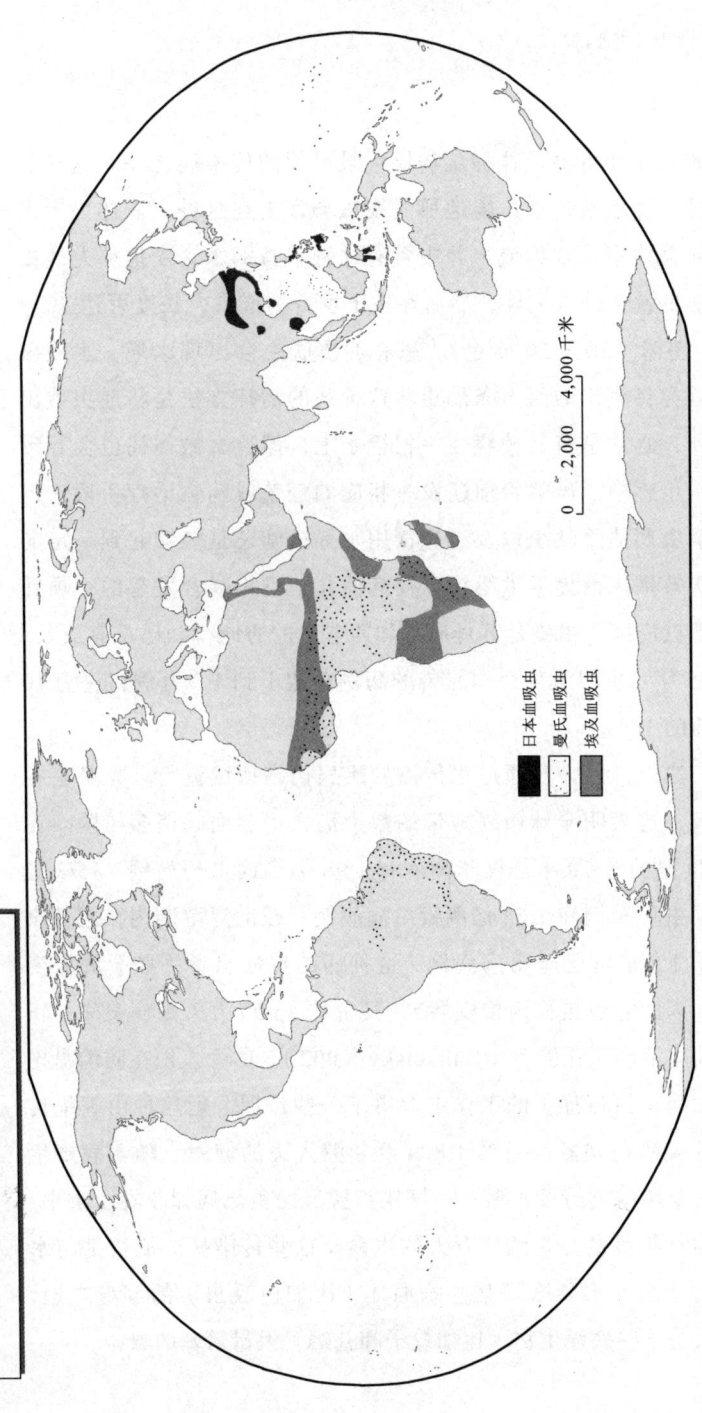

图 4.4 本图显示的是 3 种血吸虫分布的地区。日本南方的部分地区在 20 世纪 80 年代仍是血吸虫病风险区之一，但目前这种疾病在该地区已经销声匿迹。本图根据 G. Pyle, *Applied Medical Geography* (Silver Spring: Winston-Halsted, 1979), p. 47 中的资料绘制而成，并做了一些修改

受的病痛和折磨，这种疾病堪称最可怕的传染病之一。这种病通过一种水蚤传播，麦地那龙线虫会寄生在这种水蚤体内，人们如果饮用了水渠或水井中含有这种水蚤的水，麦地那龙线虫的幼虫就会进入人体，然后在皮下发育为成虫，长度可达50—120厘米（20—50英寸）。患者的皮肤上会出现水疱，水疱破裂后会释放出数百万条幼虫。这种病的治疗方法是将成虫拽出体外，通常是将其缠绕在一根棍子上，但这么做往往也会导致进一步感染。虽然目前还没有相应的疫苗或药物治疗手段，但用杀虫剂消杀幼虫以及过滤饮用水等措施还是能够起到一定的预防效果。世界卫生组织以及其他几个机构联合发起的一项针对重点疫区（主要是苏丹南部和西非）的协调行动已卓有成效。2005年，世界卫生组织报告的病例总数不到1.3万例，仅为10年前的10%。

然而，另一些通过水传播的疾病仍在持续流行，尤其是在非洲，这表明全球边缘地带的数十亿人仍会面临诸多风险。在21世纪的头10年，仅非洲就有1.98亿例钩虫病病例、1.73亿例蛔虫病病例和1.62亿例鞭虫病病例；在世界范围内，累计出现了1.2亿淋巴丝虫病病例（这种病的重症患者下肢会肿胀变形，因此它也被称为象皮病），其中约4,000万人因病丧失了正常的生活和工作能力（Budiansky, 2002）。尽管人们在防治盘尾丝虫病（河盲症）的工作中取得了一些进展，但这种由苍蝇传播的疾病仍在威胁着约1,800万非洲人民的健康。随着病媒生物埃及伊蚊的持续扩散，一度销声匿迹的黄热病如今卷土重来，平均每年都会夺走约3万人的生命。这些传染病的流行都与水密切相关，水要么是某些病原体（比如血吸虫）的容身之地，要么是某些病媒生物（比如蚊子和苍蝇）大量繁殖的温床。

在全球边缘地带的主要地区中，撒哈拉以南非洲大概是受水源性传染病影响最严重的地区，但在其他地区，被污染的水源也会给数十亿城市和农村人口带来危险。孟加拉国曾经实施一项旨在将清洁的地下水引入村庄的全国性工程，却意外地引发了大规模的砷中毒事件，很多人因此罹患癌症，这种悲剧性事件并非个案（Chowdhury，2004）。在印度，文化分歧和经济问题都有可能引发公共卫生危机，危及国家的未来。印度教的信条奉恒河为圣河，认为绵延不断的恒河水及其精神疗愈力是全能之神的体现。印度教的宗教传统相信，恒河水是洁净的，任何人或任何垃圾都不可能污染它。相反，信徒只要触碰恒河水，就能洗涤自己的罪孽，更不用说在圣河里沐浴，再饮上一口圣水了！在恒河沿岸那些寺庙林立的小镇上，无数人就是这么做的。他们把自己浸泡在这条世界上污染最严重的河流中，哪怕河水里充斥着工业废弃物、污物和动物尸体，甚至是人类的尸体。无数人因此患病，很多人死亡，但这一传统仍在延续。这条河一面治愈着人们的心灵，一面夺走人们的生命。

就算恒河及其宗教内涵构成的环境组合是一个特例，"全球核心地带与边缘地带的分界线也是清洁水源和污浊水源的分界线"这一说法也仍然成立。在全球核心地带，人们普遍可以获得安全的水；而在全球边缘地带，约有10亿人无法获得清洁的水，这个数字约占边缘地带总人口的1/5。在有些地方，人们就算不必因为宗教因素而使用被污染的水，他们唯一可用的水源可能也只有水质不达标的河流和湖泊。水是生命之本，也是疾病之源。很多科学家都警告说，21世纪将出现全球水危机。全球变暖可能确实是危机的根源之一，但在当下的语境中，水安全问题仍然取决于成本、优先权、地理位置以及首要性。

疟疾的威胁

大约30年前,一位美国游客在肯尼亚的国家公园中游猎时病倒,症状包括间歇性高烧和寒战,以及大量冒汗。病人自述会感到恶心和剧烈头痛,还会反复呕吐。人们迅速将他送往内罗毕的一家医院,染上疟疾的外国游客偶尔会在这里先接受治疗,然后被送回本国。然而,这次的病例有点不同寻常:这位游客陷入了昏迷,随后是休克和肾功能衰竭,在美国媒体开始关注到他之前,他就死亡了。媒体对这一非同寻常的突发事件进行了大量报道,它受到的关注甚至超过了全球一整年的疟疾病例受到的关注。电视评论都将焦点放在了国际旅行的风险以及出国旅行的国际化人口在出行前所能采取的预防措施上,却很少关注全球边缘地带数十亿人的健康问题。那些本土化人口就算能够逃脱早夭的厄运,也要时刻面对疟疾的威胁,或忍受疾病造成的持续性身体损耗,无一日健康安宁可言。

就在您读到这段文字的这一天,全世界将有约3,000人被疟疾夺去生命,其中大部分依然来自撒哈拉以南非洲。仅在非洲,每30秒就有一名儿童死于疟疾(Fenwick, 2006)。2008年,总计将有超过100万本土化人口(绝大多数疟疾患者都属于此列)死于疟疾。世界卫生组织估计,全球约有3亿人感染了疟疾,但这一数字要远低于其他信息源的估值。疟疾使数千万人完全丧失了工作和生活能力,使数亿人在长期重度贫血症的折磨下陷入体力衰竭的境地(Meade and Earickson, 2005)。事实上,在全球的贫困地区,被疟疾折磨的人难以计数。之所以说"难以计数",是因为他们中的许多人从未去过诊所,从未看过医生,因此也从未被纳入官方的统计数字。

蚊子会传播疟疾，这已经是一项尽人皆知的常识，但为何从地理分布上看，撒哈拉以南非洲的疟疾死亡病例比世界上其他所有地方的疟疾死亡病例的总和还要多？事实上，答案和病媒生物自身的特质有关。按蚊属（Anopheles）大约可以分为60个品种，分别可以传播不同类型的疟疾，但在撒哈拉以南非洲，最常见的一种是冈比亚按蚊（Anopheles gambiae）。它们在那里与人类同步进化，是迄今为止疟疾传播力最强的一种按蚊。冈比亚按蚊身上携带着疟疾寄生虫中最致命的恶性疟原虫（Plasmodium falciparum）。此外，与其他品种的按蚊不同的是，冈比亚按蚊更喜欢叮咬人类而不是动物，因此大大提高了疟疾在人群中的传播率。在吸食已被感染的宿主的血液之后，它们体内的疟原虫会在接下来的10—14天里繁殖，然后到达它们的唾液腺。之后，疟原虫会随着按蚊的下一次叮咬而进入被叮咬的人（通常是儿童）体内。

若不是因为冈比亚按蚊如此"偏爱"人类，疟疾的传播效率会比我们目前在非洲看到的低得多。南亚也是疟疾流行区，但疟疾在这里的致死率要低得多，造成大多数疟疾传播的蚊子也喜欢叮咬牛，这就大大降低了它们连续两次叮咬人类的概率。根据研究人员的测算，疟疾在非洲传播的可能性是在印度的8—9倍（Dunavan, 2005）。

由恶性疟原虫导致的疟疾是所有疟疾中最致命的一种，每年的绝大部分疟疾死亡病例都源于这种恶性疟疾，但并非所有类型的疟疾都如此致命。在南美洲、中美洲、亚洲、新几内亚以及邻近的太平洋岛屿，另外三种由其他类型的按蚊传播的疟疾致死率就没有那么高（除了非洲，新几内亚是全球疟疾疫情最严重的地方）。无论如何，各种类型的疟疾都是可以预防和治愈的，所以偶尔的死亡病例（比如那位死在肯尼亚的美国游客）实属例外。氯喹一度被世人视为疟疾克星，代表着"迄今为止在针对传染病的药物治疗领域最伟大的公共卫生进步之一"（Wellems，2002）。在20世纪五六十年代，使用氯喹治疗疟疾的效果非常好，这种药物价格低廉，服用方便，而且几乎没有副作用，大大降低了疟疾病人的死亡率。再加上当时还有其他用于消杀病媒的手段——主要是杀虫剂滴滴涕，疟疾看起来马上就要被彻底铲除。可是后来，疟原虫逐渐对氯喹产生了抗药性，其他替代性药物也未能取得理想的治疗效果。没过多久，疟疾卷土重来，死亡病例急剧上升（尤其是在非洲），人类社会对这种传染病的第一次协同作战以失败告终。自那以后，其他药物的情况也大同小异：最初这些药物效果良好，之后随着疟原虫对其产生抗药性，它们的效力逐渐减弱。如今，人们把希望寄托在了以青蒿素为基础的抗疟"神药"上，这种药物是从中国传统医学长期使用的药材、菊科蒿属草本植物黄花蒿（*Artemisia annua*）中提取的。90%的疟疾病人在服用这种药物的几天后就能康复——但最近人们发现，有几种疟原虫已经开始出现对抗青蒿素的变异现象（Vogel，2005）。基于之前的药物治疗经验，很多专业人士开始转而谋求替代（或综合）方案，包括分发经过杀虫剂处理的蚊帐和重新使用那些曾因其毒性而在20世纪60年代被禁用的杀虫剂。

在与疟疾的战争中，人类的早期行动都以失败告终，但一张记录了半个世纪以来的疟疾流行情况的地图（图4.5）表明，疟疾虽在全球核心地带已基本绝迹，但仍在全球边缘地带肆虐。疟疾是联合国千年发展目标的小标题中提及的唯一一种病媒性传染病，原因之一就在于此。在联合国提出千年发展目标之后不久，人们就开始呼吁恢复全球合作，一起行动，抗击疟疾（Sachs，2002）。虽然疟疾可能被全球核心地带的人们视为一种热带气候病（高温确实有助于病媒生物保持活力），但传播疟疾的蚊子不仅能够在赤道地区生存，也能够在两极地带生存。它们成为病媒生物的唯一先决条件是水，即使只在高纬度地区停留数周，它们也可能传播疟疾。事实上，就在4个世纪前，西欧也没能躲过疟疾的侵袭，当时地球正处于小冰期。直到19世纪，斯堪的纳维亚半岛仍然暴发过疟疾。西班牙、葡萄牙和意大利直到20世纪60年代末才根除了疟疾。荷兰在1970年宣布消灭了疟疾；加拿大的疟疾疫情发生在19世纪头10年，而美国直到1954年才宣布战胜了疟疾。疟疾被逐出全球核心地带不过是近些年的事。

图4.5表明，较富裕的国家有条件采取综合性抗疟疾手段，相对贫困的国家则既无法获得这些资源，也负担不起。在20世纪40年代之前，疟疾一直困扰着美国南部的大部分地区，但纱窗的发明和迅速推广以及家用和车用空调的普及改变了数百万人的生活习惯。地方、各州以及联邦政府的灭蚊行动减少了病媒生物的总量，寄生虫携带者的比例也随之下降。在20世纪90年代末，墨西哥仍有大面积的高风险区，但在与其只有一墙之隔的美国南方，疟疾却已经绝迹了近50年。

然而，非洲的情况却在不断恶化，仅仅在少数几个进行药物治疗试点的地方，情况有所改善。非洲成为全世界疟疾风险最高的地区，要归咎于以下因素：非洲的疟原虫毒性特别强；非洲的病媒生物传播力强，适应性也强；非洲长期处于贫困状态，很多地区的贫困仍在加剧；公共卫生体系陷入崩溃；人口爆炸；其他病媒传染病的流行；艾滋病的影响。2007年，疟疾

1946—2005年，全球的疟疾高风险区

1946年

■ 疟疾高风险区

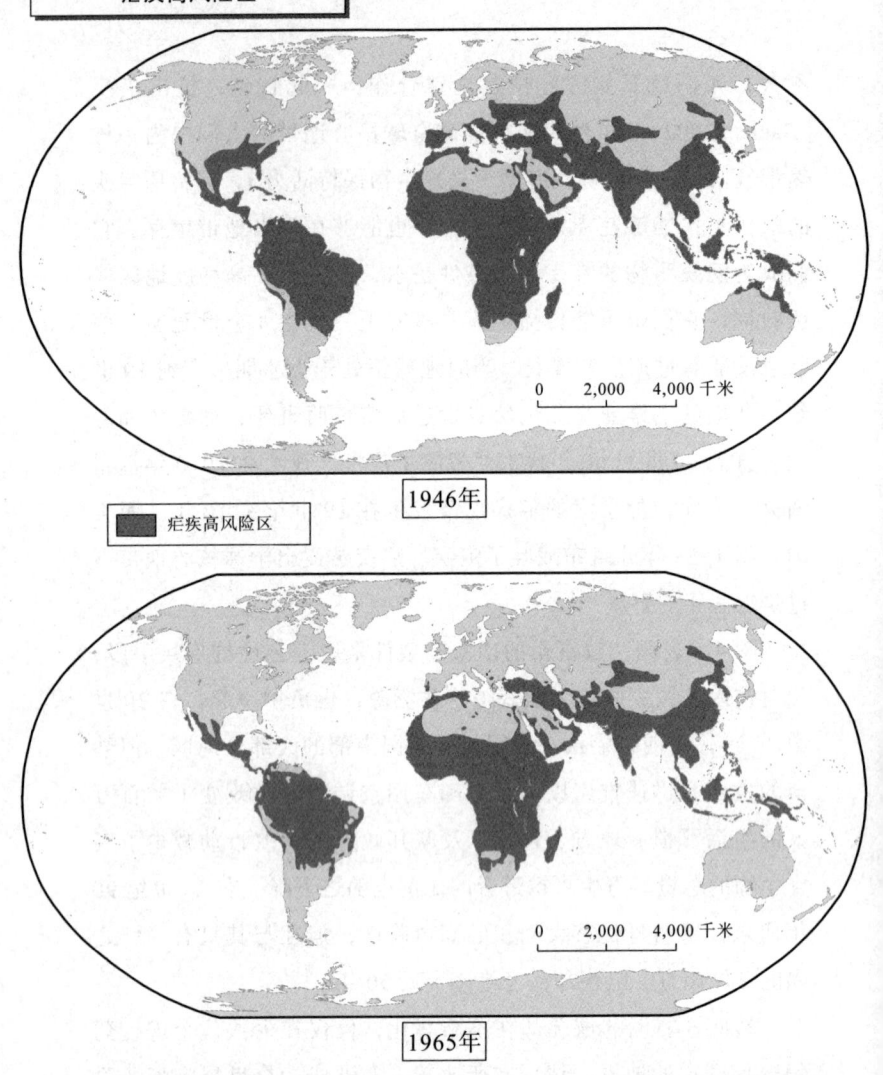

1965年

图 4.5 尽管疟疾每年都会给人类带来巨大损失，但这几幅地图表明，在过去的 60 年里，疟疾的高风险区已大幅缩小，这要归功于全球合作抗击疟疾的努力，包括控制病媒生物的生存繁衍和降低人群（尤其是儿童）与病媒生物接触的概率。在 20 世纪 90 年代，印度在疟疾防治方面取得了重大进展。截至 2005 年，在仅剩的疟疾高风险区中，最大的区域位于非洲。近年来，关于蚊媒的卷土重来和疟疾在一些地区重新流行的传闻引起了人们的关注，一些科学家将这一趋势归咎于全球变暖。本图中的资料来自世界卫生组织和 J. D. Sachs and J. L. Gallup, "The Economic Burden of Malaria," *American Journal of Tropical Medicine and Hygiene* 61 (2001), p. 85

疟疾高风险区

1994年

2005年

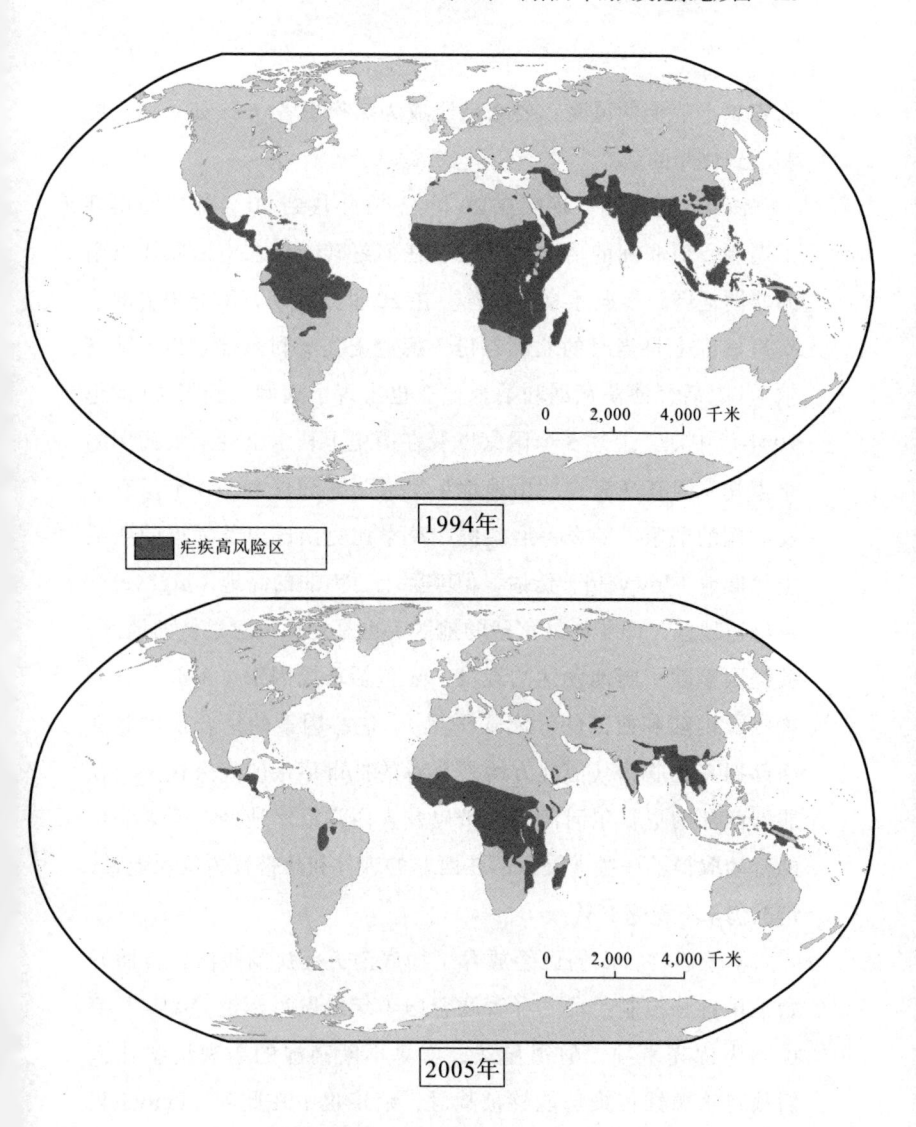

仍在全世界 100 多个国家或这些国家的部分地区肆虐，其中有 40 多个是非洲国家。全球人口已经接近 70 亿，其中的 40% 生活在疟疾流行地区。在非洲的 7 亿人口中，有超过 90% 要么面

临着患上疟疾的风险，要么已经成为疟疾患者——如果他们能够活到成年的话。

图 4.5 还表明，疟疾在 20 世纪 40 年代到 90 年代之间得到了遏制，但非洲的情况几乎没有任何好转，仅在南回归线以南的非洲地区，情况才有所改善。在 20 世纪中期，南非报告的疟疾病例都来自当时的北部省份（德兰士瓦）和东部省份（纳塔尔）。之后，博茨瓦纳和纳米比亚也出现了病例。到了 20 世纪 90 年代中期，上述 3 个国家以及在历史上从未出现疟疾病例的莱索托（因其高海拔的山地地形）成为非洲仅有的 4 个没有疟疾病例的国家。如今，疟疾仍在莫桑比克南部以及邻近的斯威士兰低地（lowveld）传播，但实际上，南非的高地（highveld）及周边地区（即非洲最富裕的地区）也是疟疾风险最低的地区，关键因素除了当地发达的经济，还包括环境因素（东部的高海拔以及内陆和西部的沙漠式干旱），这些因素的结合使得非洲南部拥有了非洲其他地方所不具备的抵御疟疾的先天优势。在非洲西部的尼日尔河河湾地带以及大西洋沿岸地区，消灭疟疾的行动取得了一些进展，但在西非的森林和热带稀树草原地带，情况仍未有丝毫好转。

不管怎样，人们已经放弃了彻底消灭疟疾的想法，转而开始采用各种控制手段。尽管联合国千年发展目标把"遏制"疟疾列为优先事项，但很显然，就算不断高涨的乐观情绪让人们预言水源性传染病能够被战胜，疟疾也不在此列（Fenwick, 2006）。如果我们在 2015 年再绘制一张全球疟疾高风险区分布图，图 4.5 所显示的那种次序将不复存在："有超过 17 亿人生活在曾经的疟疾高风险区，这些地区的疟疾传播率曾经大幅下降，但现在又开始反弹。这些地方的生态环境不够稳定，而且还在不断恶化。蚊媒对所有的主要杀虫剂都有抗药性，病原体也对所有的主要药物产生了抗药性，古老的天灾重回人间。"（Meade and Earickson, 2005）这就意味着行为干预是关键，特别是要分发免费的或便宜的经过杀虫剂处理的蚊帐。在全球边缘地带，有数亿儿童睡在没有窗户或纱窗的屋子里，完全暴露在疟疾病媒面前。如果我们为婴幼儿提供保护，直到他们有能力通过调整自己的行为模式来降低被感染的概率，比如学会识别一天中蚊子的攻击性特别强的时段（因地域和蚊子种类的不同而有差异），直到他们长到足够大的年纪，能够通过从母体获得的部分免疫力来抵御疟疾，疟疾造成的婴幼儿死亡率才不会像现在这样高得可怕。不过，这并不意味着疟疾不再会导致患者虚弱无力。但发病人数的确会下降，大多数患者的发病时间会推迟，因此疟疾的整体危害会降低。此外，我们还可以利用生物技术对滋生病媒的环境进行消杀（通过直升机喷洒药物一直是全球核心地带的长期对策之一），而使用杀虫剂可谓是两害相权取其轻。随着旧的药物不断失效，继续研发新的预防性药物已经成为人类与疟疾之间的战争的一部分。这场战争所能拯救的生命将比任何一场"反恐战争"都要多，但彻底的"胜利"同样遥不可及。

医学地理学家为何对疟疾的死灰复燃持悲观态度？全球变暖有时被视为疟疾卷土重来的原因之一，但目前还没有确凿的证据能够证实这一点。如上所述，疟疾并不是一种严格意义上的热带疾病（Botkin, 2007）。然而，传闻和报道都在提醒着人们，疟疾正又一次向海拔更高的非洲东部扩散，而这确实要归咎于当地的气候变暖。

埃及伊蚊近年来重新在美洲的热带地区出没，可能主要和全球贸易以及人类活动给生态环境带来的改变有关，与地球变暖的关联可能反而没那么大。这种病媒生物首次从非洲来到美洲可能是在17世纪，它们是随着运奴船上的蓄水容器一起来的。3个世纪后，黄热病的流行阻碍了巴拿马运河的修建。然而，埃及伊蚊并没有在后续的大规模消杀运动中绝迹，而是藏匿到了远离人群的地方，赤道雨林的上层树冠就是它们的藏身地之一。生物学家会告诉你，在森林里行走时完全不用担心会被蚊子叮咬——除非你来到了那些毁林造田的地区，人们在那些地方砍掉树木，安营扎寨，开垦农田。被砍倒的树冠覆盖在地面上，藏在树冠中的蚊媒得以再次和人类亲密接触，曾经的传染循环又一次启动。目前，黄热病主要发生在贫穷国家的农村地区，但世界卫生组织警告说，它也随时可能在城市地区暴发。此外，近期西尼罗热的传播也与蚊媒有关。这些都加剧了人们对未来的疟疾疫情的担忧。通过达氏按蚊（*Anopheles darlingi*）传播的疟疾已经在南美洲蔓延开来，这种蚊媒所携带的致命疟原虫曾在非洲造成大量病患死亡；它在印度造成的死亡虽然比在非洲少，但同样令人触目惊心。倘若非洲的超级病媒——冈比亚按蚊也来"殖民"亚洲或美洲的热带地区，后果会是怎样？

另一个让人担忧的问题是全球化的标志性产物：移民。正如前几章提到过的，尽管流向全球化人口在全球总人口中仍然只是一小部分，但他们在传染病传播过程中起到的重要作用早就确证无疑了（Prothero, 1963）。这种危险表现为两个方面：一是这些劳动力移民可能将这些传染病从其发源地带到目的地，从而扩大宿主人群，导致传染病的进一步传播；二是他们自身也容易染上这些传染病，因为他们不像一些本土化人口那样，在与传染病共生的过程中被动获取了部分免疫力。

疟疾可能比其他任何疾病都更能象征全球核心地带与全球

边缘地带在健康方面的巨大差异。时至今日，它仍在全球的广大地区肆虐。它既是致命杀手，也将数十亿人置于危险的境地。无数婴幼儿就算能幸运地活到成年，一旦患上疟疾，也仍将终生受到体力衰退和器官衰竭的折磨。

众多人口的多重负担

虽然没人会说地球在医疗水平方面是"平"的，但令人不安的是，从某些方面来看，在全球边缘地带的大片地区，如今的医疗卫生条件要比半个世纪前更糟。很多本土化人口在生活中不得不面临多种疾病的威胁，比如肺结核、锥体虫病（睡眠病）、沙眼（全球贫困地区的一种常见的眼部疾病）和麻疹（也是一种严重的地方病），等等。在撒哈拉以南非洲，即艾滋病的发源地，很多国家的人均预期寿命已经降至中世纪以来的最低水平，约有 2,000 万名儿童即将成为孤儿，罪魁祸首就是这种"枯瘦病"（slim disease）。

艾滋病、肺结核和疟疾三者之间的关联反映了这种复杂情况的另一面。众所周知，艾滋病会削弱人类的免疫系统，因此很多艾滋病患者最终会死于其他疾病，尤其是肺结核。如今，人们也已经弄清楚，人类免疫缺陷病毒携带者也更容易感染疟疾，因为这种病毒对人体免疫系统的破坏使得疟原虫可以更快、更容易地在患者体内繁殖。因此，和那些仅仅感染了疟疾的患者相比，同时患上艾滋病和疟疾的患者会成为传播性更强的宿主。

事实上，在那些同时存在多种地方病的地区，数以亿计的本土化人口会遭受少则两三种、最多可达六种疾病造成的身体虚弱。流动缓慢的水体、死水或积水不仅滋生了血吸虫病寄生虫，也滋养了传播疟疾的蚊子。烂泥地里的钩虫会钻进人的脚部，也会通过人们的唾液导致腹泻；非洲每年死于腹泻的儿童是死于疟疾的儿童的两倍。卫生条件恶劣的地方会暴发霍乱，也可能暴发沙眼。传播黄热病的蚊子同时也是登革热的病媒。尽管统计数字显示，全球边缘地带的婴幼儿死亡率正在下降，人口预期寿命正在延长（除了撒哈拉以南非洲），但这类数据并不能反映全球健康状况的全貌。正是生活**质量**的这种地域性差异，才让人意识到全球的医疗卫生景观绝非一片平坦。

全球化的悖论

然而，对一些国际化人口来说，在医疗卫生条件方面，世界的确变得"更平"了——这群因为公务或旅游而在全世界穿梭的人乘坐宽体客机和带空调的汽车，住在"国际"酒店里，享受着全球化的走廊为他们提供的种种便利。就算在遥远的异国他乡不幸染病，他们也能得到最优质的医疗服务，因为他们的资金、知识和配套的体系可以为他们提供保障。这些便利因素的组合是全球化进程的产物之一：这些来自全球边缘地带贫穷国家的富有的城市精英和往往数量众多的侨民需要现代化的医疗服务，私立医院和一些公立医院通常都可供他们选择。

这些国际化人口在遥远的海外就医时获得的体验几乎都是良好的，尤其是费用还很低廉。这实际上催生了一个新行业：医疗旅游。如今，国际化人口可以对一些医疗服务（从脸部拉皮到膝关节置换手术等）的费用进行比较。他们发现，跨越半个地球去做一场手术，然后再找个热带海滩或高级水疗中心享受康复疗养，加起来的费用要比在美国或欧洲做手术的费用便宜得多——有时甚至能便宜75%（Woodman, 2007）。由保险公司、医院、医生以及其他配套服务组成的全球网络吸引了越来越多的来自全球核心地带的客户。2007年，估计约有15万美国人出国寻求医疗服务，其中一些人在国内没有办理医疗保险，便想在国外寻找低成本的医疗服务。印度、泰国、巴西和菲律宾等国的政府也参与其中，推广医疗旅游的理念，助力该行业的发展。新加坡政府已经宣布，新加坡预计将在未来5年内每年吸引100万"医疗旅客"。

这一发展趋势是否证明了地球正在日益走向扁平化？事实恰恰相反：在那些致力于为国际化人口提供医疗服务的国家中，有几个国家连本国公民的公共医疗需求都无法充分满足；同时，这些国家还面临着人才不断流失的问题，因为训练有素的医务人员经常因为全球核心地带的高薪岗位而离开本国（美国的医院正在积极招募来自南非的护士；成百上千的印度医生移居英国和美国）。在医疗旅游业的高薪诱惑下，那些留在本国的医生也会放弃当地医院和诊所的工作。为外国游客修建的度假村般的医院和当地人去的人满为患的医院之间的反差招致了媒体的愤怒批评。但是，从中受益的国际化人口不仅仅来自美国和欧洲。近年来，增长最快的客户群体来自西南亚的那些石油大国，因为在那些国家，金钱并不总能买到最优质的医疗服务。

拥有旅行自由的国际化人口可以为了良好的医疗服务而走遍世界，那些终生生活在地方病和基因缺陷的阴影下的本土化人口的命运却仍然受制于地方的威胁性力量。

第五章

危险境地的地理

　　我们每个人每天都生活在风险之中。在美国,每年有超过10万人死于各种意外,其中近一半死于交通事故。全世界平均每年有超过5,000名矿工死在地下,那些以安全为由反对核电的人往往会将这个数字抛在脑后。无论是昆虫叮咬还是食物中毒,无论是吸烟还是出门旅行,凡事都存在风险。有些风险可以通过具体行为来降低(戒烟、系安全带),有些风险则被视为难以避免的。半个世纪以前——早在劫机事件和相应的机场安检计划出现之前,尽管坠机事件频发,但选择航空旅行的人还是不断增多。如今,世界各地的马路上时常会上演夺命的惨剧,尽管司机和乘客们可能意识到了这些风险,但他们很少会被吓倒。风险是生活的一部分。

　　然而,风险也和居住地以及地理位置有关。那些亲历过或在电视上看到过飓风、龙卷风、地震、火山爆发、洪水、雪暴等极端自然灾害的可怕后果的人们,恐怕都会提出这样一个问题:"世界上究竟有没有一个相对安全、适合人类居住的地方?"

地理学家们无法就这个问题给出一个简单的答案,尽管其中一些人的研究重点就是自然灾害及其差异性分布。不过有一点是毋庸置疑的:人类——无论是个体还是集体——情愿将自己置于危险的境地,哪怕他们有办法避开这些风险。很多美国人选择将自己退休后的住处或第二个家建在易受飓风侵袭的海岸线上或容易被海水吞没的障壁岛上。多年来,有大量荷兰人移民国外,但并不是因为荷兰2/3的国土都处在海平面以下。从印度尼西亚到墨西哥,那些生活在活火山肥沃山脊上的农民不仅不愿意搬走,甚至在火山进入活跃期时,他们也往往拒绝转移到临时落脚处。从东京到德黑兰,人们不断涌向那些坐落在危险的断层带而且发生过毁灭性地震的城市。宿命论是一种跨文化的人类特质。

从某些方面来说,关于安全和区位的问题是地理学的终极问题,地理学家围绕这个问题做了长期的研究,并取得了重要成果。吉尔伯特·怀特(Gilbert White)是科罗拉多大学行为科学研究所的所长,他的研究重点是人们为什么愿意继续在洪泛区生活,同时,他也试图从更广泛的角度分析人类在面对自然灾害时做出的种种行为。南卡罗来纳大学地理系有一个灾害研究实验室;美国和其他国家的很多地理学学术项目都设有自然灾害这一"研究方向",旨在引起学生们对这个复杂领域的关注。今时今日,环境在变化,气候随时可能发生突变,他们在这方面的研究可谓任重道远。

各种各样的危险(真实存在的、被注意到的或被人否认的)是地方的综合力量的重要组成部分,但并非所有的危险都来自自然界。虽然本书接下来会探讨环境灾害及其地域性差异,但对于风险问题的考察将涉及地方的不同层面。任何城市都有一些会给人们带来更多"安全感"的街区；任何国家都有一些犯罪率尤为"亮眼"的城市；任何高速公路网都有相对"危险"的路段。但这些事实在媒体那里不过是频频出镜的新闻事件，新闻报道中的数字只是为了让新闻更吸引眼球，这样的报道影响了人们对危险的认知和应对方式。

不过，对于那些并不那么迫切的环境危机，人们往往不会太在意，甚至在遭受飓风"卡特里娜"侵袭之前的新奥尔良也是如此，尽管当时的科技文章和媒体报道一再警告人们，该市及其周边地区可能遭到飓风的毁灭性打击（Fischetti, 2001）。倘若长期没有发生严重的灾难（以人类的时间尺度而非地质时间计算），人们通常就会放松警惕，更关注身边的日常，对潜在的风险疏于防范。由于历史原因和人类自身的健忘特质，如今全球有超过20亿人生活在环境高风险地区，其中数百万人是出于自愿。不断加速的气候变化让其中许多人的处境变得更加艰难。

祸从天降

当然，归根结底，地球上没有哪里是绝对安全的。我们的星球曾屡次遭到小行星的撞击，这些小行星拥有足够大的体积，能够穿透大气层，然后狠狠撞向地球表面，导致灾难性后果。地球上一次被巨大的小行星撞击是在大约6,500万年前，那次撞击终结了恐龙时代，开启了见证灵长类动物崛起的地质时代。考虑到那颗小行星的直径不过10千米（约6英里），它以每小时约9万千米（约5.5万英里）的速度撞上墨西哥的尤卡坦半岛，便引发了一场几乎燃遍地球的大火，你就会发现地球是多么脆弱。强大的外力导致大规模的生态灭绝从而改写地球进化史的事件曾多次发生，6,500万年前的那一次并非第一次。根据地理学家的研究，地球在之前就遭到过类似的撞击，他们正在发掘其他证据，这些证据表明，这种撞击事件大约平均每1亿年发生一次。人类不可能在这种灾难中幸存下来，但即使后来撞击地球的都是一些更小的小行星（撞击事件的间隔期也更短），后果依然是毁灭性的。

你如果乘坐飞机从亚利桑那州北部上空飞过，就会看到地球在有人类居住之后遭到撞击的证据：巴林杰陨石坑（Barringer Meteor Crater）。它的直径约为1,200米（约4,000英尺），坑底深约180米（约600英尺），其边缘比周围的平原高出近60米（约200英尺）。据估计，那次撞击事件发生在约5万年前，当时人类的祖先还未踏足美洲。撞出这个巨型陨石坑的陨石直径可能只有约60米——差不多是10辆汽车的长度，但它的威力已举世皆知。撞击造成的巨型粉末状碎石云团进入平流层上方，被推入地球轨道，使北美洲南部、地中海、亚洲内陆及东部的天空变得昏暗，这片云团可能持续数年才完全散去。如今，根据一些科学家的推测，这样的猛烈撞击和爆炸在北美洲地表或上空可能发生过不止一次。2007年，参加美国地球物理学会（American Geophysical Union）会议的地球科学家们做了一番理论推测：大约13,000年以前，一颗巨大的彗星在北美洲上空某处的大气层中爆炸，彻底摧毁了从亚洲迁徙到北美的第一批移民及其文化，猛犸象和其他动物因此灭绝，地球也因此再度进入历时千年的冰期（Kerr, 2007）。这就解释了为什么几千年来一直都在导致冰川后退的全球变暖进程会突然中断,地球会突然进入被环境科学家们称作新仙女木期(Younger Dryas)的新时期,之前人们一直以为这个长达1,000年的极寒时期是由其他原因造成的。因此,如果这次爆炸确实发生过,那么它的影响范围就不仅限于北美洲,还覆盖了整个北半球。

目前,人们仍围绕着这一重大事件的证据争论不休,但从地质学的角度来看,13,000年不过是一瞬间,如果这场假定的灾难发生的时间距离我们如此之近,那么我们显然应该把应对来自太空的下一次威胁列为优先事项,而不是把资金耗费在昂贵的武器装备和战争上。我们有理由推断,小行星的个头越小,撞击地球或与地球擦肩而过的频率就越高。现有的研究认为,尽管可能曾有一颗或多颗大陨石坠落在地球某处的海洋里,但迄今为止,我们还没有发现其他陨石曾经像亚利桑那州陨石那样到达地球。可能于13,000年前在地球大气层中爆炸的那颗彗星并没有在地球表面留下撞击坑,但这只能说明地球表面的撞击痕迹不足以完全反映灾难发生的频率。

就在一个世纪之前,地球曾经意外接到过一通"起床来电"。1908年6月30日清晨,在如今的俄罗斯克拉斯诺亚尔斯克和埃文基自治区(西伯利亚中部),当地居民看到了这样一幅场景:一颗耀眼的球体在天空中向北划过,就像正在燃烧的月亮,照亮了远处的森林地平线,随后爆炸起火。搜救队在抵达现场后没有找到陨石坑,但他们在通古斯卡河河谷一带发现了大片被焚毁的树木,这些树木呈放射状倒在地面,受影响地区的直径达到了约32千米(约20英里)。如果这个物体是陨石,考虑到现场没有留下任何金属物质的痕迹,那么显然,爆炸发生在该物体撞击地面之前。科学家们推测,这是一颗冰态彗星,因为体积足够大,所以它在划过大气层的炽热过程中没有燃烧殆尽，而是在快接近地面时发生了爆炸。这次爆炸对地面造成的破坏，可以被视为约13,000年前北美上空那次假定的陨石爆炸的缩影。

我们不难想象，如果这颗较小的冰态彗星（如果的确如人们所推断的那样）在主城区或人口稠密的农村地区上空爆炸，结果会怎样。那些来自太空的天体造成的死亡和混乱本应对人类的情绪造成更持久的影响，但在短时间内，全世界的注意力都被俄国革命、两次世界大战和冷战所吸引。然而，对科学家来说，"通古斯卡"大爆炸的确是一通让地球清醒的"起床来电"。随着天文学家们越来越清楚地意识到，有数十亿颗沿着轨道飞行的彗星和陨石可能会与地球相撞，人们开始启动一项名为"太空监视"（Spacewatch）的计划，以追踪尽可能多的"穿越地球者"和"靠近地球者"。到20世纪90年代末，这个计划已经能够预测某些带有潜在威胁的天体的运行轨迹。其中，小行星1997 XF11率先引起了全世界的关注，据估计它的直径约为1.5千米（接近1英里），人们根据它的运行轨道推测，它有可能在2028年与地球相撞。经过进一步的计算，人们对这个预测进行了修正。但在此之前，人们已经开始认真讨论各种可行的应对方案，包括用炸药将这颗即将靠近地球的彗星炸碎，或改变它的行进路线。后一种方案的具体做法是在这颗小行星上安装火箭，通过点燃火箭的发动机，使其偏离原先的运行轨道。今天，科学家们开始逐渐意识到资金的有限以及风险的严重性，于是他们敲响了警钟：已知的具有潜在风险的小行星的数量远远超出了人们能够追踪的范围。

显然，地球上没有任何一个地方可以躲过来自太空的轰炸；月球表面的陨石坑也在提醒着人们，我们正面临着来自太空的危险。但空气、海洋和陆地给人类带来的危害远远超过了太阳系——至少在短期内是如此。地表自然环境的各种风险仍然决定着地方的力量。

全球核心、全球边缘以及暴露在危险中

在地球上，风险的实际分布情况与前文提到的全球核心-全球边缘的划分并不重合，原因显而易见：特定地方的发展机遇和优势会成为人口聚集的驱动力，但这些地方潜在的风险往往比较隐蔽。中国的几条主要河流的下游地区吸引了大量劳动力移民，这些流动人口学会了适应当地反复无常的旱涝灾害。对这些地方肥沃的冲积土壤带来高产的期望压倒了不利因素带来的担忧。我们可以断定，他们都没有意识到，全球变暖导致的海平面上升会置他们于危险的境地。1868年，当日本人选择将东京（当时还叫江户）定为新首都时，这座城市频繁的地震史已经广为人知。然而，政治和文化因素还是让人们把这些风险抛到了脑后，而且不管怎样，当时东京已经是日本第一大城市，经受住了多次自然灾害的考验。如果19世纪的日本规划者懂得东京位于地球三大板块的交会处附近意味着什么，他们可能会考虑另择一处作为应急之选，这也是日本国内近来热议的一个话题（图5.1）。如果当初的规划者意识到了"70年规律"（日本在1633年、1703年、1782年和1853年都发生过大地震）会一直持续到20世纪，他们肯定会重新考虑自己的选择。1923年的关东大地震引发了大范围的火灾和海啸，估计共造成了约14.3万人死亡。今天，东京位于世界最大的城市群的中心，它

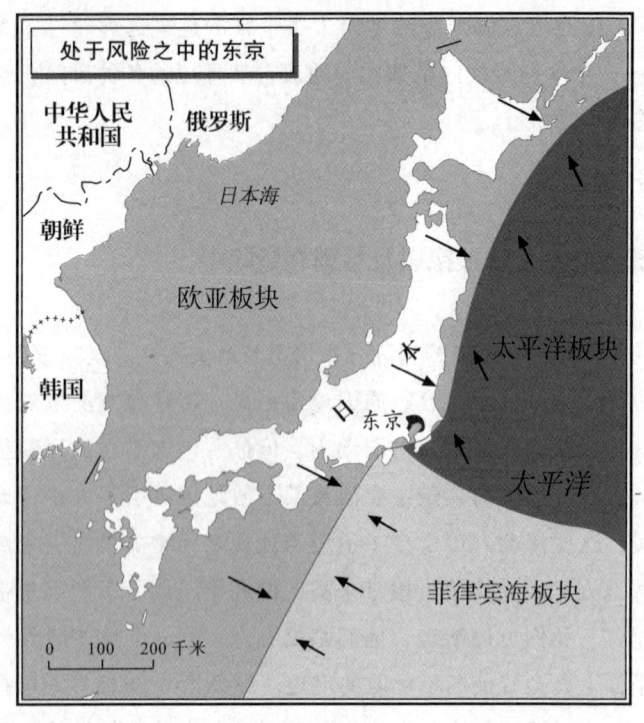

图 5.1 东京-横滨城市群仍是世界上人口最密集的都市区,这一地区位于地球三大地壳板块的交会处,是全球风险最高的区域之一

也是全球金融和商业链的重要一环。在这座城市里,摩天大楼与传统建筑比肩而立,无数天然气管道纵横交错。1993年,关东大地震70周年之际,日本上下乃至全球核心地带大部分地区的人们都屏住了呼吸。从那时起,人们就一直关心:东京的好运还能持续多久?一旦大地震再度袭来,这座城市里的那些"抗震"的高层建筑能否经受得住考验?

一个世纪前,地理学家阿尔弗雷德·韦格纳(Alfred Wegener)启动了一项研究,他最终的研究结果表明,地壳是由可移动的板块构成的，这些板块形成的地质年代不一，大小也各不相同。韦格纳将他的假设称为**大陆漂移说**（continental drift），因为大陆的移动是这一理论的核心。今天的人们已经了解到，地球上的大陆是由不同的板块承载的，这一理论被称为**板块构造学说**（plate tectonics）。但是，一幅描述世界上已知的（和已命名的）板块构造的地图不仅能满足人们对地质构造的好奇心，而且能传达更多信息（图5.2）。移动的板块互相碰撞，会导致地壳震动和断裂，地壳边缘相互挤压，形成山脉；板块碰撞的地带会出现地震和火山爆发，还会出现令人叹为观止的地质构造。在板块互相分离的地方，大量岩浆会沿着裂缝涌向地壳表面，这种情况大多发生在海底。新形成的地壳和温度极高的环境会孕育新的海洋生命，而我们至今仍对其知之甚少。因此，从整体上来说，海洋板块的地质年龄往往要比大陆板块更小。

因此，一幅近期的全球地震分布图可以为前文提到的安全问题提供部分答案（图5.3）。我们只要比较一下图5.2和图5.3便不难发现，居住在板块的边缘地带相对危险，主要板块的内陆地区则更安全（尤其是澳大利亚、非洲的大部分地区以及欧亚大陆的中部和北部）。在全球核心地带，风险最高的地区分布在东亚、北美洲西部以及地中海东部。在全球边缘地带，风险最高的地区则位于所谓的环太平洋火山带的其他地区，主要是沿着伊朗、克什米尔和中国西藏一路延伸到马来西亚和印度尼西亚的山区；此外，南亚和东南亚也是高风险地区。我们只要比较一下图5.3和图1.2，就能清楚地发现，地震（和火山爆发）的高风险地区都位于全球边缘地带。尤其是在太平洋板块及菲律宾海板块的西部边缘地带，从中国东部到印度尼西亚的数亿

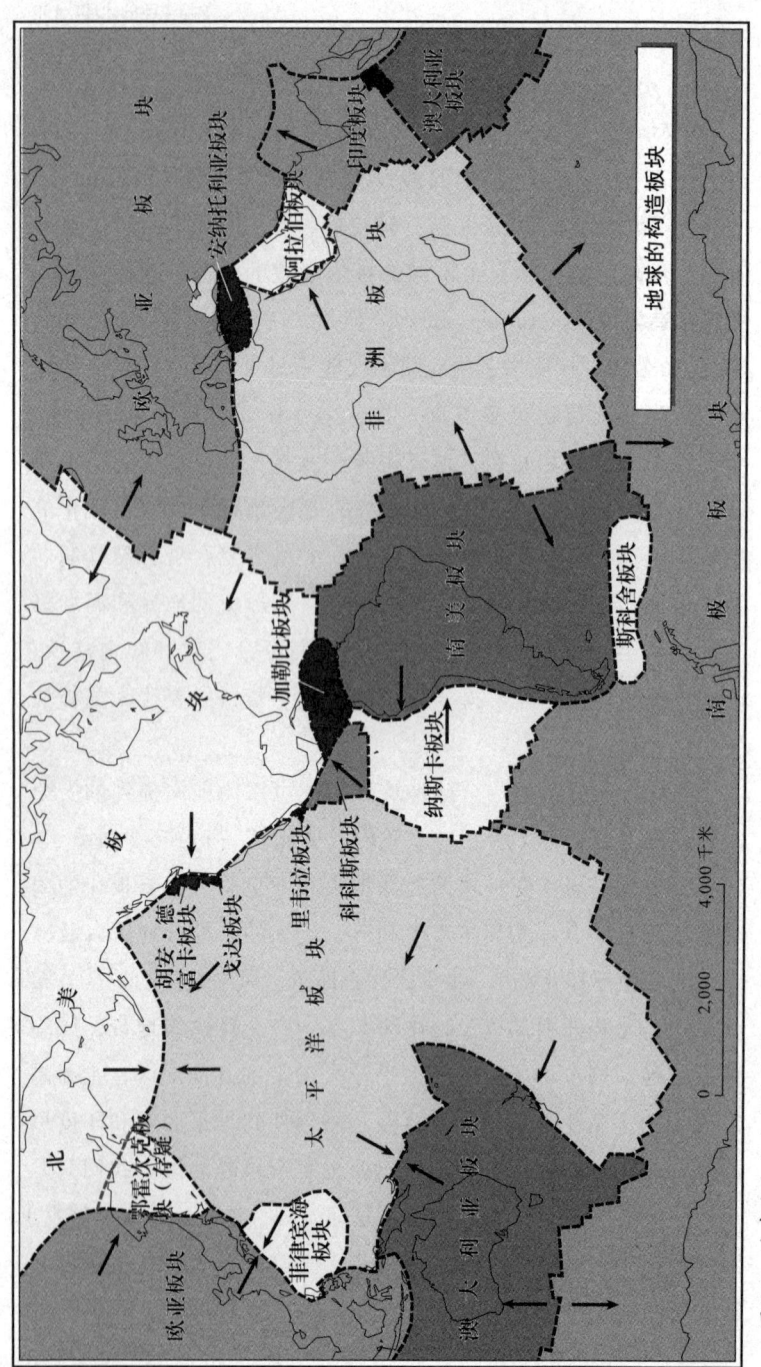

图 5.2 地壳由大大小小的构造板块构成。所有板块都在移动

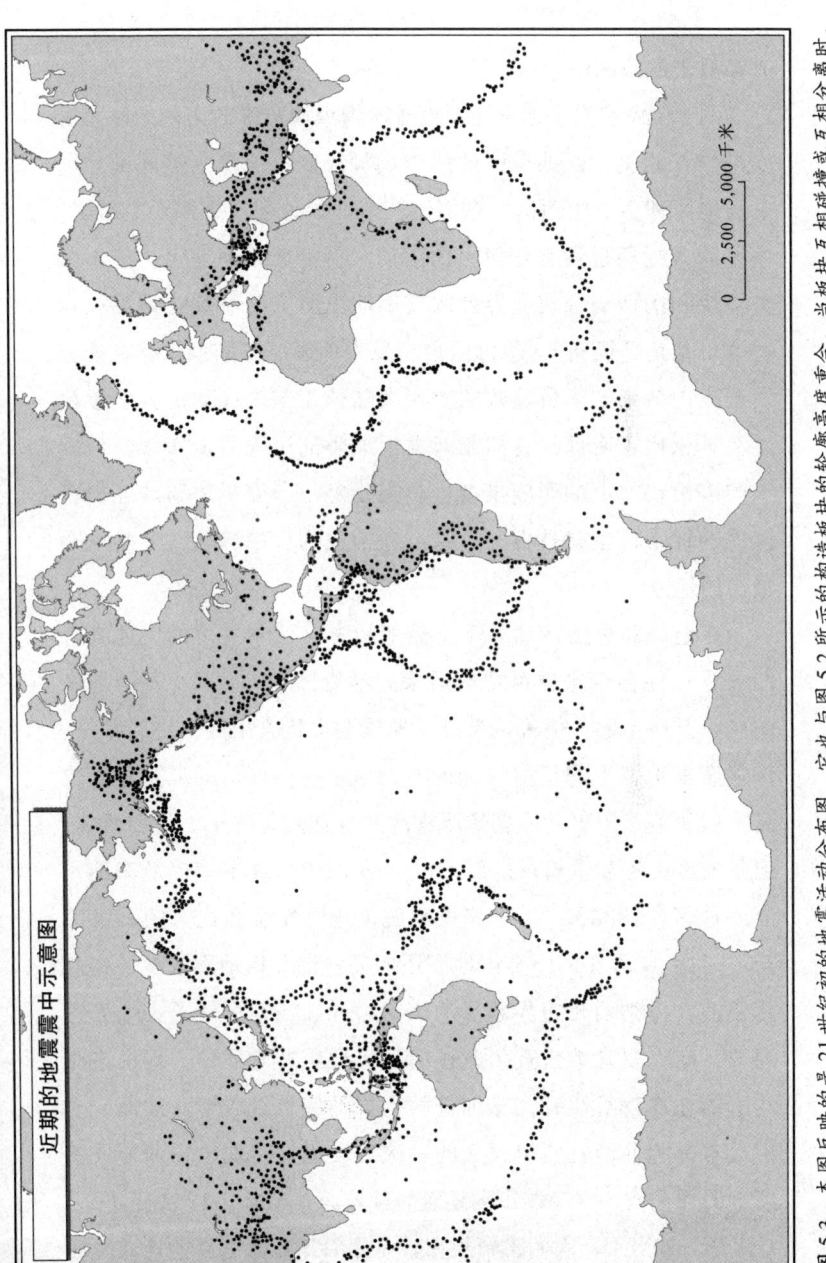

图 5.3 本图反映的是 21 世纪初的地震活动分布图，它也与图 5.2 所示的构造板块的轮廓高度重合。当板块互相碰撞或互相分离时，地壳就会震动或断裂

人都处于危险之中。

图5.3还表明，远离会发生碰撞的板块边缘的内陆地区相对安全。在北美，西部地区的地震风险最高；加拿大落基山脉以东的地区和美国中西部、东部以及南部的地震灾害都要少得多，这些地方近期也没有任何火山活动。再沿着地图往下，位于南美板块和纳斯卡板块交界处的安第斯山脉完全暴露在地震风险之中（尤其是智利），但巴西很少发生地震，人们也没有在这里发现火山活动。幅员辽阔的欧亚大陆位于与之同名的大陆板块之上，相比于南部，它的北部发生地震的风险要低得多，但位于印度板块之上的印度半岛也相当稳定。印度板块与欧亚板块碰撞的地带，也就是喜马拉雅山脉构成的大山脉链，才是风险最高的地方。

在地震和火山活动**并不**常见的地方，偶尔发生的突如其来的灾难往往会带来更可怕的后果。尽管图5.3暗示了不同地区的风险有所不同，但极端事件（地震通常比火山爆发更为常见）可能袭击地球上的任何一个地方。尽管美国西部的风险相对较高，然而美国历史上后果最严重的几次地震却并不发生在西部，而是发生在密苏里州东南部（1811—1812年）和南卡罗来纳州沿海地区（1886年）。密苏里地震（连续发生数次）的震级甚至可能比1906年的旧金山地震还要高。这几次地震改变了密西西比河在田纳西州边界地区的流向，并在当地形成了一个大型湖泊。南卡罗来纳州查尔斯顿的那次地震非常猛烈，据说连纽约市的地面都有震感，芝加哥教堂里的钟也被震响。然而，人们最常提起的最有历史意义的一次地震也许是发生在葡萄牙里斯本的那一次，这座城市的地震风险本来比较低。1755年11月1日万圣节当天，人们正聚集在教堂里参加纪念逝者的仪式，地震突然袭来。当时共发生了两次地震,前后间隔约 40 分钟。地震不仅引发了海啸,还造成了一场席卷全城的大火,约有 3 万人在这场灾难中死亡,其中大多数是当时正在教堂里参加纪念活动的人。这场灾难摧毁了 9,000 多栋建筑,全城的礼拜场所无一幸存。当时,葡萄牙已经从殖民事业中攫取了大量财富,因此这座受灾的城市迅速得到了重建,但接下来的几代人仍然不断就这一事件进行自我反省。在宗教界,这种反思至今仍未停止。

全球边缘地带的人口远多于全球核心地带的人口,因此全球边缘地带有更多人面临着极端自然事件的威胁。不仅如此,在全球边缘地带,人们一旦受灾,在很大程度上就只能靠自我救援,即使在已经拥有紧急救援计划和救援直升机的今天仍是如此。里斯本大地震发生时,葡萄牙已经从巴西种植园、非洲奴隶贸易以及其他殖民地攫取了大量财富,整个国家变得空前富有。作为葡萄牙的首都以及殖民时代全球化扩张的核心城市之一,里斯本在大地震之后得到了其他殖民国家的援助,得以迅速重建,而且耗资不菲。相比之下,与里斯本大地震同样发生在 18 世纪,但发生在全球边缘地带偏远地区(这些地区当时尚未摆脱殖民统治)的那些自然灾害却很少得到人们的关注,甚至完全不为人知。里斯本连接了世界,在帝国的伟业中至关重要。偏远地区的本土小镇则无足轻重。

这种认知模式仍会对当今的全球化造成影响。想象一下,如果东京或全球核心地带的其他大城市发生了灾难性的地震,会是怎样的情景:东京的金融与工业综合体几乎与全球所有的商业中心互联互通。一旦东京的商业和制造业基础设施被毁,必将给全球经济造成影响。因此,几十万人的伤亡会调动全世界的救援力量，即使东京在大规模的国际援助下得到了重建，只要有必要，国际援助就仍然不会停止。倘若同样的灾害发生在拉各斯、达卡、马尼拉或其他一些位于全球边缘地带、在全球化阶梯上的位置远低于东京的城市，世界会给予它们同样的回应吗？答案不言自明。显而易见，地方导致了差异。

今天，就算是全球边缘地带最闭塞的国家，也很难隐瞒灾情严重的事实。有些国家仍然会完全拒绝或限制某些方面的国际援助。比如在2003年12月26日，伊朗发生了一场大地震，巴姆地区被夷为平地，4万多人死亡，伊朗政府却迫于保守派的压力，拒绝接受美国的官方援助。但现在有了卫星监控技术，就连最隐秘的武装政府也无法对外界隐瞒灾难，不管是天灾还是人祸（女性通常不是灾祸的起因）。虽然那些发生在全球边缘地带偏远地区的自然灾害无法像核心地带的灾害那样及时得到国际援助，但人们可以借助太空卫星搜集到的信息对灾情进行评估，用地理信息系统（GIS）、全球定位系统（GPS）、空中野战医院和卫星制导通道等高科技手段进行救援。

然而，全球边缘地带的本土化人口仍然难以逃脱天灾和人祸的伤害。2005年，在偏远的克什米尔山区（位于印度北部和巴基斯坦之间）的穆扎法拉巴德附近发生了一场大地震，当时孩子们正在学校里上课，市场也在营业，地震在瞬间夺去了约9万人的生命，更多人受重伤。地震造成的大规模破坏将整座城镇和邻近的村庄夷为平地，本就脆弱的公路系统也被彻底切断。随后的恶劣天气阻碍了救援工作的展开，数十万人不得不露宿野外，他们既没有医生，也缺乏食物、水或栖身之地。随着死亡人数的增加，巴基斯坦政府同意接受救援物资，但拒绝接受可用于救援的直升机（Bauer, 2006）。印巴双方经过数周的缓慢谈判，最终同意开放各自控制的克什米尔地区有争议的边界地段，外部救援终于得以进入灾区。考虑到灾情的严重程度，印度和巴基斯坦同意接受美方提供的部分救援；活跃在该地区的伊斯兰团体也组织了一些救援活动，但只针对特定人群。然而，人们无论如何也无法举全球之力缓解灾难给这里的人们带来的苦痛。地震发生三个月后，联合国救援人员仍在抱怨他们在那里遭遇的干涉和阻挠，全世界已经没有人再关心100万当地人的死活。和当地人的需求相比，政治分歧、意识形态竞争、猜疑、腐败和冷漠都占了上风。

地震一般属于局部灾害，它们造成的破坏往往仅限于震源上方的邻近地区，离震中越远，破坏力越小。由于基岩的特性、现有断层系统的缓冲作用以及建筑物的质量都会存在差异，因此，当一座城市的某个区域在地震中遭受严重破坏时，其他区域可能只有轻微震感，甚至完全不受影响。在日本，现代化的摩天大楼里都设有巨型阻尼器。在美国，旧金山和西海岸的其他城市都把抗震的要求列入了建筑法规；东部城市（尽管有查尔斯顿的历史教训）却没有这么做。当地震发生在海底而非陆地下方时，它的破坏范围会远超震中地区。2004年12月26日的一次9.0级海底地震让全世界记住了这一地理现象，这次地震发生在苏门答腊岛北部以西的印度洋洋底，震源正处于澳大利亚板块、印度板块和欧亚板块的交会处。如图5.2和图5.3所示，板块撞击引发的地震和火山活动同时发生在海上和陆上。在这次不同寻常的海底地震中，由于各种自然条件的综合作用，震源附近的陆地遭到了不可避免的破坏，地震引发的海啸还掀起了一系列巨浪，它们以每小时800千米（约500英里）的速度横扫了附近的沿海地区，造成了约30万人死亡。地震发生6小时后，东非海岸也有人因海啸丧生。虽然苏门答腊岛北部的灾情最为严重，（位于这座岛上的）亚齐特别行政区首府班达亚齐几乎被夷为平地，但是斯里兰卡、泰国和印度——可能还包括缅甸（缅甸的伤亡情况未见报道）——都遭到了重创，还有无数的印度洋岛屿（包括马尔代夫和印度的安达曼群岛、尼科巴群岛）也受到了灾难性的影响。

尽管受海啸影响的地方有数以万计前来度假或因公出差的国际化人口，但在此次灾难中，超过99%的死难者都是生活在印度洋沿岸或附近地区的本土化人口。虽然有许多知名的政界领导人和演艺界人士参加了大规模的国际救援，但人们还是难免有疑问：为什么这样一个已知的容易发生海啸的沿海地区没有建立完善的预警系统？这在技术上是完全可以做到的。事实上，美国曾在1946年和1960年遭遇过两次海啸。1946年，阿拉斯加近海的地震引发的海啸波及了夏威夷岛上的希洛市，造成了156人死亡；1960年，智利南部的一场地震引发了海啸，巨浪在15个小时后抵达夏威夷，这时的高度仍有7米（约23英尺），由于方向原因，这次海啸造成的危害相对较小。这些灾难都没有促成全球预警系统的建立。地质学家认为，2004年的印度洋海啸是"十万年一遇"的事件，这种说法也许暂时消除了人们的紧张感。不难想象，如果这种灾难性的海啸发生在北大西洋水域，人们的反应会截然不同。

随着印度洋沿岸灾区重建工作的持续进行，最初的问题再度出现：人类为什么要在如此容易受天灾摧残的地方重建家园？那些在灾难中幸存下来却失去了亲人的儿童是否真的能重获安全感？对于前一个问题，美国加利福尼亚州的数据不乏借鉴意义：每次大地震之后，离开该州的移民人数都会增加。国际化人口可能有权选择去留，本土化人口却只能固守在原地。对于后一个问题而言，虽然 2004 年的海啸是个特例，但在无数代人遭遇的一系列环境危机中，它只不过是离人们最近的一次。危机早已被写进本土化人口的命运当中，人在灾难面前无处可逃，也无能为力，这是生活给予他们的箴言。

火山活动：波及全球，危及当地

想象一下，在未来的某个 6 月的早上，你身在哥斯达黎加。你是因为当地绝美的风景和令人叹为观止的国家公园而前来旅游的。昨天晚上的天气预报说今天会是晴天，温度也凉爽适宜。你醒来看了一下时间，差不多 8 点钟了，酒店的房间里却还是一片漆黑，而昨天早上的这个时候，已经有光线从窗帘边缘的缝隙透了进来。你起身拉开窗帘，向外望去，天空几乎还是漆黑一片，既没有云也没有星星，感应式街灯和汽车大灯都亮着。你打开了阳台的灯，低头看了看瓷砖地板——却没看到瓷砖，地上只有一层薄薄的沙尘，还夹杂着灰浆。昨天早上聒噪的鸟儿现在也毫无动静。你拿起电视遥控器，调到美国有线电视新闻网（CNN）节目频道，电视画面中的一位科学家正指着一张东南亚地图解释说，这样的情况"已经不是第一次发生了"。接下来，画面切换成了爪哇岛东部一系列岛屿的近景地图，然后又是一张模糊的图片，图中是一座长满林木的火山从水中升起。发生在印度尼西亚的一场火山爆发即将改变地球的日常，和你相距半个地球的灾难导致了此刻窗外的黑暗。

这样的灾害并非第一次发生，我们也没有理由认为它不会再次发生。针对经常性地震和周期性火山爆发的风险评估工作已经取得了一些进展，但上文描述的那种极具破坏力的自然灾害往往会毫无征兆地突然袭来，2004年的印度洋海啸就是如此。科学家们至今仍在围绕大约73,500年前的一次火山爆发的规模展开争论，发生剧烈爆炸的是位于苏门答腊岛上的一座名为"多巴"（Toba）的火山，因此这次事件被简单地命名为"多巴"火山爆发事件。可以确定的是，在多巴火山爆发之后的很多年里，整个地球都笼罩在黑暗中。这次爆发留下了一个长90千米（约55英里）、宽50千米（约30英里）的破火山口。数亿吨岩石在瞬间被炸成粉末，形成了巨型的岩石粉末云团，像一张巨大的裹尸布飘在地球上空，遮住了阳光，这种情形持续了约20年。当时，人类的祖先正从非洲迁徙到欧亚大陆，一些人类学家推测，多巴火山爆发的毁灭性后果必然导致了地球生物遗传多样性的大规模丧失，从而导致了"进化瓶颈"（evolutionary bottleneck）。地质学家认为，多巴火山爆发属于"50万年一次"的事件，平均约50万年就会发生一次。然而这种说法并不能让人安心，因为大自然不会遵循计算机模型推算出来的平均值，它有自己的想法。

1815年4月5日，爪哇岛以东的小巽他群岛上诸多火山中的一座正隆隆作响，当时多巴火山还不为人知。小巽他群岛上的火山之前也曾爆发过，但岛上的12,000名居民几乎无人在意。当时，位于荷属东印度群岛的松巴哇岛上的坦博拉火山是一座已知的活火山，不过没有迹象表明，它在不久以后的喷发将导致一场全球性灾难。就在一周以后，坦博拉火山并不像之前那样仅仅只是喷发，而是在一连串的爆炸中解体，爆炸声一直传到了1,600千米（约1,000英里）之外。除了几十名幸存者，岛上的居民几乎全部丧生，爆炸产生的火山碎屑覆盖了整个印度尼西亚群岛。据当时的殖民政府记录，数千万吨基岩粉末形成的巨大黑色烟柱在岛屿上空升腾而起，土地全部被有毒的火山灰和黑色尘埃覆盖，被焚毁的林木和火山灰残渣堵塞了河道，空气中弥漫着含有酸性有毒物质的烟雾。由于整个地区都笼罩在黑暗中，土地缺乏光照，因此饥荒接踵而至，又造成了成千上万人死亡。直到坦博拉火山的轮廓再次变得依稀可辨，人们才发现，它原先高达1,300米（4,000英尺）的山顶已经被整个炸飞。

与此同时，大量烟尘升上高空，进入平流层，开始遮盖地球，挡住阳光，改变气候。灰烬和粉尘带一开始比较狭窄，后来慢慢散开，形成了一层笼罩在整个地球上空的空气薄层，遮天蔽日。到了1816年年中，几乎全世界的农民都已经意识到，他们将不得不面对一个无夏之年，一个颗粒无收的生长季。在欧洲，粮食很快出现短缺，价格上涨，暴乱随之而来，各种物资也遭到了武装犯罪分子的偷抢。在北美，玉米颗粒无收，家畜市场也崩溃了，新英格兰的居民在日记里记录了这一前所未有的荒年："5月的一场霜冻摧毁了大部分春播作物，6月的一场暴风雪让一切变得更糟⋯⋯（甚至）在科德角，5月份池塘里的冰还有半英寸厚，未成熟的玉米烂在秸秆上，在巴恩斯特布尔的市场上，一桶面粉的价格涨到了15美元，比正常价格贵了6倍。9月初又开始下雪了。"（Coogan, 2007）关于坦博拉火山喷发给其他地方造成的影响，我们所知甚少，但考虑到目前的地球人口几乎是1815年的7倍，我们不妨设想一下，如果今天再次发生类似的灾害，会出现怎样的后果。

全球活火山分布图表明，活火山的分布与地球的构造板块

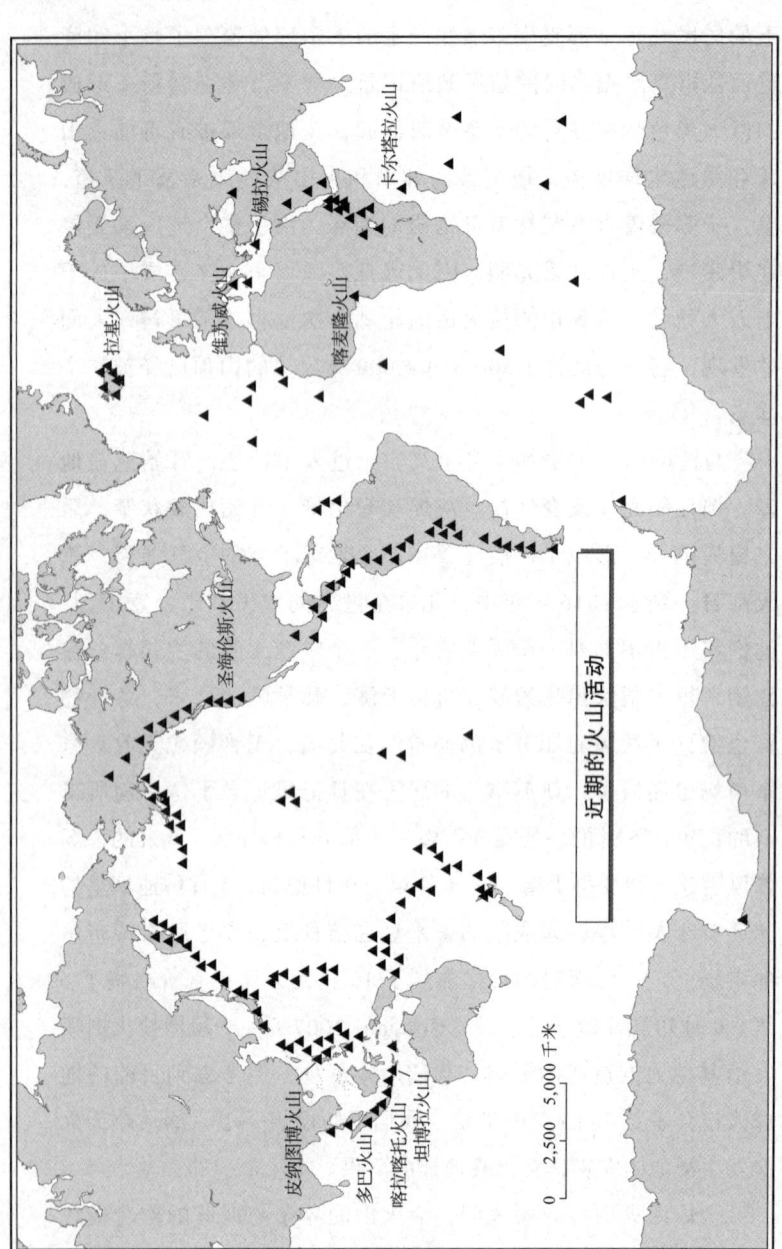

图 5.4 近期的活火山和一些创造了历史（以及在某种意义上改变了历史）的火山活动。本书中提及的火山的名称大多已经在图中标出

有着明显的关联，但二者并不一一对应（图5.4）。这种关系在东南亚和环太平洋火山带沿线的其他地方表现得尤为明显，但有些独立板块内的火山也处在活跃状态，它们有的位于陆地上（比如非洲著名的活火山喀麦隆火山），有的位于远离大洋中脊的海底。这张分布图可能会有些遗漏，因为有些看似并不活跃而且被认定处在"休眠"状态的火山，哪怕已经安静了很久，也可能随时重新变得活跃起来。其他地方也有一些潜在的活火山，它们虽然因为缺乏典型的活火山地貌而不易被察觉，却在地表以下（比如在残存的冰川下）积聚能量，期待着在某一天一鸣惊人。

火山爆发甚至会给千里之外的数百万人带来危险，但最直接的受害者还是生活在山腰或山脚下的当地居民。在这些灾难来袭之前，人们所熟悉的那些有着圆锥形山口和坑洞、有时会被冰雪覆盖的火山也许会发出信号，但并不必然如此。在有些地区，比如构造板块彼此分离的地方，地壳会被撕开很深的裂缝，熔岩会不断从中喷涌而出，大量有毒气体会进入大气层。1783—1784年冰岛的拉基火山活动就发生在长达25千米（约16英里）的裂缝中，这次火山活动持续了8个月，喷出的熔岩量达到了历史之最。这次火山喷发释放出了大量致命的氢氟酸、二氧化硫和盐酸，造成了约1万名当地居民的死亡，占这个岛国总人口的近1/5（Stone, 2004）。酸雨淋在牲畜和人身上，全国一半的马、牛以及3/4的羊因此死亡。随后的饥荒又夺去了一些人的生命，破坏了社会纽带，原本紧密团结的社会经过此次灾难变得不复存在。

近期的一些关于拉基火山爆发事件的研究表明，这次爆发并不是一次局部灾害，它的影响是全球性的。我们可以通过当时的科学研究成果、气象观测数据、新闻报道、农民的日记和商业记录还原这场灾害的全貌。1783年夏天，异常的天气和拉基火山持续不断的裂隙式喷发，推动着含有有毒气体和悬浮酸雾的云团向东南方向飘移。在飘移途中，云团的面积逐渐扩大。不久后，云团就飘到了英国和爱尔兰上空，几天后又出现在了欧洲其他地区、北非和中东，甚至印度都有了关于它的报道。由于这层含有致命化学物质的云团的遮挡，1783年夏天的欧洲极为炎热。紧接着，欧洲又迎来了（可能是）小冰期以来最冷的一个冬天。据各地的人们观察，大气层中遍布着连阳光也无法穿透的"雾"或"霾"；农民们则反映说，庄稼上出现了"致命的露水"，牲畜染上了可怕的皮肤病。当今的计算机模型显示，拉基火山喷发产生的含有毒性气体的云层遮挡了阳光，就连遥远的北非和南亚也因此而缺乏足够的日照，其后连续数年，原先的季节性降雨模式被彻底打乱。尼罗河流域发生了饥荒，印度的季风未能如期抵达，甚至连日本都发生了灾难性的农作物歉收（Barone，2005）。一些科学家认为，拉基火山的那次喷发造成的死亡人数应该有数百万之多，而非数千。随之而来的问题是：如果今天再次发生类似规模的火山爆发，后果会是怎样？（拉基火山仍处于活跃期，它的一个被冰雪覆盖的喷口在2004年11月刚刚喷发过。）倘若1783—1784年的那次爆发正好发生在两个世纪之后，西欧的各个机场应该会被迫关闭数月，经济和其他方面的影响则难以估量。

1883年，喀拉喀托火山的大爆发震惊了世界，这是人类历史上距今最近的一次大规模火山活动。这座火山位于苏门答腊岛和爪哇岛之间的巽他海峡中，它喷发时的轰鸣声传到了4,600千米（约2,900英里）之外，喀拉喀托岛上的人畜无一生还，爆炸掀起了高达40米（约130英尺）的巨浪，淹没了附近海岸上的34,000名居民。爆炸将大量火山岩粉末喷入了地球运行轨道，有确切数据表明，全球的气温因此下降，还出现了传说中的赤色落日，这也许是人们对喀拉喀托岛的最深刻的印象。最近的一种说法认为，这场自然灾害也导致了文化和政治领域的重大变革：它导致了伊斯兰激进主义在当时的荷属东印度群岛的崛起，这一文化和政治遗产一直延续至今（Winchester, 2003）。不过，尽管喀拉喀托火山的爆炸声要比坦博拉火山的爆炸声传得更远，但它对全世界的影响反而小得多。它造成的破坏主要局限在当地和周边地区。和其他的许多活火山一样，喀拉喀托火山的山腰及周边地区肥沃的土壤、充沛的水源以及天然的港口吸引了村民、农民和渔民前来定居。尽管人们知道它是"活"的，随时有爆发的危险，但记忆中的隆隆声和烟尘——这些是火山在爆发前发出的警告——很快就被人们淡忘。虽然在过去的50年里，预测火山爆发的预测科学已经取得了重大进展，但由于预警常常会出现失误，因此很多已经身处危险之中的当地居民有了足够的理由拒绝撤离，直到为时已晚。

人们不愿离开的一个原因是缺乏风险意识，不了解在火山附近生活有怎样的潜在危险。当你一出生就与一座山为伴（或出生在看得见这座山的地方），时不时听到它隆隆作响，看到山顶烟雾蒸腾，但你活了一辈子也没觉得这座山有什么变化。甚至在你之前，你的祖辈也曾与这样的风险世代相伴。那么，一旦火山看起来将要喷发，政府就强令你撤离，你能接受吗？尤其是你或许实际上住在距离这座山较远的平原地区。倘若你住在山麓，一旦岩浆开始从火山口流出，你可能就得立刻撤离。但你住在附近的平原地区，难道没有足够的时间撤离？2007年印度尼西亚的克卢德火山爆发前夕，当局不得不鸣枪示警，强迫当地居民撤离。

然而事实上，火山爆发时，直接杀死无数受害者的并非燃烧的熔岩或从天而降的石头，而是炽热的气体，这些气体会顺着山坡急速向下，所经之处的一切都会起火燃烧，火势会一直蔓延到山脚下的乡村，就连附近的湖水和海水都会沸腾。1902年，加勒比海上的马提尼克岛火山爆发就是此类事件中最引人注目的一起。当时，俯瞰首府圣皮埃尔的培雷火山喷射出了大量炙热的气体，这股温度高达400多摄氏度的气体以每小时几百千米的速度向山下奔流，"黑色的、翻滚着的紫红色烟雾……摧毁了一切……包括公共建筑、私人住宅、大饭店"（Scarth, 2002）。圣皮埃尔曾被誉为"加勒比海的巴黎"，从方方面面来看都是该地区最具时尚感和文化氛围的城市。然而，在仅仅几分钟之内，圣皮埃尔的27,000名居民全部葬身火海，仅1人幸存，整座城市化为灰烬。在港口，水面被烧得沸腾起来，停泊在那里的船只因为船板之间的胶水熔化而纷纷解体，沉入水中。从那以后，科学家们就将这种会喷出大量火山气体的喷发模式命名为"培雷型"（Pelean）火山喷发，它的特点是会喷出致命的炽热气流，这股气流来势凶猛，往往毫无征兆。但是，很多关于这场灾难的分析文章都表明，这座火山在喷发之前显然发出了充分的警告。在灾难发生前的数周内，圣皮埃尔的那些有学识且消息灵通的民众一直关注着火山的动态，然而出于安全考虑，几乎无人选择离开。

由此可见，火山突然爆发的风险随时存在，这种风险不仅会影响全球边缘地带偏远地区的本土化人口的命运。从锡拉火山到皮纳图博火山，从维苏威火山到拉基火山，火山爆发不仅夺去了周边地区居民的生命，还改变了其他地区的历史进程。从东京到西雅图，从那不勒斯到万鸦老，许多城市的头顶都悬着火山，越来越多人生活在风险之中，全球互联网络中的枢纽城市也受到了威胁。俄罗斯堪察加半岛上的活火山群一旦变得活跃，就可能影响美洲和亚洲之间的重要航线。和地震一样，大规模的火山活动有可能发生在那些看起来没那么危险的地方：黄石公园地区在北美的中心地带构成了一个主要的潜在火山威胁。1980年，华盛顿州的圣海伦斯火山爆发并崩塌后，沉降的火山灰让人们重新认识到，大气层的变化（以及地壳的断裂和生物的濒危）是火山灾害全景图中的一部分，这种认识在最近蒙特塞拉特岛的一次火山爆发中再次得到了印证。火山爆发后，蒙特塞拉特岛的大片土地被火山灰掩埋，当地居民被迫离开，媒体开始报道加勒比海的天气模式和风向。可见，地方性火山活动不仅会危及当地，还会影响全球。

要素的影响力

不怒自威的火山和巍峨雄壮的山脉能让人直观地"看到"地方的力量，阳光普照、沙丘环绕、海浪轻拍的海岸线却隐藏着更大的威胁。原本风平浪静的海滩可能会在数小时内变得狂风大作、海水上涨、暴雨如注，周遭的自然景观会被彻底改变，人类在海滩上修建的一切也会被完全摧毁。风和水的潜在威胁不亚于火山的山麓或地震多发的山谷，它们也会威胁数亿人的生存。但不同之处在于，生活在沿海或近海地区的人口要远多于聚居在山地及其周边的人口。

那些坚持在河流与海洋沿岸洪泛区以及河谷地带定居的人们与那些不愿意离开山地的居民有着相似的理由：当海水不再上涨，河水不再泛滥，这些地方仍然能够为他们的生活提供保障。冲积土壤对洪泛区居民的意义就像火山土壤对于火山山麓农民的意义一样：肥沃意味着高产。农民们世世代代居住在美国的密西西比河-密苏里河低地。1993年，这里发生了一场灾难性的大洪水，有50人在洪水中死亡，超过55,000栋民居被摧毁，农作物和财产损失累计超过170亿美元。"大洪水过后，人们立刻忙着在这片曾经被淹没的土地上重建曾经的一切——他们轻率地以为，这里在可预见的将来不会再发生类似的灾难。"（de Blij et al., 2004）研究人类对洪水和其他自然灾害的反应的地理学家指出，人类的行为并没有和他们不断增强的风险意识保持同步，因为人们倾向于做出乐观合理的解释，以说服自己继续留在危险地带——无论是全球边缘地带的本土化人口还是全球核心地带的国际化人口都是如此。在1993年的那场被水文学家们称为"500年一遇"的密西西比河大洪水中，这条河位于圣路易斯盖特韦拱门处的水位超过了15米（近50英尺），超出洪水位6米多（约20英尺），达到了历史最高值。洪水退去后，当地的农民以及受灾的城市居民决定重返家园，很多人想当然地认为这是自己"一生中只此一回"的事件。今天，就在这片不到20年前才被淹没的地区，人们仍在和从前一样进行房地产交易，关于灾难的记忆正在迅速消退。

然而，沿海地区的风险更高，面临风险的人也更多。半个多世纪前发生在荷兰的那场大洪水在人们的记忆中可能是一个转折点，尽管关于海平面上升的种种预言在当时还没有出现。1953年1月的最后一天，苏格兰附近海域生成了一场飓风级的风暴，直奔荷兰而去。伴随着2月1日的春潮，这场风暴以超过每小时150千米（约95英里）的速度袭击了荷兰。海水冲垮了荷兰西南部地区很多圩田的堤坝，淹没了16.2万公顷（约40万英亩）的土地，造成了1,800多人和数万头牲畜的死亡，带来了难以估量的财产损失。虽然很多关键地段的堤坝抵御住了海水的冲击，从而避免了更大的损失，但一个位于海平面之下的国家在大自然面前的脆弱性已经暴露无遗。为了解决这一安全隐患，荷兰政府开始征收"灾害税"，同时借助马歇尔计划的资金和其他资源，启动了一项全面加固海岸线的计划，以确保本已得到加固的海岸线能够抵御来自北海的冲击。如今，规模宏大的三角洲工程（Delta Plan）已经使荷兰的海岸线缩短了720千米（约450英里），由61个巨大的水闸组成的挡潮闸支撑和加固了海岸线，这些水闸平时处于开放状态，必要时即可关闭。此外，荷兰人还建造了一个设计巧妙的大型可移动路障系统，一旦出现险情，这个系统就可以阻断鹿特丹和公海之间原本畅通无阻的新航道。

然而，你如果乘船进入阿姆斯特丹的港口，就会先通过一个船闸，过了船闸后，你会从海上来到低于海平面的北海运河。继续往东行驶，你就会看到铺设了公路的堤坝后面有许多低于海平面的房子。你如果在阿姆斯特丹众多广场上的某家户外"露台"餐厅吃午饭，就会很快忘记不远处的海平面要远远高于餐厅窗户这一事实。而且大海离这里只有25千米（约15英里）。建在莱茵河和马斯河上的三角洲工程是如此出色，以至于我们简直难以想象洪水还有任何可乘之机。

然而，正是这种"难以想象"值得靠海而居的数百万人三思，他们的命运仰仗自然，因为自然的力量一直主宰着这个不断变化的地方。地球如今又一次进入了气候转型期，但与之前不同的是，人类这次在气候转型中扮演了重要角色。上一轮全球变暖导致大面积的大陆冰川从今天的加拿大中西部地区退到了北部地区。各地的巨大气候差异留下了诸多证据：冰川融化后的水填满了一度干涸的湖泊；猛烈的风暴在各地肆虐；被冰块碾碎的岩石碎屑随着狂风散落到别处。在更近的时候，小冰期的寒冷使得农民们不得不离开冰岛和斯堪的纳维亚半岛，欧洲的气候发生了剧烈波动，不仅造成了最冷的寒流，也导致了最酷热的夏天以及使农作物颗粒无收的干旱。同样，在目前的气候转型期，不断增多的极端天气表明全球都在变暖，其全球性表现包括海平面的升高、沿海地区面临着更频繁且更猛烈的风暴，以及高山冰川的融化；全球变暖的区域性影响则体现为撒哈拉以南非洲、地中海和美国西南部地区的极端高温和干旱天气，还有北极地区永冻层的融化和赤道雨林面积的缩减。正如联合国政府间气候变化专门委员会（IPCC）指出的那样，如果西欧和北欧的气温显著上升，那么荷兰很可能再度经历1953年那样的强风暴灾害。值得注意的是，那次风暴的强度相当于1级飓风，其后修建的巨型挡潮闸工程至今还未经受过更高级别风暴的考验。

1989年，我曾在荷兰参加美国广播公司一个摄制组的节目录制。在录制过程中，才思敏捷的制片人亲眼看到了荷兰防洪工程的强大防御能力，他在速记本上这样写道：一个拥有"海底文化"的国家。早在那时，人们就已经忘记了1953年的大灾难——"富裕的孟加拉国"，这就是这位制片人给荷兰下的定义，但孟加拉国并没有人生活在海平面以下。然而，20世纪造成最大损失的10起自然灾害中，就有8起给孟加拉国造成了灾难，包括1991年的旋风（在该地区被称为飓风）。当时，气旋掀起了6米（约20英尺）高的水墙，吞没了恒河三角洲（别名恒河-布拉马普特拉河三角洲）地区的岛屿和平地，造成了约15万人死亡。1975年的一次特大水灾导致的死亡人数则超过了这一数字的3倍。由于当时没有任何防洪工程或堤坝系统，孟加拉国南部的大量农田被淹，这些农田基本与海平面齐平，并且与漏斗状的孟加拉湾相通。在国际社会的援助下，孟加拉国政府退而求其次，尝试了一个在当时来看最好的办法：在高出地面的支柱上修建一批混凝土庇护所，供被暴雨围困的村民暂时躲避。不幸的是，当1991年暴风雨再度来袭时，只有很少一部分当地人能够在这些庇护所里逃过一劫，因为当时只建完了几十个庇护所，而要容纳所有灾民，则需要几万个这样的庇护所。即使是那些想方设法逃到庇护所里的农民们也陷入了困境，他们被困在那里数天甚至数周。恒河三角洲是数百万人的家园，这里隐藏着种种危险，这是地理环境会给人类带来潜在威胁一个明证。

不过，恒河三角洲绝不是大陆边缘唯一的低洼高风险地区。如今，地球各个大陆的边缘地带经常会被洪水淹没。由于地球在最近一次冰川运动结束后逐渐变暖，在过去的约1.8万年里，海平面已经上升了近200米（约600英尺）。按地质时间来算，1.8万年非常短暂，在这一短暂时期的前半段，覆盖着大部分高纬度陆地的冰原不断融化，大量冰川融水汇入海洋，上涨的海水淹没了地势低缓的沿海平原和海陆连接通道（如欧洲大陆与英国之间、新几内亚岛与澳大利亚之间的连接通道），关于人类早期沿海岸线迁徙的诸多考古学遗迹也随之消失了。在海浪的冲击下，近海的"屏障"型沙洲被一点点推向陆地，自然之手打造的这种"海岸内"水路通道使陆地和大海连为一体,成为世界性景观。今天,从西非到东亚,从北卡罗来纳州到得克萨斯州,有数百万人居住在这些近海沙洲上,其中一些沙洲堪称地球上风险最高的危地。人们在沙洲上修建小渔村、养老社区、旅游度假村和私人别墅。在这里,穷人和富人比邻而居,永久居民和度假人士聚在一处——与此同时,不断上升的海平面似乎正准备为眼下全球变暖的传奇画上最后的句号。

虽然这些地方的居民时刻面临着风暴潮、飓风、海啸和海平面上升的极大风险,但实际上,所有沿海低洼地带的居民面临的风险都在不断增加,印度洋上的马尔代夫和太平洋上的基里巴斯等岛国都面临着被海水淹没的前景。2007年,美国哥伦比亚大学的地球学家和总部位于伦敦的"国际环境和发展研究所"的地理学家联合开展了一项研究,研究结果表明,所有平均海拔在10米(约33英尺)以内的地方都容易受到日益严重的极端天气和气候变化的影响,全世界人口超过500万的城市中,有2/3都属于此类(图5.5)。研究表明,在那些自成一体的大陆国家中,中国的风险人群最多,有1.44亿人。11%的中国人居住在接近海平面的地区。不过,若按风险人口占国家总人口的比例计算,其他一些国家可能面临着更大的风险,比如上文提到的荷兰和孟加拉国。英国的泰晤士河水闸虽然设计精巧,到目前为止也已经被证明能够有效地抵御洪水,但根据上述研究的结果,伦敦在未来恐怕也难逃洪涝灾害的侵袭。

地理学家和其他人预测的那种最坏情况的可能性有多大?之前的例子令人沮丧。在过去的200万年里,地球经历了从寒冷到温暖再到寒冷的周期性变换过程,这是为时较长的冰期特有的现象,而目前的我们正处于冰期之后相对短暂的间冰期。

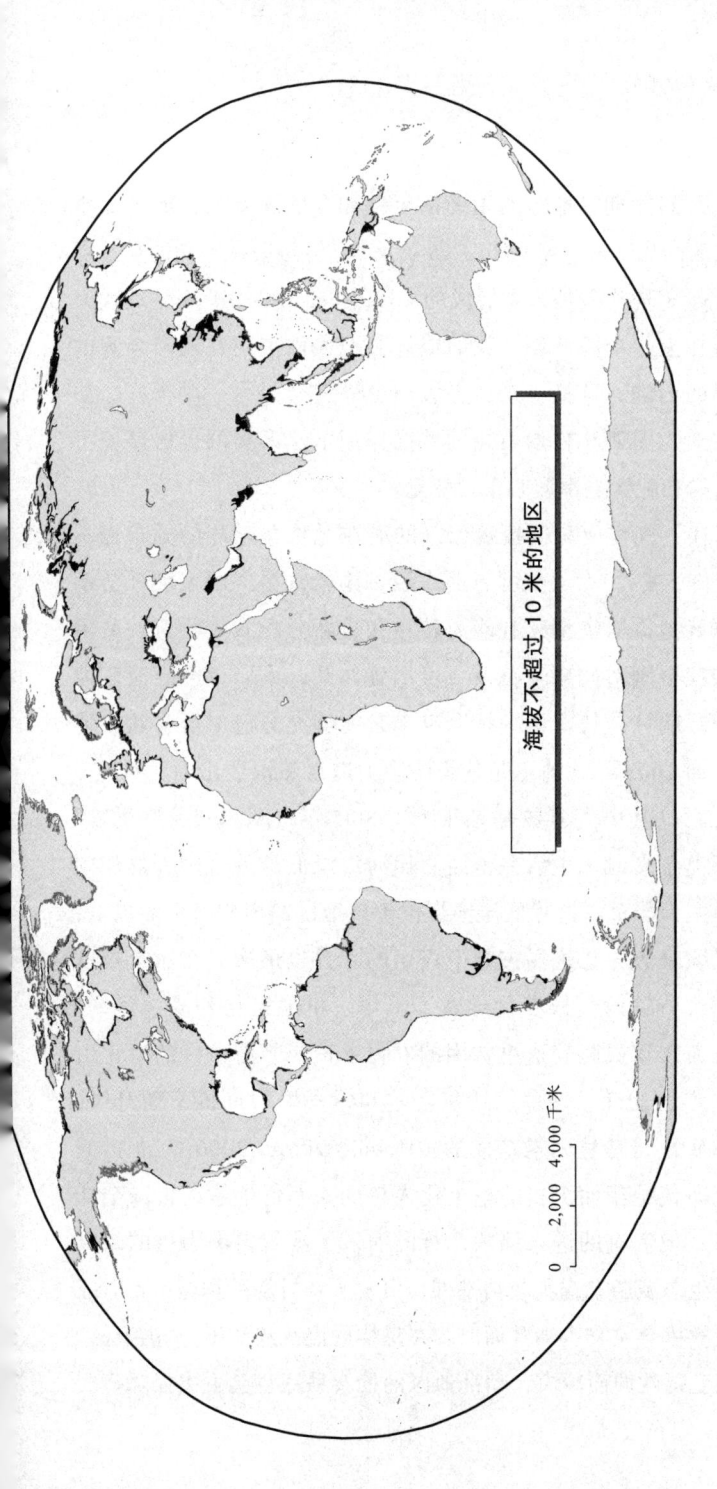

图 5.5 本图中的深色地区都是可能被海水淹没的风险地区,在目前的气候变化阶段,这些地区面临着海平面上升和严重的风暴灾害的威胁。海拔不超过10米的地方风险最高。从本图上看,相对而言,可能遭受此类灾害的地区只占全球陆地面积的板少数,但我们如果拿放大镜看中国东部、欧洲西部和美国东南部以及其他地域城市化地区,就会发现风险是显而易见的

在上一个间冰期，地球的温度甚至比如今的还要高，海平面也比现在的高出 3—5 米（10—16 英尺），但与现在不同的是，那时的全球变暖并不是人类造成的（Hansen, 2004）。如果现代文明出现在上一个间冰期，我们或许会把大都市建在远离今天的海岸线的内陆，这样一来，各大洲也许就会是另一副模样。如今，在人为因素和自然力量的共同作用下，人类的聚居环境可能在布局和配置上都迎来重大变化。

同样，气候变化或极端天气的潜在危险在全球的分布也不均匀（图 5.6）。无论从哪方面来说，比较富裕的国家和社会都能够更好地应对灾情，有能力转移和重新分配救灾物资。贫困国家和社会则对此望尘莫及。可尽管如此，人们也已经清楚地意识到，就算是较富裕的社会也未必能够充分应对所有紧急情况，比如 2003 年欧洲（尤其是法国）遭遇热浪袭击时，约有 3 万人死亡，其中大多数是老年人。2005 年，飓风"卡特里娜"袭击新奥尔良时，生活在密西西比河沿岸低地的贫困人群受到的影响尤为严重。这片低洼地带位于该地区的历史海平面以下，因此风险最大，在这场灾难中丧生的人数也最多。在撒哈拉以南非洲，持续的气候变化导致了干旱、耕地退化和淡水短缺，环境压力严重威胁着这里贫困的农村人口，经济条件的恶化引发了灾难性的社会动荡；达尔富尔和索马里的危机不断升级，归根结底也是环境因素造成的（Homer-Dixon, 2006）。恶劣的自然生态使绝望而沮丧的本土化人口变为心怀愤懑的流向全球化人口，他们有的进入邻国，有的涌入了本就人满为患的新兴城市。生态威胁动摇了政治基础，引发了乡村暴乱和城市帮派战争，宗教机会主义也乘乱而入。在这样的混乱局势下，"国家的"政府会变得软弱而冷漠，动乱地区的社会秩序也会失去保障。

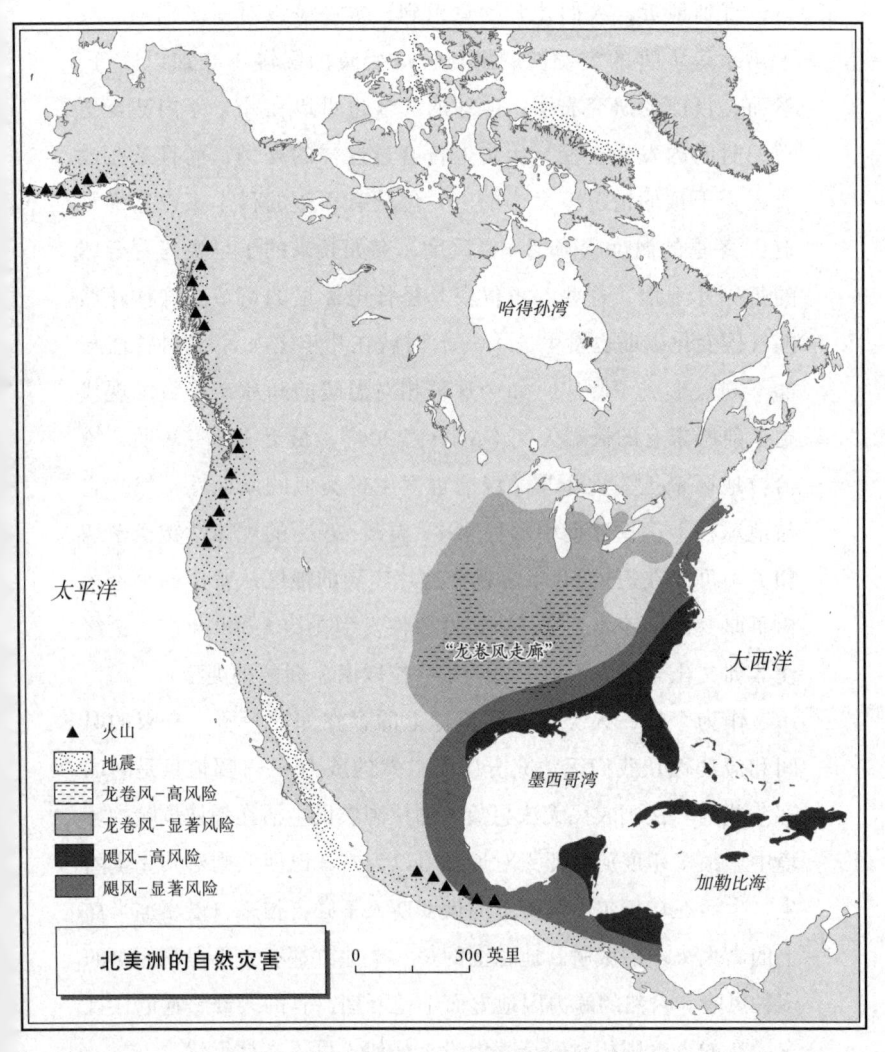

图 5.6 北美洲那些人口稠密的地区几乎都面临着自然灾害的威胁。除了东部的飓风、中部的龙卷风和西部的地震,还有其他各种灾害威胁着这块大陆的大部分地区

直到最近，人们才开始意识到，也许应该对高级别飓风或大洪水等灾害的突发性后果与全球变暖的缓慢影响加以区分。然而，目前的研究表明，地球的气候也可以在几十年内甚至更短的时间内发生突变，历史上曾有过这样的先例，而且是在没有人为干预的情况下发生的。一位颇有声望的科学家曾这样写道："冬季的温度骤降了6摄氏度，突如其来的干旱炙烤着全球的每一寸土地，这些并不仅仅是恐怖电影里的情节。这种骤然的气候变化以前也发生过——有时就在几年之内。"这种说法与如下观点形成了呼应：如今这种相对温暖的间冰期将引发现代史上前所未有的极端天气（Alley, 2004）。最近有研究表明，撒哈拉地区最近一次干旱（以前也发生过类似的周期性干旱，它与地球在上一次冰期中那种寒冷-温暖-寒冷的规律性转换密切相关）可能在短短50年内就让这片广袤的地区从曾经的热带稀树草原变为了沙漠。这一决定性事件发生在约5,000年前，最终使非洲文化分裂成了地中海和撒哈拉以南非洲两种类型。

作为个体，人类在这颗星球上的存在如此短暂，有限的时间和流动性让我们无法充分感受自然的威力——哪怕只是它的部分威力。法国农民无法想象孟加拉国农民生活在怎样危险的环境中。很多印度尼西亚人对地震习以为常，巴西人则对其完全陌生。生活在乌拉尔山脉脚下的俄罗斯人不必害怕来自堪察加半岛上的高大火山的威胁。地球上的每一个地方都有它不得不面对的多种风险。自然的威力因地方而千差万别，有的人群感觉危在旦夕，有的人群则相对安全，但没有任何人可以高枕无忧。

第六章

开放的地方和闭塞的地方

　　地方的力量具体表现为持久的机遇与风险、优势与劣势。在世界地图上，健康和疾病、富有和贫穷的分布模式反映了地方影响力的差异。在真实的地理空间中，人们利用壁垒、路障等设施和巡逻、管控等手段来划定边界。地球上近70亿人的命运都与地方的力量休戚相关，这一事实提醒我们，无论有多少人标榜世界的流动性，全球也仍然只有约2亿人生活在异国他乡，占全球总人口的不足3%。虽然有一些学者（以及政客）将当今的时代称为"移民的时代"，但上述数据表明，事实并非如此。绝大多数人终生都难以摆脱出生地所带来的种种制约，包括来自政府、语言、宗教、医疗、环境以及其他各种"先天"环境的束缚。跨国和跨文化移民仍然会受到非常严格的限制，从某些方面来看，这些限制非但没有减弱，反而在不断增强；全球市场的竞争非但没有趋于公平，反而变得更加不平等。地方（尤其是出生地，但也包括大多数人生存的有限空间）仍然是决定数十亿人命运的首要因素。

因此，这些人的命运与赋予自己"国籍"的国家（即自己出生的地方）的国运密切相关，而决定国家命运的因素之一就是它的相对位置。全球约 70% 的最贫困人口生活在非洲国家，在众多的致贫因素中，有一个因素可能比较隐蔽——除非你仔细观察一下非洲大陆的区域地理环境。非洲是世界上内陆国家数量最多的洲或地理大区，非洲的内陆国家几乎和全世界其他地区内陆国家的总数（14 个）一样多（如果南苏丹在未来的全民公投中选择独立，那么非洲的内陆国家数量就会又多一个）。内陆国家倘若缺乏良好的管理和相对丰富的资源基础，就会比沿海国家更容易受地方的局限，在这一点上，博茨瓦纳是正面典型，而津巴布韦是反面典型。正如经济地理学家们早就指出的那样，沿海国家与世界进行贸易，而内陆国家与邻国进行贸易。如果某个国家的经济状况良好，那么与之为邻的内陆国（比如总被拿来举例的瑞士）也会从中受益。如果邻国的经济状况不好，既与世隔绝又无法获得外部支援的内陆国家便会陷入双重困境。从全球范围来看，巴拉圭、白俄罗斯、塔吉克斯坦、尼泊尔和老挝的经济都不发达。马里、乍得、布隆迪和赞比亚也都是内陆穷国。

相对闭塞的地理位置让内陆国家输在了起跑线上，但它们并不是闭塞环境的唯一受害者。我们从世界地图上可以看出，很多拥有海上通道的沿海国家也和内陆国家一样落后。东帝汶是一个岛国；柬埔寨拥有一条连接泰国湾的通道；索马里的海岸线是世界上最长的海岸线之一；圭亚那与特立尼达和多巴哥同处大西洋的一角，但前者正在困境中苦苦挣扎，后者则正在蓬勃发展。不仅是内陆国家，沿海国家也会因为与充满变革的主流世界脱节而发展滞后，从这个维度上看，地方对国家的影响力体现在位置和心理两个方面。奥地利人就不会像玻利维亚人那样因为自己的国家身处内陆而烦恼。新西兰国富民安,但很多年轻人不喜欢它"地处偏远",于是会选择移民到"更热闹"的地方。尽管从地图上看,偏远的地理位置给非洲国家带来的困扰显然远远大于给其他国家带来的困扰,但地方的影响力并不单单由地理位置决定,心理因素也会起作用。其中,孤立感是一种普遍存在的心理因素。

地方与权威

全球大约有200个国家,它们在领土面积和人口数量上彼此相差悬殊,地方的影响力不仅和地理位置有关,也取决于地方的范围和规模。渺小和特殊并不必然相关,但常常同时出现。马尔代夫的全体国民都生活在海平面上升的风险之中,但即使是荷兰也有一些高出海平面数十米的狭长地段。科摩罗的每个人都面临着卡尔塔拉火山爆发的威胁,但哪怕是在(以火山而闻名的)印度尼西亚,也有一座名为婆罗洲(加里曼丹岛)的大岛上连一座火山也没有。阿曼几乎全民都是穆斯林,但在尼日利亚,穆斯林和非穆斯林几乎各占一半。几乎所有的乌拉圭人都是在讲西班牙语的环境中长大的,乌拉圭的邻国巴西却是个讲多种语言的国家。在多哥,没有人能躲过疟疾的侵袭,但印度已有数百万人摆脱了疟疾的威胁。

有些国家幅员辽阔,拥有极为多样化的自然和文化环境,但列支敦士登那种微型国家或斯威士兰和不丹那种小国的数量更多。无论规模如何,所有的国家都依托边境线来划定政府的权威和权力范围,生活在一国境内的居民都会受到这个国家的影响。在津巴布韦,执政者全方位的失败将这个国家推入了混乱的境地,该国境内为数不多的国际化人口、贫困的本土化人口以及绝望的难民都生活在水深火热之中。在智利,随着独裁统治的终结,民主制度和开放经济的优越性体现了出来,国家的国际地位也得到了提升,贫困人口的数量正在缩减。然而,对于那些人口大国来说,这种概括并不总是适用。在中国共产党的领导下,中国经历了史无前例的经济转型,但环太平洋的东部城市的发展与内陆农村的落后形成了鲜明对比。印度可谓是不同类型世界的缩影,它的文化景观里既有班加罗尔的"硅高原"("Silicon Plateau",为美国提供软件外包服务)高科技办公园区,也有比哈尔邦那样停滞不前的农村地区,印度的圣河——恒河是成千上万当地人的生命线。印度的北部与南部、东部与西部的面貌差异极大,在阿萨姆邦(也称 Asom)生活了一辈子的人可能完全不了解旁遮普邦人的日常生活;位于山区的喜马偕尔邦的居民面临的环境、经济和医疗问题则与位于热带的泰米尔纳德邦的居民完全不同。

因此,国家只是法律意义上的地方;如果从其他各个方面来考虑,那么国家就是地方的集合体,一个国家内部的差异往往甚至比一些国家集团的成员之间的差异还要大。在许多方面,印度的西孟加拉邦与邻国孟加拉国的相似之处要多于它和本国大部分地区的相似之处。然而,将地图上的边境线直接标识在地面上的情况如今已经越来越多,这种做法不仅确立了国家主权的空间范围,也界定了国家对其公民行为的管辖权。

这种行为就包括移民——既包括跨境移民,也包括境内移民。城市化吸引了世界各地的流动人口,但大多数流动仅限于本国境内。跨境流动人口会受到严格控制，其数量相对容易统计；想要掌握准确可靠的境内流动人口数据则并非易事。有些政府仍然会通过发行许可证和收费的方式阻碍国内的人员流动。在南非的种族隔离时期，南非当局曾出于经济和政治的双重目的，严格控制国内移民。在实现民主转型之后，南非新政府不仅要面对大幅增加的国内流动人口，还要应对因津巴布韦的经济崩溃而出逃的大量非法移民。

当一个国家允许其公民在境内自由流动时，境内流动人口就会形成很大的规模——和跨境流动人口相比。一个国家的境内人口流动与它的文化区域主义有关，并受到后者的限制，我们可以在地图上清楚地看到这一点。美国是一个多语种文化的国家，但通用语是英语，因此每年每 7 个家庭中就会有 1 个搬迁到别处。印度也是一个多文化国家，它的人口数量几乎是美国的 4 倍，但由于受到种姓制度、语言、宗教、费用和其他社会因素的制约，印度国内的人口流动比例要小得多。在加拿大，境内移民一直都不受限制，但这仍然未能消除该国内部的文化分歧（图 6.1）。文化聚集仍然是决定国家命运的一个重要因素，也是人们在国家内部流动的一大阻力。

政策与命运

在如今这样一个全球化的世界，各国政府继续通过确立自己的"官方"语言和"国家"宗教，推行"国家"教育标准，设定医疗卫生目标（包括其他很多目标）等方式，在很大程度上影响其国民的命运。全球绝大多数居民会在自己的祖国的管

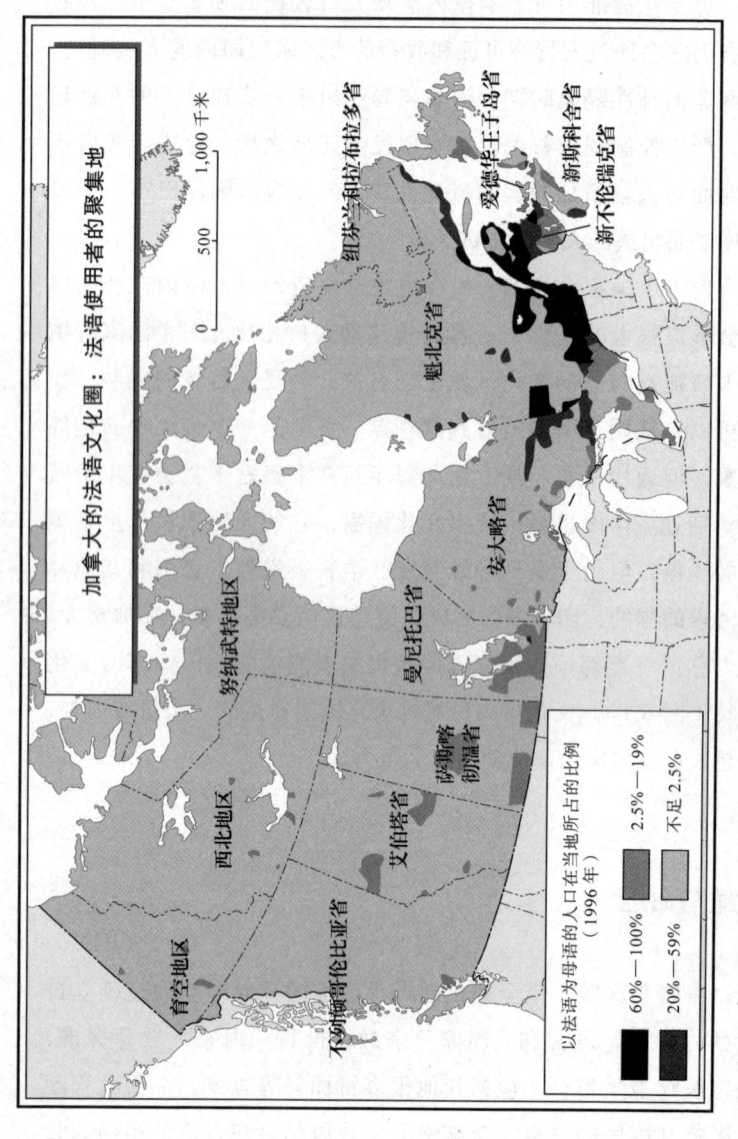

图 6.1 加拿大是一个双语国家，但那些会自己家里讲法语的人都集中在魁北克省南和邻近地区；还有少数讲法语的人聚集在较为偏远的西部地区。图中的资料来自加拿大人口普查数据。

理下度过一生。20世纪90年代，就在苏联解体的同时，欧盟成功地吸引了更多的成员，很多人据此推测，国家作为国际事务中的关键角色的重要性将会显著减弱，但这种预言还为时过早。全球化的影响遍及技术、文化、经济和医疗卫生等各个层面，一个政府是以开放还是以封闭的姿态去应对这些变化，决定了它的公民在必然到来的全球转型面前是会更加强大还是会更加脆弱。考虑到对英语和至少一种其他语言能力的要求正在日益增长，很多国家的政府都把英语语言教学列为学校课程的一部分。根据中国的教育工作者的说法，目前中国约有4亿学生正在接受某种形式的英语教育。但也有一些国家没有采取类似的举措，在那些由州政府或省政府决定教育政策的民主国家，各地的教育水平因政策差异而参差不齐。本书第三章曾讨论过，某些国家会把某个宗教定为国教，并因此关上了政教分离的大门。历史经验证明，无论在哪里，政教分离都有利于社会进步，推崇国教则会削弱其他信仰群体的社会地位，使他们处于劣势。

不过，政府在教育和宗教等领域的决策虽然会关系到年轻一代的未来，但通常不会造成生死攸关的后果；然而，政府在公共卫生领域的举措决定着数百万人的命运。在政策失误导致悲剧的案例中，南非是典型的例子之一。没有哪个国家的政府像后曼德拉时代的南非政府那样，长期否认人类免疫缺陷病毒和艾滋病之间的关联。在民众游行和非暴力抗议的压力下，南非政府才开始生产病人负担得起的治疗药物。可即使如此，该国的卫生部部长多年来仍然坚称，艾滋病可以通过补充适当的营养来预防和治疗。在2006年的世界艾滋病大会上，一位联合国官员在谈到南非政府关于艾滋病根源的理论时，形容南非"更像是一个失去理智的边缘人，而非一个心怀关切与同情心的国家"（Legassick，2007）。南非政府不仅否认医学证据，还蔑视公众舆论，由于它的不作为，南非这个撒哈拉以南非洲现代化程度最高的国家反而成了该地区艾滋病传播最为严重的国家，在全国 15—49 岁的人当中，有 22% 的人感染了艾滋病。很多研究者认为，这个由官方提供的数字要低于真实数据。与撒哈拉以南非洲的其他地方一样，在南非，艾滋病患者的性别分布严重不成比例，女性感染艾滋病的概率是男性的 4 倍（UNAIDS，2006）。相关记录显示，南非的艾滋病感染率仍在上升，它的人均预期寿命本就不到 50 岁，而且还在持续下降。南非还有 200 万—300 万人类免疫缺陷病毒携带者对自身的病情不以为意，也不相信自己会把病毒传染给其他人，这是南非政府对这一紧急事件的灾难性应对所导致的又一个恶果。

艾滋病在整个非洲南部的分布情况表明，不只是南非一个国家出现了政策性失误。2007 年，全球艾滋病疫情最严重的国家是南非的邻国斯威士兰，这个迷你国家由一位独揽大权的国王及其母亲统治，所有的政党都被取缔，全国的艾滋病感染率估计在 33%—43% 之间。南非的另外两个邻国莱索托和博茨瓦纳的艾滋病感染率也比较高。更糟糕的是，博茨瓦纳男性的人均预期寿命（35 岁）超过了女性（33 岁），它是全球少数几个男性人均预期寿命高于女性的国家之一。此外，它的这两项数值均处在现代社会的最低水平。这些数据也表明，非洲的人类免疫缺陷病毒对女性的影响极其严重。按照世界银行的标准，博茨瓦纳是非洲为数不多的中高收入经济体之一，2007 年它的人均国民总收入（GNI）超过了 1 万美元（南非则超过了 1.2 万美元）。显然，人均国民总收入既不能反映国家的干预能力，也不能反映公民个人获得医疗资源的能力。随着南非艾滋病疫情的恶化，当时的南非总统塔博·姆贝基（Thabo Mbeki）曾公开表示，这种疾病的根源是贫困，虽然这种说法有一定的误导性，但至少有一点他说对了，那就是贫困人群能够获得的医疗资源最为匮乏，不只在南非是这样，也不只艾滋病这一种病是这样。政府的渎职行为对南非相对富裕的白人群体影响最小，对当地亚裔和有色人种社区的影响次之。人口最多的黑人群体是最大的受害者，从数量和比例上看，他们都是南非贫困人口的主要组成部分。如果只针对黑人群体来统计南非的艾滋病数据，那么南非在每一项社会指数上（无论是艾滋病感染率还是人均预期寿命）都将和它的小邻国沦为同一水平。

由此可见，在决定命运的各个维度上，规模都是非常关键的指标。2006年，全球2/3的人类免疫缺陷病毒携带者（包括成年人和儿童）和近3/4的艾滋病死亡病例都集中在撒哈拉以南非洲，这里是全球艾滋病疫情最严重的地区。此外，这里还有数百万艾滋病孤儿。非洲南部是全球艾滋病疫情的中心，南非则是该地区艾滋病死亡人数最多的大国，它的三个省份（东开普省、自由州省和夸祖鲁-纳塔尔省）的农村死亡率最高。与之相邻的小国斯威士兰（人口约100万）的总体感染率最高，但即使在斯威士兰，不同社区的感染率差别也非常大。

乌干达曾是撒哈拉以南非洲艾滋病危机的重灾区，它的情况表明，在全球边缘地带，政府的决策在处理地方流行病导致的健康危机中有多关键。由于缺乏大量资金或医疗设备来应对这一紧急情况，乌干达政府启动了密集的宣传、教育和干预运动（这里的干预是指广泛分发安全套，最边远的地区也无一遗漏）。穆塞韦尼总统本人也加入了这场运动，他敦促国民进行自我检测，避免不负责任的性行为，还呼吁国外援助者提供药品和物资。经过这番努力，乌干达的艾滋病感染率大幅下降，这让其他也在与艾滋病做斗争但苦于资源匮乏的非洲国家看到了希望。

事实上，如果你以一名国际游客的身份来到南非或其他任何一个艾滋病疫情严重的国家，你都不太可能直接察觉到这场危机的证据。艾滋病在很多非洲语言中被称为"枯瘦病"，因为它会使病人的体重不断减轻，晚期患者更是骨瘦如柴，但在非洲的城镇中、酒店里、公路上以及国家公园中，你会发现人们的生活似乎和其他地方的也没什么两样。可能只有偶尔出现的提醒人们使用安全套的广告牌和零星的媒体评论会让你意识到自己正身处一场严重的公共卫生危机之中。在那些本就存在严重的失业问题的国家，艾滋病疫情又导致了劳动力短缺。正如之前的种族隔离时期一样，国际化人口在出差或度假的途中很少或者根本不能在传统的农村地区、乡镇以及地方诊所看到抗击艾滋病的举措。

地方与贫困

当然，这种大规模流行病和种族隔离的现象并不仅仅是现代南非或整个撒哈拉以南非洲的现象。那些满世界飞的国际化人口有一部分是前来提供帮助的，而不是来赚钱或游玩的。经济地理学家杰弗里·萨克斯就是其中的一位，他认为，对于那些饱受病魔摧残的人民而言，国家是改变自己命运的关键，哪怕这个国家曾经屡屡被病魔击败。制定更有效、能够提供更灵活的资金支持的国家计划，不仅能促进国民经济的发展，也能改善贫困人口的未来。无论是在农业技术方面还是在健康卫生干预方面，政府最有能力也必须引领国家走向经济复苏。萨克斯不仅大力宣传自己的观点，还用实际行动敦促领导层改善管理，并直接支持农村预算，他希望以此证明，哪怕是小额补助也能相当有效地改善现状。萨克斯同世界上的很多政府和地方都打过交道，他一直致力于从各个层面解决问题（Sachs, 2005）。

然而，非洲许多政府的糟糕表现打击了其他国际人士出手相助的积极性，经济学家威廉·伊斯特利（William Easterly）就是其中颇具代表性的一位，他认为西方社会支持非洲那些畸形和腐败的政府，只会帮助它们加强对自己人民命运的控制。这些国际人士指出，自从非洲摆脱殖民统治以来，已有数千亿美元的援助资金流向非洲，但非洲依然无可救药地走向了衰落（Easterly, 2006）。这些学者断言，想要把非洲从下坡路上拉回来困难重重，任何规模或任何形式的干预都无济于事。这种论调并不新鲜，当初人们也是这样预测亚洲经济的发展前景的，但事实上亚洲经济后来走向了繁荣。但这种论调的最新版本差不多是在极端贫困和非洲性（Africanness）之间画上了等号，这一点让人感到不安。想想看，非洲的总人口只占全球总人口的12%，但全球最贫困人口的70%都集中在非洲。这些数据反映了什么问题？非洲的落后究竟是什么原因造成的？

这种情况反映了人们不愿承认的一个事实：阻碍撒哈拉以南非洲发展的是环境、生态、历史、文化、经济和政治等方面的诸多劣势，由于这些先天缺陷是撒哈拉以南非洲特有的，所以当地在发展过程中遇到的阻碍超过了世界上其他任何地方。非洲各国政府和领导层普遍存在管理不善和领导力缺失的问题，这的确是非洲落后的原因之一，但人们拒绝看到的一个现实是，当全世界都在加速发展时，沉重的历史包袱阻碍了非洲的发展脚步（de Blij，2004）。几个世纪以来，非洲的命运一直掌握在外来者手里，至今仍是如此。殖民政府修建了具有鲜明的文化特征的城市建筑，打造了与之匹配的现代化中央商务区（CBD）和具有吸引力的城郊，但与此同时，它们也限制了本土化人口的流动。殖民时代结束后，被禁锢已久的流动性得到了释放，非洲成为全世界城市化发展最快的地方，拉各斯和内罗毕这样的城市也因此成为混乱和犯罪的代名词。农村地区的情况也好不到哪里去。倘若你去问一问想要在这个"公平竞争"的国际市场上出售自己的农产品的非洲农民，你就会发现，他们的产品要想和那些有补贴的农产品竞争实在太难了。富裕国家的政府为了"买"选票，会为本国农民提供各种支持，包括补贴、减税以及给别国的产品设立关税壁垒等（可以肯定的是，非洲农民也没法从本国政府那里得到类似的支持）。非洲的普遍贫困有很多原因，既有全球性的，也有非洲自身的，但这种贫困给非洲以及全世界都带来了环境破坏、健康危机、持续不断的纷争和人才流失等危害，造成了难以估量的损失。

千差万别的命运

毋庸置疑，用来衡量各个国家（无论贫富）整体生活水平的平均数和指数是真实有效的，但这些数据掩盖了具体的差异，而这些差异才真正能说明问题。在全球核心地带，两个在人均国民总收入方面处于同一水平的国家可能在收入的内部分配上大相径庭，从而导致其中一个国家的贫困人口数量庞大，收入差距也比另一个国家大得多。在全球边缘地带,就算是相似的卫生条件数据(比如,每千名居民拥有的医生数或医院床位数),也根本不能反映不同国家在现有的医疗保障水平或健康成本方面的具体差异。

这些具体的差异往往在空间性、结构性、地域性和系统性等不同层面都有体现。如果要找一样事物作为全球化或很多国际化人口所想象的"扁平的"世界的象征,那么封闭式社区一定当仁不让,甚至在最贫穷的国家,封闭式社区也随处可见。当然,它们并非新鲜事物,其"前身"是帝国殖民时代的海外飞地,飞地意味着权力和掌控赋予殖民者的舒适生活和安全感。如今,这些自成一体的社区不仅在向国际商务人士招手,也在向本国日趋国际化的新贵们伸出橄榄枝。一幅幅巨型广告牌用各种承诺诱惑着人们:独家专享,安全可靠,自给自足;无论是休闲还是运动,各种设施一应俱全。在全球边缘地带的城市中,这种封闭式社区因为远离贫困的街区而相对安全。偏远的地理位置和较长的通勤时间也许会造成某种隔绝感,但毗邻中央商务区的种种便利和优势弥补了这一点。特权和贫困往往同时存在,只要一堵墙、一道围栏或一条运河就能分割不同的世界。一道屏障和几米高的土墙就可以隔开迥然不同的命运。

另一种有害的做法和商业活动一样由来已久:腐败。如今,世界上有各种机构对各国的腐败程度进行排名。同样,这种排名不仅掩盖了腐败在形式上的千差万别,也抹去了腐败在地域上的分布差异。将腐败与政府联系在一起是合理的;当权者以及被任命或被选举出来的领导人(不仅在那些最贫困的国家)偷偷向境外银行转移数十亿资金的现象是确定各国"腐败指数"的一个重要衡量指标。显而易见,这种级别的腐败会影响一个国家的所有公民。另一些形式的腐败则会危及普通民众：敲诈勒索型腐败。在某些国家，本土化人口想要开设一个银行账户、订购一部电话或考取驾照，甚至只是出门旅行，都有可能不得不支付一笔超额费用、贿赂或"过路费"，这笔钱中的一部分会落入相关的办事员、技术人员或不法分子的口袋，剩下的则会落入这条敲诈勒索"产业链"上的暴发户手里。这种充斥着腐败的生存环境会让人窒息，会将人的信心和主动性消磨殆尽。

腐败无疑是犯罪，它往往被国际化人口视为全球边缘地带独有的问题。确实，全球边缘地带的腐败现象尤为严重，但在全球核心地带，也有一些国家深受其害。在欧盟的创始成员国之一意大利，有组织犯罪是国民经济中最大的组成部分。敲诈勒索、高利贷、诈骗以及其他形式的犯罪严重影响了意大利的经济发展，"商人们宁愿与黑手党达成协议，也不愿意谴责这种勒索行为"（Kiefer, 2007）。沆瀣一气的政客、难以计数的公共合同以及狼狈为奸的企业为这个处于欧盟中心的国家创造了绝无仅有的贪腐机会。从地理上看，意大利南部相对贫困的地区（即从坎帕尼亚、卡拉布里亚、普利亚到西西里岛一带）的腐败问题比更富裕、国际化程度更高的北部更为严重。可尽管如此，腐败仍然是一个全国性问题，而不仅仅是地区性问题。

想要反抗这些司空见惯的做法（无论是大行其道的庇护政治，还是日常生活中"微不足道"的腐败）都会招致风险，甚至是危险，在最贫困的国家尤其如此，这些国家内部的既得利益者在民主外衣的无耻掩护下，千方百计地维护自身的特权。然而，每一个彻底腐败的社会都不乏挺身而出的勇敢者和清廉者，他们冒着被囚禁、被流放甚至面临更可怕的后果的风险，竭尽全力揭露不法行为。这些人当中有立法者、商人、技术人员、公务人员、媒体人以及教师，他们是国家未来的希望，因为国家的兴衰是决定本土化人口命运的最关键的因素。

那些不了解情况的人在初次与地方之力的阴暗面打交道时可能会感到畏惧。多年来，抵达拉各斯机场的国际游客在进入海关和办理各种入境"手续"以及领取行李时，都能初步体验到尼日利亚人日常的境遇。工作人员在游客入境和领取行李时索取贿赂已成为一种标准操作，那些对此一无所知的游客如果没有随身携带小面额的以及面额稍大一点的钞票，就会束手无策；他们就算拿着证据去找警方，对方也会睁一只眼闭一只眼。随着最后一道手续的到来，对即将发生什么心知肚明的游客会明显紧张起来，而那些"无知者"很快就会受到第一次冲击，也就是外籍人士通常所称的"文化冲击"。然而，乘飞机前来的外国游客的这番体验，也会发生在本地人身上。汽车和公交车行驶在农村主干道上时常常会遭遇小型的拦路抢劫，腐败和敲诈勒索比比皆是，生活在这种环境里的本地人不堪重负。"失败国家"（failed state）的概念对不同的人群有着不同的意义。对本地人来说，失败国家带给他们的是普遍的孤立无援。

在尼日利亚人推翻了萨尼·阿巴查（Sani Abacha）骇人听闻的独裁统治（1993—1998年）之后，新上台的民主政府高调宣布将重点打击腐败和敲诈勒索，外界也因此而了解到，这个非洲第一人口大国过去一直（且目前仍然）在各个方面都亟待加强管理，它的国家机构的力量遭到了削弱和腐蚀，公众的信心处于低值。1999年，奥卢塞贡·奥巴桑乔（Olusegun Obasanjo）以民主选举的方式成为尼日利亚的新总统，上任伊始，他就必须应对贫困导致的各种危机，包括北部的宗教激进主义和燃料价格问题引起的南部骚乱。2003年，奥巴桑乔总统获得连任，然后加强了对联邦和各州投资项目的审查，以确保招标公开和财务透明。他还下令调查各州的州长办公室。截至2006年，在全国的36位州长中，有33位因"财务违规"而遭到起诉或正式调查。在透明国际（Transparency International）于2007年发布的腐败指数中，尼日利亚的得分仍然只有2.2分（满分为10分），在撒哈拉以南非洲排名倒数第三，在全球也是得分最低（表现最差）的国家之一。由于尼日利亚的人口几乎占该地区总人口的1/5，因此该国的腐败问题显得尤为重要。

美国人在媒体上所了解到的尼日利亚，可能主要和集中在尼日尔河三角洲及其周边地区的丰富石油储备有关，包括谋求更大利益分成的地方群体与试图维持秩序的联邦政府之间的矛盾，时有发生的"尼日尔河三角洲解放运动"（MEND）成员绑架外国石油公司雇员事件，以及从连通着石油出口终端的输油管道偷油而引发致命火灾的事件，等等。尼日利亚经济并没有因为石油而繁荣，这就引向了一个普遍的问题：为什么那些拥有丰富资源的国家会陷入最贫困的境地？全球的资源分配是导致命运多样化的一个关键因素，正如世界各国的边界图所显示的那样：有些国家坐拥钻石和"黑金"（石油）等大量财富，另一些国家则几乎没有任何可用来交易的商品。人们似乎觉得，一个国家的国土面积越大，它所占有的资源份额就越高，但现实并非总是如此。马里的国土面积是科威特的约70倍，但科威特的石油储量占了全世界石油储量的很大一部分，马里却只有极少的黄金储备和盐（矿）。地理又一次显示出它的重要性，位置决定了资源的优劣，有些国家位于富含矿产资源的矿化带上，有些国家则天然缺乏这种优势。

也许"幸运"一词用在这里并不恰当（当然，尼日利亚的情况另当别论）。非洲的自然资源是吸引殖民者踏上这片大陆的原因之一；殖民者在非洲殖民地不断开发资源并从中获利，形成了一种资源开采型的发展模式，这种模式一直延续到这些殖民地成为独立国家之后。如果一个国家完全依赖大宗商品销售来满足其经济发展需求，其他形式的生产力的发展就会受到遏制，一旦大宗商品价格下跌，这种依赖性就会造成致命的影响。即使价格没有下跌，出售石油、黄金或其他商品获得的收入也必须用来投资，从而促进经济多元化，保护其他产业（包括看起来不那么重要的农业）。这样做也可以避免产品出口可能引发的通货膨胀。然而，这些现金收入很容易被用于建设大型项目，但也很容易被掌权者据为己有。因此，资源财富也影响着政治：它往往有助于巩固专制统治。如此一来，谋求代议制政府和高效管理的斗争就会变得更加困难重重，而不是更加轻松。

就尼日利亚而言，尼日尔河三角洲的石油资源是在其独立前不久被发现的，因此，当尼日利亚于1960年恢复国家主权时，能源出口的殖民模式在这里尚未成型。后来尼日利亚经济崩溃的悲剧已广为人知：20世纪80年代，石油推动着尼日利亚经济蓬勃发展，但与此同时，政府不仅大量举债，还在大型基建项目上盲目投入大量资金；此外，腐败现象激增，某些曾经作为国家经济基石的产业得不到重视。在这种情况下，伴随着全球石油价格的暴跌，尼日利亚人民的生活水平也一落千丈，贫困像传染病一样蔓延到全国各地。世界银行和其他国际金融机构纷纷介入，帮助尼日利亚进行必要的改革，但不可避免的是，改革让本就苦不堪言的本土化人口的处境变得更加艰难。与此同时，阿巴查和他的将军们窃取了数十亿美元，并血腥镇压了尼日尔河三角洲的抗议活动。这一举动也许有助于石油公司的经营，但激起了全世界的憎恶。直到 21 世纪初，尼日利亚重返民主制，石油价格有所回升，它的经济前景才又见到了一些曙光——虽然该国的民主体制在 2007 年的大选中仍不够稳固。

尼日利亚的案例尤其重要，因为它证明了，在依靠资源换取财富的发展模式中，政府治理至关重要。在其他许多经济薄弱但资源丰富的国家，曾经的殖民政府一手打造了配套的基础设施，建立了服务于资源开发的经济模式，当他们将国民经济大权交还给新政府时，后者往往没有能力维持原先的发展模式。英国殖民者留下的混合型经济模式一度让尼日利亚政府陷入无能为力的境地，尼日利亚的经济是在那之后才逐渐走向繁荣的。最近的一个例子是苏丹。最近探明的石油储量使苏丹一下子从一个长期的石油进口国变成了石油输出国。然而，这一变化却给油田周边的（既包括近处的也包括远处的）本土化人口带来了无妄之灾，他们立刻被赶出了自己的家园；而在遥远的达尔富尔，新势力团体因为得到了当局的认可而拥有了护身的"免罪符"。宝贵的自然资源既能带来福祉，也会招致厄运（Collier,2007）。它们既创造财富，也激化冲突。

冲突地带

在这颗星球上，没有任何地方不会发生人为的冲突，但有些地方在历史上就极易发生冲突，以至于它们的名字本身已经成为冲突和纷争的代名词：巴尔干半岛就是其中之一，巴尔干化（balkanization）已成为表示"敌对分裂"的专有名词；在巴勒斯坦及其周边地区，近期和当下的种种对抗只是该地区上千年的纷争在如今的延续；在非洲之角，复兴的伊斯兰教和古老的基督教已经对峙了几个世纪；在外高加索地区，各个帝国和各种意识形态的斗争自古以来从未间断；在位于赤道附近的非洲大裂谷以西，文化冲突已经在几代人的时间里夺走了数百万人的生命。

卷入冲突的本土化人口在被外部力量激怒前，往往会走上一条比较温和的适应路线。他们会建构起既不失个性又兼收并蓄的多元文化，这些本土文化以语言、宗教、音乐、舞蹈、饮食、服装等形式一代代传承下去，自己的文化持久的生命力能让他们在面临冲突时保持自信。从历史上看，弱势的地位和孤立的处境会影响本土化人口对于不同文化的选择，他们能否生存下去主要取决于本土的凝聚力，而不是国家的保护。今天，越来越多的本土化人口选择成为流向全球化人口。多灾多难的亚美尼亚地处外高加索地区的侧翼，与宿敌土耳其接壤。它曾经是苏联的一部分，直到苏联解体才重获独立。眼下，它又和邻国阿塞拜疆不睦。由于这种种历史原因，大批亚美尼亚人选择走出国境。据估计，目前约有 20% 的亚美尼亚人客居他乡，他们汇回本国的钱款和其他形式的支援对这个贫穷的内陆国家至关重要。亚美尼亚的例子告诉人们，除了贫困，暴力也是引发大规模移民潮的一个关键因素。

在如今这样一个全球化的世界，技术的广泛传播促成了信息的广泛传播，冲突因此得到了空前的关注，就连缅甸的将军也无法在对国内的少数民族武装发起军事行动后对外界完全封锁消息；2007 年 9 月缅甸的僧侣抗议活动也上了电视直播。然而，这样的信息传播并不总能唤起国际社会的一致行动。不久前，在南斯拉夫解体的过程中，巴尔干半岛有 20 多万居民丧生，很多人被关进了集中营，惨剧发生很久之后，人们才意识到要采取行动去阻止它（最终在美国的领导下，这场惨剧才被阻止）。卢旺达、布隆迪和刚果（金）东部的本土化人口则更加命运多舛，殖民霸权统治、文化冲突、人口危机、政治动荡、自然栖息地的丧失和地理位置的偏远等因素左右着他们的命运。今天的灾难是历史悲剧的重演："1972年，在4个月内，估计有10万名胡图族人在布隆迪被少数派图西族精英屠杀……成千上万的妇女儿童被从家里和学校拖出来用乱棍打死……仅仅几周内，该国大约有3.5%的人口被屠杀，非洲统一组织（OAU）和联合国却既没有采取任何行动，也没有就此事发表任何有效的抗议。"（Best and de Blij, 1977）从1994年开始，卢旺达成为这场内战的中心，其境内的图西族和胡图族互相残杀，冲突甚至蔓延到了邻国。今天，在这个冲突频仍的地区，本土化人口依然既没有条件移民到国外，也无法从国际干预行动中得到任何实际、有效的帮助。他们如果徒步逃离冲突地区，就只能进入难民营，而难民营很容易成为抢劫团伙攻击的目标；非洲统一组织和联合国的维和行动对这种局面几乎无能为力。到21世纪头10年的中期，仅在这一地区就已有350万人丧生，这不啻为对"国际社会"的强烈控诉。这也提醒了人们，地理环境（无论是自然地理还是人文地理）仍然主宰着人们的命运。

一幅汇总了全球冲突频发地区的分布图显示，地处内陆带来的影响超出了经济和商业的范围（图6.2）。尽管沿海国家和内陆国家一样容易受到种族和文化冲突的影响，但沿海国家交通便利，因此它们的问题也容易得到解决。2000年，由英国领导的联合维和部队出兵干预并终止了塞拉利昂内战，此事就是一个很好的例子。此前，沿海国家索马里的动荡局势也引来了

冲突频发的地区

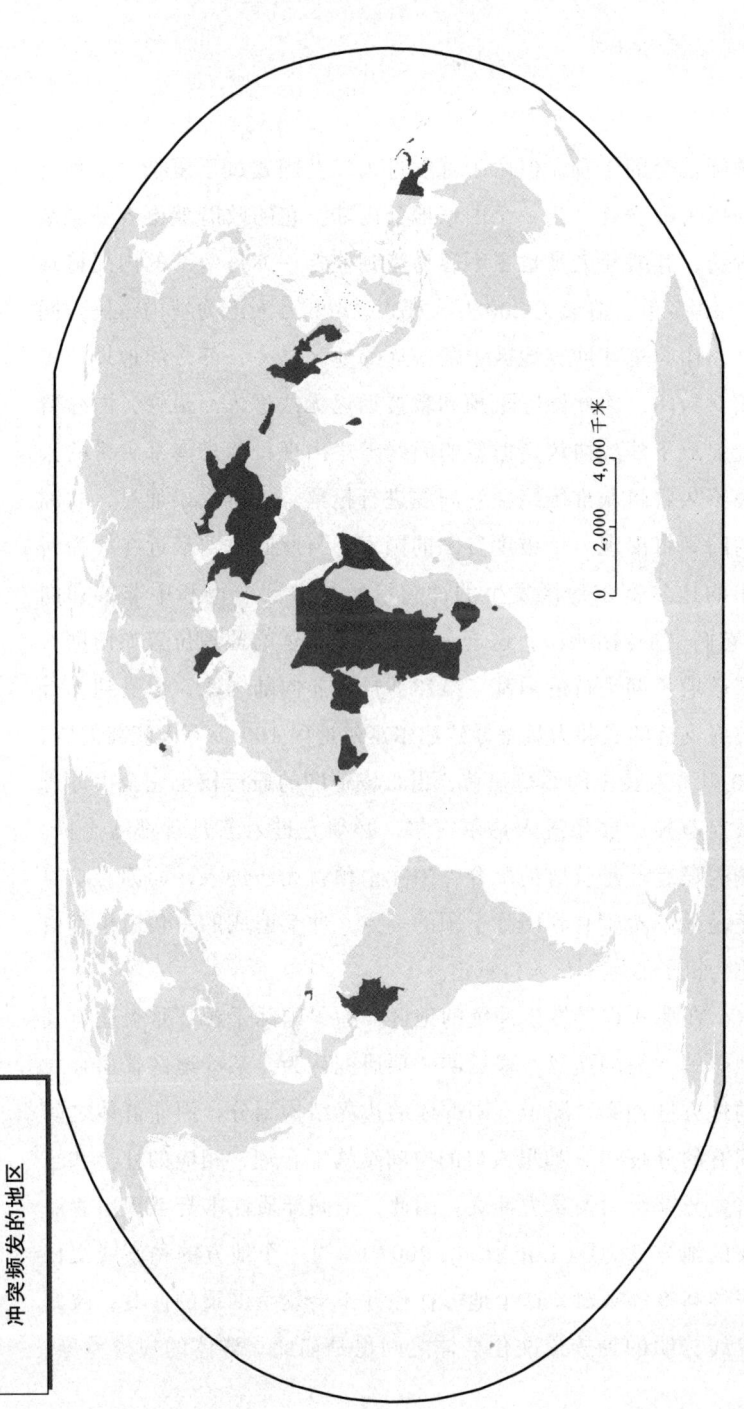

图 6.2 在过去两代人的时间里，世界上的某些地区一直冲突不断（图中深色区域）

国际社会的干预，但由于难度过大以及问题过于复杂，干预行动以失败告终。当一个国家地处内陆，它的政府就更容易逃避责罚，其战斗人员也更不容易受到监督。苏丹南部的内战持续了30多年，造成了200万人死亡，400万人沦为境内难民。同样，作为全球冲突地区中最偏远的地区之一，苏丹的地理位置相对封闭，因此国际干预和救援迟迟无法进入。最终，国际斡旋促成了停战协议，但新的问题随之出现：苏丹南部省份的人民不久就将获准围绕独立问题进行投票。一旦投票通过，非洲内陆又将出现一个极度贫困的国家。与此同时，最近在极为封闭的达尔富尔地区发生的冲突已经扩散到乍得和中非共和国（它们也是内陆国），这进一步证明了偏远的地理位置如何助长了政府长期支持的内乱。虽然苏丹并非内陆国家，但受到苏丹政府支持的武装力量是导致达尔富尔地区100多万人流离失所、20多万人丧生的罪魁祸首，出入该地区的通行权也完全由苏丹政府掌控：要想进入达尔富尔，必须先进入苏丹首都喀土穆。倘若没有苏丹政府的配合，国际干预就无法进入，而苏丹政府正是最不希望看到国际干预的一方。冲突造成的一切后果都由作为棋子的本土化人口承担。

在那些容易发生冲突的地区，除了国际干预，是否还有其他缓解冲突的途径？最近的一项研究认为，某些地区普遍存在的地方性冲突"源于不同群体的边界结构划分，而非群体之间固有的分歧……如果人口的空间结构不合理，相应的社会和经济差异就会引发暴力冲突。因此，空间异质性本身就预示着潜在的地方暴力"（Lim et al., 2007）。当一个地方的种族或文化群体高度混杂时，这个地方往往并不会发生严重的冲突；彼此界线分明的种族或文化群体之间也是如此。群体的规模差异、空间的分割以及界限不明才是冲突的助推剂："地理因素是社会空间维度的一个重要方面。"尽管这篇报告的作者并没有把政策手段列为解决方式，但他们显然相信一点，即对于历史上的那些饱受冲突困扰的地区，干预方式应当包括对地方边界的重新划分："从政府决策入手，废除历史上遗留下来的州边界线，按照目前的地理-文化区域重新划定合理的边界线，这样可以预防或减少冲突。新的边界划分不应禁止贸易或商业流通……而应当允许不同的文化群体在各自的领域内保持独立。和平共处并不意味着完全融合。"从实际操作的层面来说，这种社会-空间工程在波黑和伊拉克这样的地方也许是可行的，但在刚果（金）东部和苏丹西部却很难落实，因为在那些地方，抵达冲突现场、解除当地组织的武装以及保护当地居民都面临着重重困难。

仍旧崎岖不平的国土

因此，在 21 世纪，交通是否便利仍是决定本土化人口命运的一个关键因素。当赤道附近的非洲内陆国家发生人道灾难时，国际社会未能进行干预的原因既有意愿方面的，也有成本和物流方面的。我们只要在地图上观察一下刚果（金）东部全年开放的物资供应路线、机场、简易起降跑道以及其他设施，就会发现那里的物流面临着多大的挑战（谈到意愿问题，卢旺达的公路系统在整个非洲都可谓数一数二，但在该国长期动荡的历史中，这些公路上从来没有出现维和车队的踪迹）。在利奥波德国王（King Leopold）统治时期，比属刚果闭塞的地理位置和环境使得外界对比利时和其他外国强权在这里的暴行一无所知。

今天，仍有很多身处闭塞地区的人因为无法得到国际社会的干预和救助而饱受磨难。当全世界都在关注苏联、南斯拉夫和阿富汗的命运时，刚果（金）和柬埔寨的数百万本土化人口正在失去生命。

我们还应当从规模和范围两方面来衡量可接近性。英国人出手干预沿海小国塞拉利昂（面积比美国的南卡罗来纳州还要小）和美国人出手干预交通还算便利的索马里（面积和美国得克萨斯州差不多大）的难度不可同日而语。在2003年的伊拉克战争中，土耳其关闭了美军进入与加利福尼亚州面积相当的伊拉克的通道，从根本上改变了联军的整体行动方案及战略。联军原本打算经由土耳其境内的库尔德人领地进入伊拉克，这就相当于默认了画地为营的库尔德人潜在的主体地位及相关权益，而这是土耳其所不愿意看到的。朝鲜是一个封闭的国家，它拥有两条海岸线。在它的两段陆地边境线中，较长的一段将朝鲜和与其关系密切的中国分隔开来；另一段则位于朝韩之间，处在封锁严密的朝鲜半岛非军事区内。由于这种不可接近性，外界对朝鲜的情况几乎一无所知。我们再来看一下缅甸的地图，就会发现这个国家的情况和朝鲜类似：这个与世隔绝的国家拥有很长的海岸线和内河航道，但这些并没有成为缅甸连接外界的通道。在中缅交界处的掸邦，即缅甸的少数民族地区之一，本地贸易的发展和跨境移民的增加正在重写当地的文化景观。

世界仍然由不同的空间组成，有的空间开放、便于进入、与外部互联互通，有的空间则仍然处于封闭、偏远和孤立的状态。前者正在不断消除障碍，身处其中的本土化人口和国际化人口都在从中受益；后者崎岖不平的"路况"仍在让贫困人群和弱势人群步履维艰。毋庸置疑，全球的竞争环境正趋于公平，但这仅限于全球核心地带和边缘地带的关键通道。"考虑到目前全球竞争条件的分布不均……很多人发现自己根本就无法融入全球经济。当一些人独享贸易带来的财富和特权时,还有无数人毫无机会可言(事实上,他们完全被机会拒之门外),无法进入那些被特权阶层垄断的领域……(全世界的)不平等现象不仅相当严重,而且还在继续扩大。"(Sen, 2006)

这些享有特权者(也就是有资源傍身的国际化人口)不仅拥有各种保障,还拥有选择的自由,这些都是数十亿本土化人口梦寐以求的。阿马蒂亚·森在探讨身份问题时指出,人们将自己视为拥有多重身份标签的群体的成员:公民身份、居住地、出生地、性别、阶层、政治、工作、行业、饮食习惯、体育爱好、音乐品味、社会责任感,等等。这些标签意味着我们是"集体"的成员,我们也因此拥有了特定的身份认同。阿马蒂亚·森列举了好几个例子:孟加拉国的穆斯林"不仅是穆斯林,也是说孟加拉语的人和孟加拉国公民,他们通常都以自己的语言、文化和音乐为荣,更不用说阶级、性别、职业、政治、审美品位等其他与自己有关的身份了"。森将自己视为"亚洲人、印度公民、拥有孟加拉血统且会说孟加拉语的人、美国或英国居民、经济学家、哲学涉猎者、作家、梵语学者、世俗主义和民主的坚定信仰者、男性、女权主义者、异性恋人士、同性恋权利的捍卫者、以世俗化方式生活的人、有印度教背景的人、非婆罗门以及不相信来世说的人"。为了进一步证明他的观点,他指出,一个人可以同时是"英国公民、马来西亚和中国混血儿、股票经纪人、非素食主义者、哮喘患者、语言学家、健身爱好者、诗人、反对堕胎者、观鸟者和占星家,还是一个相信上帝创造达尔文是为了测试人类有多么容易轻信的人"。

然而，这样的多重身份反映的是国际化人口的命运和他们拥有的更多选择自由。一个人所拥有的特权源于他的出生地给他带来的好运，也要归功于全球核心地带及其周边地区在自然和文化环境、繁荣的经济、稳定的政局、社会规范、普遍的教育和医疗标准以及其他各方面所特有的优势。在非洲的农村地区，没有多少本地人会思考"上帝创造达尔文是不是为了考验那些容易轻信的人"这样的哲学问题；在孟加拉国，也有数百万人无暇去培养对孟加拉语、文学或音乐的自豪感。一个同时拥有美国人、国际化人口和同性恋者三重身份的人可能会更强调自己的同性恋身份；而苏丹的一位本土女性在面对疟疾和其他地方流行病造成的虚弱、营养不良、过度劳累以及男性暴力和武装分子的威胁时，只会关心自己的孩子们能否活下去以及明天会怎样，而不可能去思考性别问题或民主的未来。用阿马蒂亚·森的话来说，"身份决定了我们是什么样的人"，但这只是特权者的专属，而非所有人都能拥有的权利。

在地理位置、人口、宗教、语言、医疗、经济和社会等因素的共同作用下形成的自然环境和后天条件，构成了一个地方的综合影响力。世界各地的空间差异是如此巨大，人类的应变方式也千差万别。适应性使得人们倾向于选择自己熟悉的环境，它说服了绝大多数人留在自己最熟悉的地方或附近，哪怕会面临武装冲突或自然灾害的威胁。当一小部分人真的决定加入流向全球化的跨文化大军时，他们会发现前路障碍重重、法规严苛。公平的全球竞争环境仍然遥不可及。

第七章

同一个地方，不同的命运

人们在媒体图片中看到，一艘艘人满为患的船上挤满了难民，有人翻过边境围栏，有人跑过无人看守的荒地。这些令人印象深刻的图片印证了以下事实：无论是非法还是合法，跨国移民多数都是男性。你如果在一架从美国洛杉矶飞往中国香港的波音747客机的商务舱里随手朝某个方向拍一张照片，就会发现照片里那些惬意的国际化人口绝大多数也是男性。然而，如果你仔细观察一下非洲或亚洲某个村庄白天的照片，你可能会注意到，那些在田地里劳作、挑水拾柴、准备食物或照看儿童的本土化人口大多数都是女性。如果说地球看起来是平的，那么受益者也主要是男性，而非女性。

即使在同一个村庄、同一个家庭，男孩和女孩的命运也截然不同，而且这种差异并不仅限于全球边缘地带的农村地区。哪怕在全球核心地带最富裕的国家，男女同工同酬、同样的政治权利以及其他领域的性别平等都很难实现。人们通常认为北欧国家在这方面进步最大，但即使在这些国家，竞争环境（比如宗教等级制度的限制）也并非完全公平。财富的增长也不一定能够缩小性别差异。男性主导是一种根深蒂固的传统，它自有办法让公平成为一句空话：在现代日本，妇女在很多方面的境遇都得到了显著改善，但在2007年7月，日本的厚生劳动大臣却公开表示，女性的角色是"生育机器"（*Economist*, 2007d）。中国在20世纪70年代末启动的改革大获成功，控制人口的螺旋式增长被视为改革成功的关键之一，但也造成了男女比例的失衡。印度北部存在着悬殊的性别比，反映了这个人口大国的众多女性所面临的严峻现实（Corbridge and Harriss, 2000）。两性的不同命运往往在出生前就已注定。

然而，一旦出生，这种终生难以摆脱的不平等往往就会被官方数据掩盖。婴幼儿死亡率是衡量社会发展水平的指数之一，但人们几乎从未按照性别分别统计这项指数。贫困数据同样如此，虽然妇女显然是最大的贫困群体：在那些贫困家庭，孩子们缺乏足够的生存保障，妇女们被视为家庭的支柱，承担着养育孩子的主要责任，她们的很多权利被剥夺殆尽，她们也因此陷入了无法摆脱的贫困循环。虽然全球边缘地带已经有很多国家取得了实质性进步，婴幼儿死亡率已有所降低，但在撒哈拉以南非洲的大部分地区，情况依然非常糟糕，亚洲的巴基斯坦、缅甸和柬埔寨等国家也面临着同样的困境（图7.1）。

在那些活下来的孩子们当中，男孩通常能够优先享用有限的医疗和教育设施。整体而言，男孩得到的照顾从一开始就要比女孩更多。在传统社会中，男孩在看病就医和治疗等方面能够获得更好的待遇，能分到更多食物，他们从小就习惯于使用女孩所不具有的各种特权。

在农村，女孩们和她们的母亲以及祖祖辈辈的女性一样，早早陷入了女性贫困和超负荷工作的循环中。她们通常没有钱上学，如果家里有一些钱，父母会优先用它们送男孩上学。只要到了能干点力气活的年纪，女孩就得和母亲一起去田里除草、拾柴和挑水。只要还干得动，她们差不多就要像这样平均每天劳动 12 个小时，每周劳动 7 天。但在年终或她们困顿的一生结束时，国家的统计数据里却丝毫不会提及她们为村庄或国家所付出的一切。（de Blij, 1996）

在 20 世纪的最后十年，世界各国 1—5 岁儿童的死亡率对比情况如下：在巴基斯坦，每年每 1,000 名儿童中，女孩的死亡数是 54 名，男孩是 37 名；孟加拉国的比率为 69∶58；泰国是 27∶17（United Nations, 2000）。尽管在过去一代人的时间里，这项差距有所缩小，但它仍未被彻底消除，而且这种情况也绝不仅限于那些最贫穷的国家。

我们可以从男女的识字率差异看出教育的成果。比如，2008 年，印度的男性识字率接近 70%，但女性的识字率不到 40%。英语在印度被视为一门通用语，这也是印度在信息技术产业成绩卓著的秘诀，但估计只有约 5% 的印度人掌握双语能力，其中大多数都是男性。邻国孟加拉国的情况更加不容乐观：男性识字率超过 50%，但女性识字率只有 30% 左右。想象一下：非洲最大的国家之一苏丹地处伊斯兰世界和非伊斯兰世界的重要过渡地带，2008 年的数据显示，苏丹的女性识字率只有 14%，比男性低 20% 以上。贫困陷阱会直接导致教育水平的差异。

全球儿童死亡率

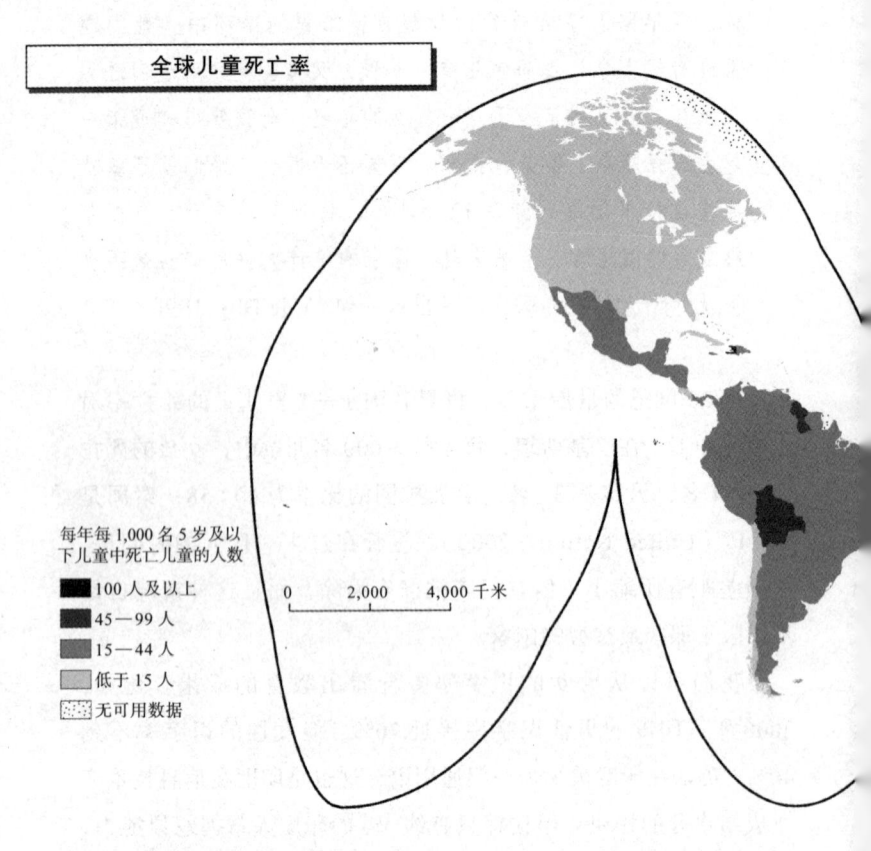

每年每1,000名5岁及以下儿童中死亡儿童的人数
- 100人及以上
- 45—99人
- 15—44人
- 低于15人
- 无可用数据

图7.1 在因为各种原因而死亡的5岁及以下儿童的比例方面，全球边缘地带的数据远高于全球核心地带。在本图中，橙色越深，意味着该地区5岁及以下儿童的年死亡率越高。然而，尽管存在着区域差异，但如今的情况和一代人以前的情况相比已经有了显著改善。数据来自Table G-1 in H. J. de Blij and P. O. Muller, *Geography: Realms, Regions and Concepts*, 13th ed. (New York: Wiley, 2008)

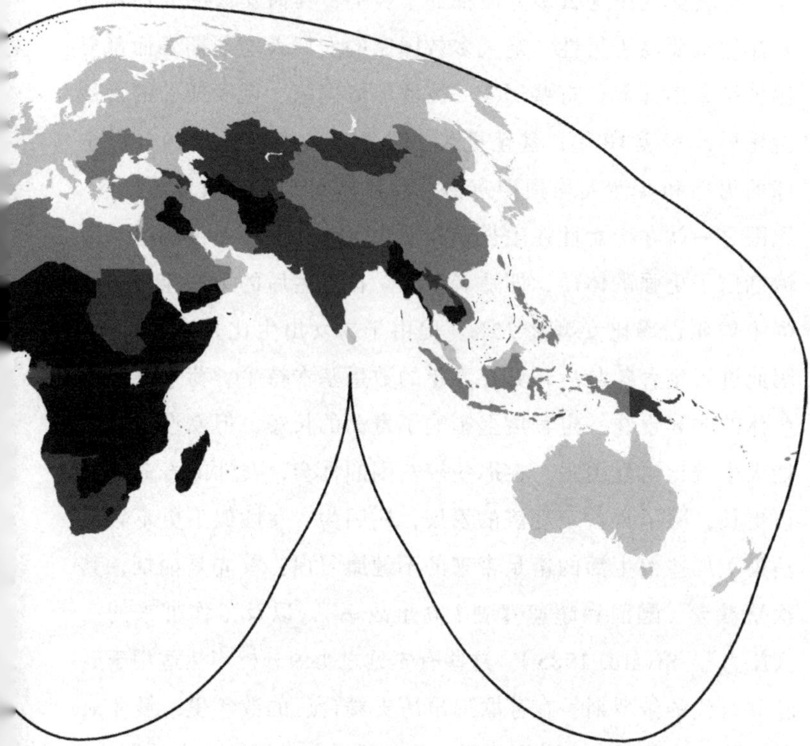

寿命差距

既然女性在这么多方面都处于劣势，为何女性的人均预期寿命通常要高于男性？绝大多数国家的女性人均预期寿命都要比男性高出几年，有些国家（波罗的海国家、俄罗斯）的女性能比男性多活10年，甚至更久（图7.2）。1950—2000年，全球的男性和女性人均预期寿命差距从不足5年扩大到近7年，原因之一就在于女性在生长早期因为营养和医疗条件的匮乏而锻炼出了更强的体质，即适者生存。在出生后的第一年，男婴的平均死亡率比女婴高25%。但由于男女出生比是105∶100，因此进入生育年龄后，男女青年的数量基本持平。荷尔蒙和染色体的差异也在一定程度上影响了寿命的长短，但女性也有可能天生就比男性更强。在那些较贫困的社会，女性的寿命之所以更长，除了得益于经济的发展，还因为"女性似乎更不容易沾染上那些由生活的富足带来的不健康习惯：首先是抽烟，其次是暴食、酗酒和超速驾驶（高事故率），以及工作带来的巨大压力"（Sivard, 1985）。这些有先见之明的分析当然适用于后苏联时代的俄罗斯。在苏联退出历史舞台后的数年里，俄罗斯男性的人均预期寿命急剧下降，死亡原因包括酗酒、意外事故、滥用药物、自杀以及生病后得不到治疗。伴随着艰难的社会转型，普遍的社会动荡也让俄罗斯女性的人均预期寿命有了一定的下降，但下降幅度远不及男性。

如图7.2所示，全球核心地带的男女平均预期寿命差距要大于全球边缘地带，尽管在全球核心地带以外，某些地方的两性平均预期寿命差距扩大的速度要更快。男性平均预期寿命超过女性的地方（目前只有4个国家符合这种情况，它们都位于撒哈拉以南非洲）或男女平均预期寿命基本相同的地方（有5个国家，其中3个在非洲，2个是小岛国）必然出现了严重的问题。正如本书第四章所提到的，在撒哈拉以南非洲，这种情况主要与艾滋病大流行有关。人口平均预期寿命的这种灾难性的整体下降，让非洲成了全球男女平均预期寿命差距最小的地方。

我们还应当结合生育的风险来分析两性平均预期寿命的差距。怀孕和分娩给全球边缘地带的孕妇和产妇带来的健康风险要高于全球核心地带，根据联合国最近的统计，前者的平均风险要比后者高出22倍。令人欣慰的是，这一差距正在缩小：20世纪末的最后20年，在全球边缘地带的十几个国家，每10万次分娩仍会造成500多名产妇死亡；但在全球核心地带，有十几个国家的每10万次分娩导致的死亡产妇不到10人。两者的对比仍然令人痛心，全球边缘地带一些国家的产妇分娩死亡率是某些核心地带国家的20倍（图7.3）。

只有在生活环境宜人的情况下，长寿才是一件乐事，在全球核心地带，有数百万寡妇在相对舒适和安全的环境中享受安逸的生活。然而，几乎所有文化中的男性都倾向于娶比自己更年轻的女性，因此已婚妇女有望比丈夫更长寿，她们在丈夫去世后通常还能活10年甚至更久。而在不那么繁荣的社会中，数以亿计的女性在失去配偶后处境会变得极为艰难。随着家庭关系逐渐变得松散，无数妇女发现，自己养家糊口劳作了一生，最后却老无所依，贫困是她们余生唯一的"伴侣"，已故的丈夫留在身后的一切不足以维持她们的生活（或者什么也没有留下）。在由男性主导的世界，对女性来说，连更长的寿命都变成了劣势。

全球各国和各地区男性和女性的平均预期寿命对比

女性的平均预期寿命与男性相比

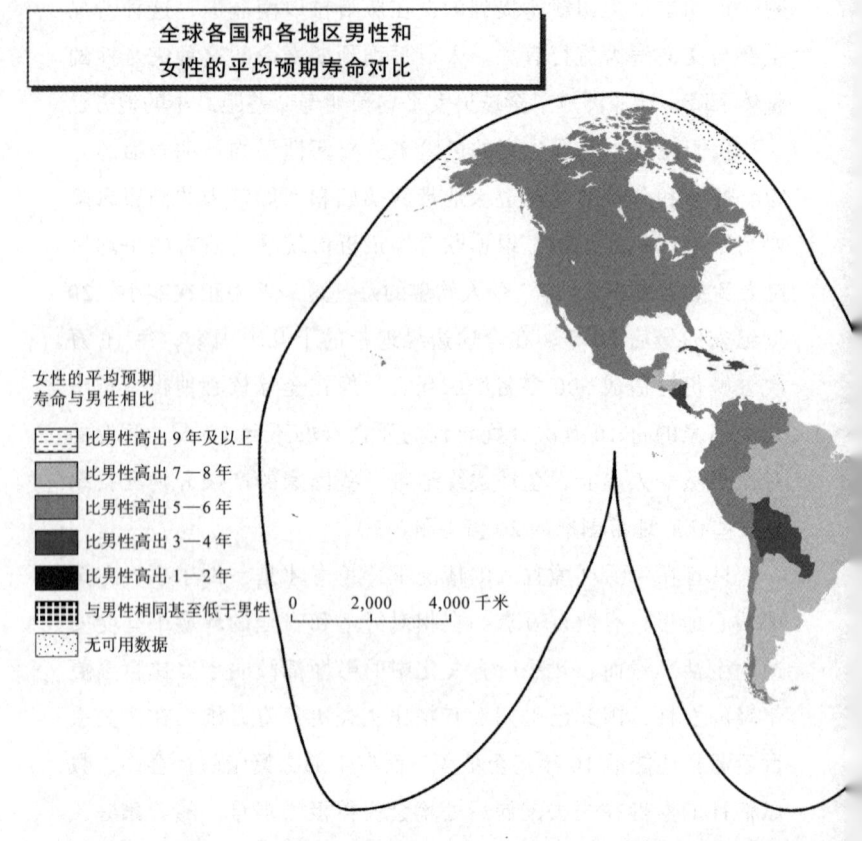

- 比男性高出 9 年及以上
- 比男性高出 7—8 年
- 比男性高出 5—6 年
- 比男性高出 3—4 年
- 比男性高出 1—2 年
- 与男性相同甚至低于男性
- 无可用数据

0　　2,000　　4,000 千米

图 7.2　在本图中，如果某个地区的男性和女性的平均预期寿命比较接近或几乎相同，或男性的平均预期寿命长于女性，那么这个地区一定出现了严重的问题。数据来自 Table G-1 in H. J. de Blij and P. O. Muller, *Geography: Realms, Regions and Concepts*, 13th ed. (New York: Wiley, 2008)

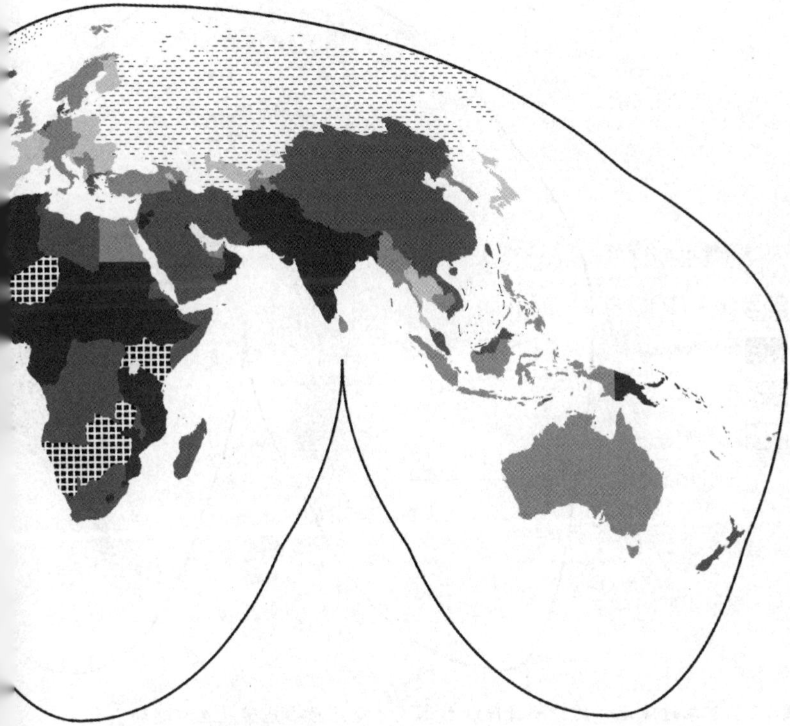

全球孕产妇死亡率

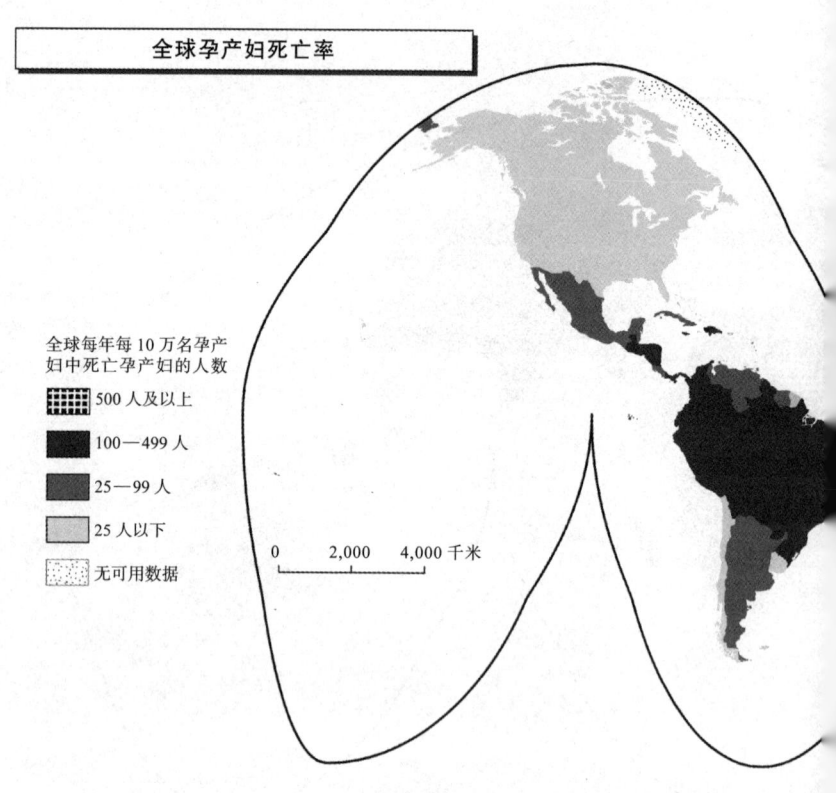

全球每年每 10 万名孕产妇中死亡孕产妇的人数

- 500 人及以上
- 100—499 人
- 25—99 人
- 25 人以下
- 无可用数据

0　　2,000　　4,000 千米

图 7.3 全球边缘地带的分娩风险仍然远高于全球核心地带。在非洲的大部分地区，每年每 10 万次分娩中，死亡孕产妇的数量超过 500 人，而在欧洲、北美、日本和澳大利亚，这个数字在 25 人以下。数据来自世界银行出版的《2005 年孕产妇死亡率》(*Maternal Mortality in 2005*)，也包括世界卫生组织、联合国儿童基金会、联合国人口基金会和世界银行的相关资料中的估算数字

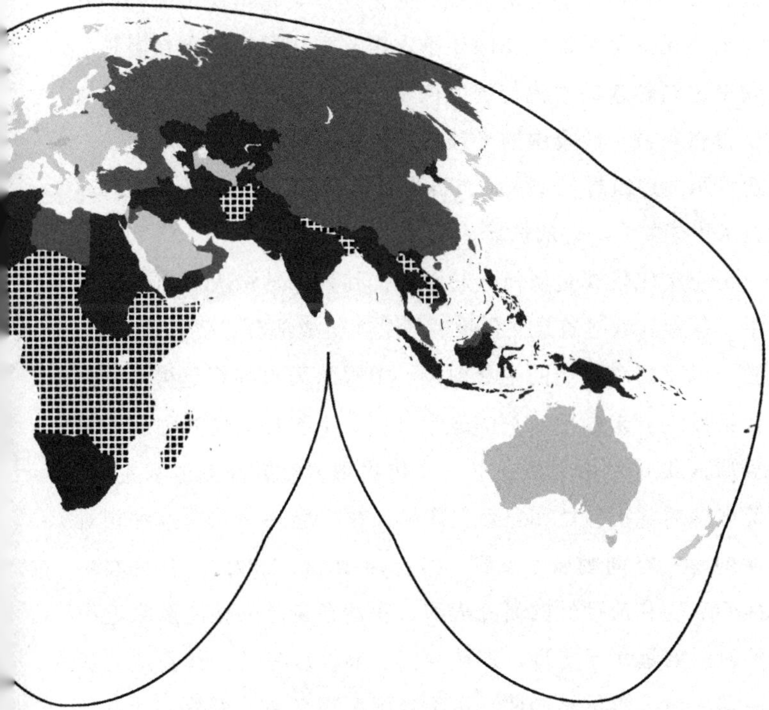

生活质量

地理学家通常将看得见摸得着的社会环境称作文化景观，视其为文化在物质层面的表现。无论是公共建筑还是简朴的私人住宅，无论是装饰性花园还是农田，文化景观都是在漫长的时间里逐渐形成的主流传统的产物。以此类推，文化景观也取决于自然条件（沙漠中的平顶房屋、多雨地区的陡峭屋顶）和身边可用的建筑材料（木头、石头），这些因素可能比日新月异的技术更能左右人们的选择。

无论文化景观是从何处起源的，其外部结构大多出自男性之手。各种宗教建筑是文化景观的重要组成部分，代表着教皇、主教、伊玛目和僧侣的主导地位。中国的风水师都是男性，他们会指导人们选择建筑物的适宜方位。工程师、规划师和建筑师等职业也仍然由男性主导。文化景观"由男性创造和主导，传统观念通常把男性和户外空间联系在一起……家庭这种相对隐秘的室内空间则属于女性"（Lloyd et al., 1982）。有关农村男性的活动和流动性的研究表明，女性在自己的住所及附近活动的时间要远多于男性，即使她们能够设法参与一些商业或贸易活动，情况也仍是如此。由于受到家庭义务的束缚，受教育水平低下，缺乏法律的保护，无法获得信贷或养老金等形式的支持，全球边缘地带贫困地区的女性成了最"本土"的本土化人口。

然而，不只是这部分女性正在承受"男性制造"的世界带来的本土化压力。虽然跨国移民大多是男性，但也有数量不菲的女性漂洋过海去做长期家政工人，一些政府通常会积极鼓励这种家政劳务输出，并希望从她们那里获得外汇。菲律宾是这种周期性的"合同"移民的主要来源国，但它只是此类"输出国"中最知名的一个。这些国家和"输入国"政府相互勾结，利用政策手段限制那些满怀希望的流向全球化人口，迫使她们接受低工资，不留什么讨价还价的余地。此外，政府还对海外永久定居施加了各种限制，导致这些人没有多少选择的自由。即使在全球核心地带的后工业社会，女性更多地参与到了现代化带来的流动性当中，但研究表明，女性往往会选择离家更近的工作，从而确保在工作之外还能兼顾家务。这不仅在职业分工当中导致了一些心照不宣的男女之别，也造成了工资差异，这种现象在最发达的国家由来已久（Hanson and Pratt, 1995）。与全球边缘地带农村地区很多女性的困境相比，这些不平等只能说微不足道，但它们也足以证明，整体而言，世界对男性"更平"，无论是在全球核心地带还是在全球边缘地带都是如此。

虽然很多统计数据都强调了这种差异性，但目前我们仍然缺乏一个关于世界各国"不同性别生活质量"的总体衡量标准以及照此标准得出的排行榜，这个排行榜的设计可以参照透明国际的"腐败指数"或年度"宜居"城市排名。盖洛普（Gallup）和皮尤（Pew）等调查机构发起的"幸福度"和"满意度"民意调查表明，越富裕的国家满意度越高，但这两家机构都没有按照性别对自己的调查结果加以区分。联合国持续关注各个会员国的人权状况，不过它的人权报告也未能充分反映性别差异。无论如何，对千差万别的生活质量进行量化研究颇有难度。例如，对一些国家的女性而言，有关生活质量的考察集中在女性是否有权利在没有男性家庭成员允许的情况下驾驶汽车或出门旅行；在另一些国家，女性的生活质量则取决于是否会遭受家庭暴力或是否要进行割礼，等等。

零星的信息令人沮丧。无论是在穷人群体中还是在富人群体中,无论是在工业化社会还是在传统型社会,家庭暴力已经成为一种全球性的跨文化现象,而且绝大多数是由男性引发的。调查显示,家庭暴力的发生率高得惊人。联合国在一项针对欧盟高收入国家离婚案件的大规模调查中发现,近60%的离婚案都与妻子受到的身体暴力有关。在最近的一项针对曼谷棚户区社会状况的调查中,超过50%的已婚受访女性表示她们经常遭到丈夫的殴打。巴西的一项研究表明,仅在一个小州就有超过20起未入刑的家庭谋杀案;报告称,受害的妻子都是被其丈夫"合理合法地"杀害的。在印度,"已婚妇女的自杀率比其他任何地方都要高,每天都有数量惊人的年轻印度新娘因厨房中的火灾事故而死亡,这种悲惨的'事故'通常发生在父母没有给足嫁妆的年轻新娘身上"(Wolpert, 1999)。在某些地方,女性甚至会因为着装方式而招致暴力或更可怕的后果。巴基斯坦政府为了保护女性免受伊斯兰刑法(Hudood laws)的"误读"而做出了一些努力,但这些努力并不足以阻止暴力行为。2006年,巴基斯坦的一名女性省政府部长因为佩戴的薄纱头巾不够"伊斯兰"而惨遭极端分子杀害。

正如第三章所提到的,宗教教义在地理分布方面的差异给跨文化移民及其接收国都造成了困境。男性主导的历史比宗教痴迷的历史更为久远,这两种控制力量的邪恶混合体在现代社会依然困扰着女性。塔木德要求犹太教正统派信徒每天感谢造物主没有让他生而为女性。在圣经故事里,夏娃是用亚当的一根肋骨造出的,她必须接受生育的痛苦和无法改变的从属地位。她之所以要接受这种永世的惩罚,只是因为她和亚当一起偷吃了禁果。倘若社会的主要群体不从字面意义上去解读这些古老的圣书或者不再将其奉为金科玉律，那么这些圣书怎么说都无所谓，但真实情况是女性确实因为它们而遭到了不合理的对待。基督教各教派中根深蒂固的男性等级制度直至今天才稍有松动。在宗教权威的强化下，男性主导的传统甚至成了公开的世俗社会权力结构的基石，或多或少已经成为一种全球统一的做法。

伊斯兰教法（Sharia），即伊斯兰法律体系，也是一种典型的维护男性统治的意识形态。萨尔曼·拉什迪（Salman Rushdie）曾经使全世界的目光都聚焦到伊姆拉娜（Imrana）案件上。这位来自印度北方的妇女遭到了公公的强奸，之后她所在地区的伊斯兰教神学院（属于极端保守的德奥班德教派，最初的塔利班就曾在这个教派开设的伊斯兰学校受训）却裁定她必须离开丈夫，因为强奸已经使她变得"不洁"。孤立无援的伊姆拉娜在毛拉的摆布下选择了接受裁决，并因此变得一无所有：她的丈夫完全没有义务支持她，伊斯兰教法也从来没有赡养费一说。

这种性别不平等还会以另一些令人发指的形式表现出来。其中一种形式就是女性生殖器阉割，也被称为女性割礼。在21世纪的头10年，每年仍有超过200万名不到11岁的女童被迫接受割礼。这种割礼通常是在没有麻醉的情况下进行的，人们通常使用简陋的器具，将女性的阴蒂全部或部分切除，因此频频导致感染、不孕或分娩困难。西南亚、东南亚以及非洲的很多国家都有这种现象，虽然不同的地方实施割礼的具体方式有所不同。根据世界卫生组织估算，索马里有70%—90%的女性都曾被迫接受割礼，苏丹和埃及也有此类习俗。割礼在很多外人看来是一种野蛮行径，但在一些文化中，它却被视为一种古已有之的仪式，旨在确保女性的贞节，确保她们适合婚育；同时，割礼还能被用于"控制"女性对性的态度。即使最极端的文化相对主义者也难以接受这些说辞，但如果倡导禁止割礼，又会引发另一个问题：特定社会的决策权应该掌握在谁手里？有些人认为割礼是对基本人权的践踏，但也有一些人将其视为文化主权的象征。然而，任何观点都无法改变一个事实：这一可怕的行径代表着两性之间的不平等。

毋庸置疑，要想消除这种做法，就必须从推崇这种做法的社会内部入手；从外部施压往往会招来反对和抵制。由于负面舆论的影响和公众的反对，在一些仍存在这种陋习的国家，政府已经在设法限制或杜绝这种现象。1996年，埃及的一档电视节目播放了一名身着宗教长袍的男子给一名女孩施行割礼的恐怖场景，女孩痛苦地尖叫着，血流如注。节目随即引发了强烈的抗议，政府因此被迫颁布了禁止这种手术的禁令，但收效甚微：2005年的一项全国性调查显示，97%的埃及已婚妇女都曾被迫接受割礼（*Economist*, 2007e）。大多数埃及人（包括约2/3的母亲）仍然支持这种做法，这主要是因为保守主义神职人员宣称这是一种宗教惩戒，这些女孩未来的丈夫也会要求这么做。近年来，约有2/3的割礼是由现代医生操刀实施的，剩下的仍然会交给传统医生完成。但在2007年，一起事故引发了一次抗议浪潮：一名女孩在割礼前的麻醉中死亡，操刀的是一名训练有素的医生，而非江湖庸医。作为回应，埃及卫生部长宣布全面禁止割礼，这项世俗禁令得到了宗教领袖的支持。然而，在当今的"无明运动"时代（参见第四章），人们仍然寄希望于死后在天堂里的快乐生活，因此这类由宗教制造的超出常理的性别偏见还需要很长一段时间才能退出历史舞台。

与这种不公正相比，女性的独立旅行权或驾驶权之类的生活质量方面的问题显得不值一提,但女性遭受的长期压迫可谓不断翻新。我们不禁要问,给年轻女孩们缠足,迫使她们忍受骨头畸形和粉碎的痛苦,成为双脚无法正常生长的残疾人,从而满足她们未来丈夫的性欲,到底是谁的主意?中国有钱有势的男性对"缠足"的痴迷一直持续到20世纪初。这种恶习与宗教无关,而是汉族文化中普遍存在的男性主导的证据,被选中的女性都逃脱不了被摧残的命运。直到新中国的成立和改革开放,对女性的这种残害才彻底被终结。

沙特阿拉伯因为拥有丰富的能源而在阿拉伯世界举足轻重。它的宗教地位也举足轻重:它是伊斯兰教的发源地、圣城麦加的所在地和瓦哈比派的活动中心;它为全球穆斯林事业提供资金支持;它还是全球穆斯林连通网络的一大枢纽。因此,它一直是人们关注的焦点。然而,在其标志性文化景观的现代化面孔背后,隐藏着世界上最宽的性别鸿沟。约6,000名争权夺利的"王子"构成了等级森严的沙特政权(请注意,这幅等级图里没有"公主")。2005年,沙特举行了有史以来第一次政治选举(市议会选举),但女性仍然没有投票权。此外,沙特还禁止女性驾车,这已然成为某些国家性别不平等的最典型案例之一。这个例子也的确证明了一点:国家经济的繁荣和个人财富的积累未必意味着所有人的权利和机会都能得到改善。传统仍然是阻碍现代化进程的强大力量。沙特宗教界人士作为"王室"顾问,用宗教经典为相关法律背书,但沙特的女性确实早在几年前就已经开始为自己发声。在1990年海湾战争之后的动乱时期,外国部队曾暂时驻扎在沙特境内,其中就有担任驾驶员的女兵。受到这些女兵的鼓舞,几十名沙特妇女无视禁令,鼓起勇气开着私家车上了马路,她们大多曾在海外接受教育。但她们的行动很快就被迫结束了：几十名妇女全部遭到逮捕，法庭认定的罪名是她们违反了女性驾驶禁令。沙特的文化地理只有在它的男性公民那里才显得平坦得多。

尽管没有任何一项综合指数可以反映全球整体的生活质量，但毫无疑问，无论是公开还是隐蔽，无论是从个体自由度衡量还是从整体收入衡量，每个国家都存在着不同程度的性别歧视现象。华尔街曾被视为自由市场竞争的缩影，但媒体发布的企业高层任命统计图显示，这里的女性高层管理人员正在消失。曾有不止一位评论人士围绕着一个曾引发高度关注的解聘案提出自己的疑问："在一个由男性主导的行业，她作为女性表现出来的强势是否为自己树了敌？"（Thomas, 2007）从家庭暴力到职业晋升，从无偿劳动到薪酬不平等，女性在这个日益全球化的世界中仍然面临着更高的屏障。从性别的视角放眼望去，世界远非一片平坦，在有些地方甚至正在变得更加崎岖不平。

统治者与被统治者

在地球的全部人口中，女性的数量略多于男性，但我们只要看看当今世界上大约200个国家的政府领导层构成，就会发现女性领导人没有任何数量上的优势。绝大多数国家（无论民主还是专制）都由男性领导。无论是在议会、立法机关、国会、代表大会中还是在司法系统中，男性在数量上都占据优势。即使女性候选人看起来没有被设置任何障碍，但男性仍然是政治舞台上的主角。在2008年的美国总统选举中，共和党提名的12名党内候选人都是（白人）男性。民主党倒是有一位女性候选人,但她是前总统的妻子,而且是在成为第一夫人之后才开始政治生涯的。很多企业都声称自己需要女性领导人,国家亦是如此。那么,为什么在代议制政府中,性别比例仍然如此——嗯,失衡?

原因肯定不是女性缺乏领导力,也不是她们不能像男性那样行使权力。比如,叶卡捷琳娜大帝(Catherine the Great)就曾经在俄国历史上打下了鲜明的烙印,很少有男性可以与之匹敌。印度的女总理英迪拉·甘地(Indira Gandhi)是该国历史上唯一敢于叫停民主,施行专制的领导人。英国的女首相玛格丽特·撒切尔(Margaret Thatcher)则是该国现代史上唯一敢于为了保护远方的属地而发动全面战争的领导人。可见,如果"能力有多大,心就有多大"是世界变平的原则,那么当今世界的女性领导人肯定比现在更多。截至2008年,撒哈拉以南非洲只有一位女性担任过政府最高领导人,即利比里亚现任总统埃伦·约翰逊-瑟利夫(Ellen Johnson-Sirleaf)。南美洲只有两位女性国家领导人,分别是智利的米歇尔·巴切莱特(Michelle Bachelet)和阿根廷的克里斯蒂娜·基什内尔(Cristina Kirchner)。在欧洲的40个国家中,同样只有两位女性国家领导人,即德国总理安格拉·默克尔(Angela Merkel)和芬兰总统塔里娅·哈洛宁(Tarja Halonen)。菲律宾总统格洛丽亚·马卡帕加尔-阿罗约(Gloria Macapagal-Arroyo)是东南亚地区唯一的女性国家领导人。北美、东亚和澳大利亚则从未有过女性国家领导人。相比之下,自1999年以来,新西兰总理一职就一直由一位女性担任,即海伦·克拉克(Helen Clark)。如今,虽然数据可能略有变化,但男性在国家治理方面仍然掌握着绝对话语权。毕竟人类历史上只有46个国家曾经由女性领导。

纵观全世界的十几个大区，只有1个大区有一半以上的国家曾由女性领导，那就是南亚。在南亚的7个国家中，有4个曾由女性领导。英迪拉·甘地担任总理时的印度正逢多事之秋，可谓命途多舛。虽然普拉蒂巴·帕蒂尔（Pratibha Patil）在2007年当选为印度历史上的第一位女总统，但该职位的形式大于实质。在孟加拉国，虽然围绕最高权力的政治斗争由来已久，但女性一直在混乱的政局中发挥着主导作用：在20世纪90年代担任孟加拉国总理的卡莉达·齐亚（Khaleda Zia）曾经利用自己的职权在短期内让国家稳定下来；可今天的她正和她一直以来的死敌（也是一位女性）一同身陷囹圄。在巴基斯坦伊斯兰共和国，贝娜齐尔·布托（Benazir Bhutto）的经历极富传奇色彩：她的父亲曾任巴基斯坦总统，后来在军事政变中被处决，她则流落他乡；然而她最终回归，组织反对党对抗那位推翻自己父亲的军事政变领导人，并在1988—1999年间多次担任政府总理；然而最终，她还是为这一切付出了生命的代价。在斯里兰卡，西丽玛沃·班达拉奈克（Sirimavo Bandaranaike）曾经在1960年当选总理，虽然她的政党后来失败了，但她仍然能够在1970年再次当选总理。1994年，她的女儿钱德里卡·班达拉奈克·库马拉通加（Chandrika Bandaranaike Kumaratunga）在总统选举中取得了压倒性胜利；但面对前任政府遗留下来的叛乱局面，这位新总统尽管使出了浑身解数，又是妥协安抚，又是武力镇压，最终却仍然只能铩羽而归。

由此可见，南亚7国中最重要的4国都曾在女性的有效领导下渡过难关（只有尼泊尔、不丹以及小小的马尔代夫是例外）。其中，巴基斯坦和孟加拉国是仅有的曾由女性领导的伊斯兰国家。这是为什么呢？原因很复杂。一是显赫家族的权力和影响力经久不衰，这些家族有时会指定女性成员担任家族领导人；二是在传统上，这些国家推崇上层种姓和阶级，推崇教育和个人魅力，典型例子包括贝娜齐尔·布托和在意大利出生、曾拒绝出任总理的印度国大党领导人索尼娅·甘地（Sonia Gandhi）；此外，人们还理所当然地期待女性治理能够更加温和，尽管英迪拉·甘地和钱德里卡·班达拉奈克·库马拉通加的铁腕领导彻底改变了人们的这种想法。此外，还有一个可悲的原因——政治暴力和暗杀：男性领导人遇害后，他们的遗孀不得不走上战场。因此，虽然英迪拉·甘地和普拉蒂巴·帕蒂尔都曾经担任印度领导人，但这并不能说明印度女性的参政率有很大的提升。2007年，女性在印度议会中仅仅占据9%的席位，在部长一级的职位上占比不到4%，在最高法院和高等法院中的占比则不到3%。在巴基斯坦，女性在代议制政府的高层中同样只占少数。在孟加拉国，尽管人民联盟及其反对党民族主义党都由女性领导，但女性的整体参政情况仍然没有多大的进步。孟加拉国政治中充斥着暴力。一旦前总统们死于暗杀，他们的家人便继承了他们留下的政治资本，成为新的党派领导人。孟加拉国两大政党的情况都是如此。如此一来，政治斗争就变成了私人恩怨：一个政党的领导人指控另一个政党的领导人已经去世的丈夫曾经谋杀了自己的父亲。相比之下，斯里兰卡的民主政体尽管也曾经遭遇致命的叛乱，但仍然稳定且持久，该国的各项社会指数在南亚地区均位居前列；但即便如此，该国女性参政议政的情况仍然很不充分。我们可以遗憾地说，南亚的情况对于世界其他地区并没有借鉴意义。

尽管女性仍然很难成为国家领导人，但她们成为议员还是相对容易的，在有些国家尤其如此（图7.4）。在世界各个民主

议会中的女性

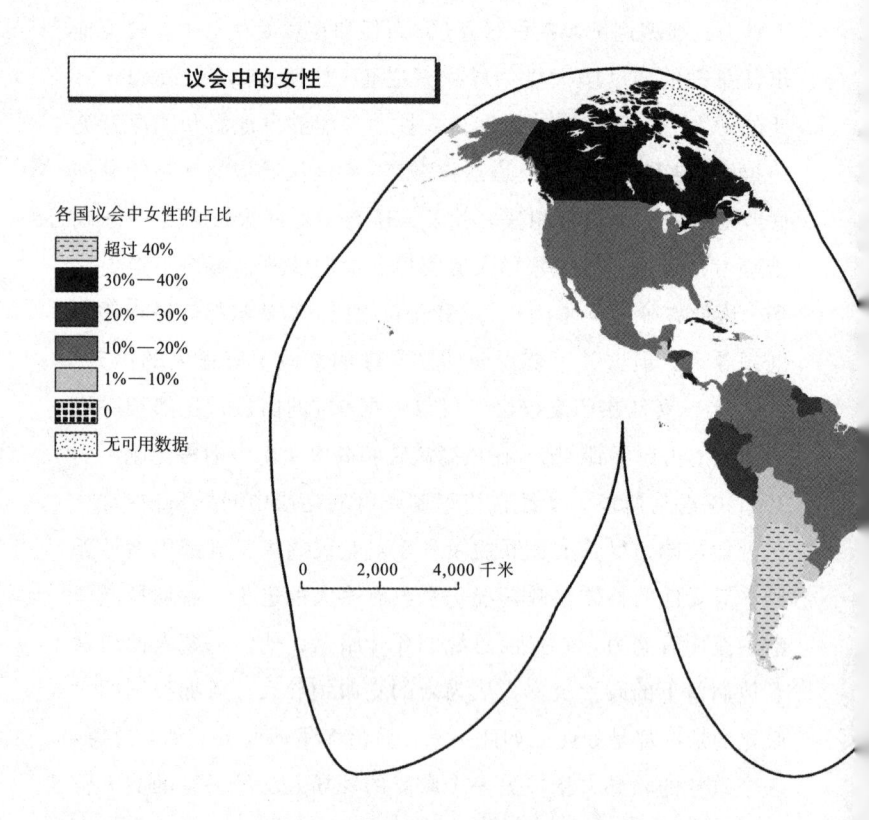

各国议会中女性的占比
- 超过 40%
- 30%—40%
- 20%—30%
- 10%—20%
- 1%—10%
- 0
- 无可用数据

图 7.4 相比于全球核心地带的许多国家,在全球边缘地带某些国家的议会或代表大会中,女性反而占据了更高的比例。在这方面,一些主要的民主国家远远落在了后面。图中的数据来自各国议会联盟(IPU)汇编的《议会中的女性:全球分类》("Women in Parliaments: a World Classification"),2007 年 6 月 30 日,参见 http://www.ipu.org/wmn-e/classif.htm

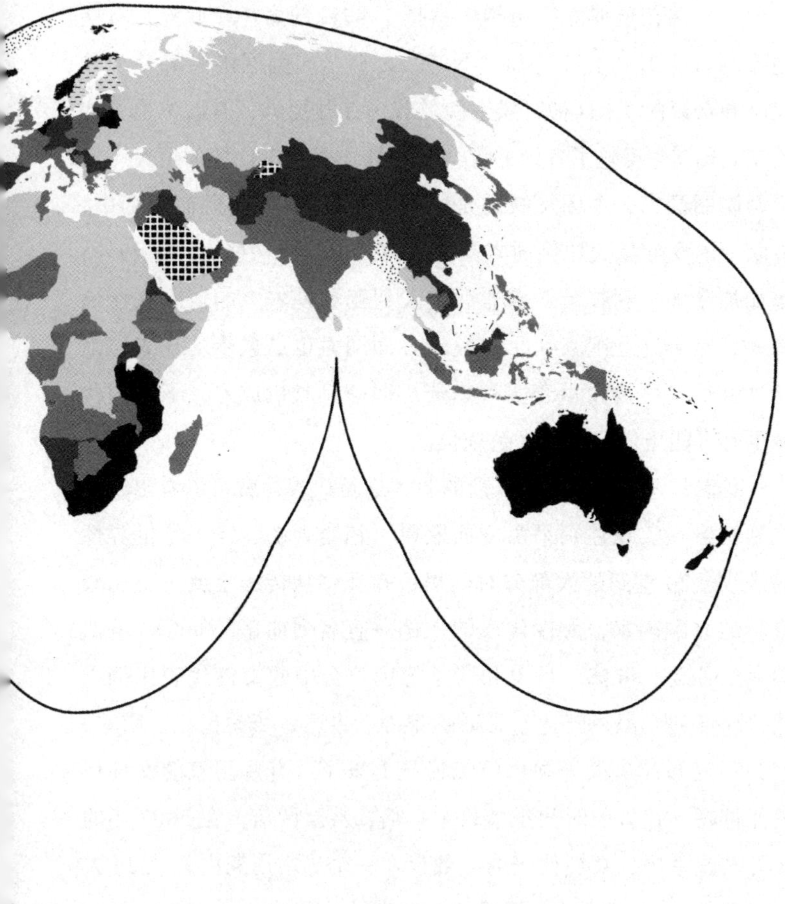

国家的民选议会和国会中,女性的数量尽管仍然不及男性,但已经有所增加。联合国的数据表明,2007年,在巴哈马参议院的15个席位中,女性占了8个;紧随其后的是瑞典,2007年年中,女性在瑞典立法机构中占据了47%的席位。此外,有些国家的议会有"上院"和"下院"之分(如美国国会就分为参议院和众议院),这种时候上院的权力往往更大,其席位也更加关键。图7.4反映了各国的议会中女性代表所占比例的情况(对于两院制国家,本图反映的是上院的情况)。在两院制议会中,下院中的女性代表比例通常高于上院,但也有一些有趣的例外,比如加拿大、阿根廷、南非、澳大利亚和爱尔兰的情况就恰恰相反。鉴于这些国家在总体政治方面同时也是进步的代表,因此这种情况可能预示着一种趋势,即一旦时机成熟,下院的代表更有可能担任政府的高级职位。

我们只要将图7.4和以前的版本进行比较,就可以看出,代议制政府在实现性别平衡方面取得了相当大的、几乎是世界性的进步。20世纪的大部分时间里,在那些从传统上就一直比较进步的北欧国家,女性代表的比例一直名列前茅。如今,虽然瑞典、芬兰、挪威、丹麦和荷兰等国议会中的女性代表比例仍然位居前列,但卢旺达、哥斯达黎加、古巴、莫桑比克、南非、澳大利亚和加拿大等国也已经追赶上来了。有些国家的女性代表比例在一代人的时间里增长了一倍,甚至两倍。在2007年的土耳其选举中,女性代表的人数仅在一个选举周期内就从24人增加到了50人,占比从不足5%增长到了近10%。

许多相对年轻的民主国家(甚至是摩尔多瓦、土库曼斯坦和朝鲜这样没有真正的民主传统的国家)在这方面也有一些进步,如此一来,全球的政治竞争似乎正在趋于公平——但我们如果看看某些老牌民主国家（其中一个甚至曾声称要把民主带到全世界）的情况，就会发现这个结论还为时过早。英国是代议制政府制度的堡垒，但它的情况让人大跌眼镜：2008年，女性在英国下议院中仅占19.7%的席位；按照这一比例，它排在朝鲜之后，但比法国好点。更令人瞠目结舌的是美国：在美国国会参议院的100个席位中，女性仅占16席（16%）；在众议院的435个席位中，女性仅占71席（16.3%）。显然，即使在全球核心地带也有不平之处。此外，图7.4还有几点值得关注。在以民主国家自居的印度，女性在规模庞大的议会两院中只占9%的席位，这种情况自2001年以来基本没有变化；实行两院制的巴西与印度的情况差不多。将这些大国的数据跟坦桑尼亚（30%）、秘鲁（29%）、阿富汗（27%）和越南（26%）的数据相比较，我们就能很明显地发现，在性别政治的世界里，小国和弱国比大国和强国更值得学习。

清除障碍

在美国，所有符合条件的公民都可以竞选公职，每一名公民都有投票权。女性选民大约占一半。如果说其他地方的竞争环境是公平的，那么在美国这个开放的民主国家肯定也是如此？然而2008年，在美国50个州的州长中，只有9位是女性，可见男性主导的现象并不仅限于众议院和参议院。那么，这种男性主导是如何形成的？它为什么能延续至今？

这种情况既有历史原因，也有现实原因；它不仅适用于美国，也适用于世界其他地区（Opdycke, 2000）。如今，"任何人都可以竞选公职或投票"似乎是一种理所当然的想法，但实际上，直到1920年美国通过宪法第十九修正案，美国女性才获得完整的公民权，该修正案规定"联邦或各州均不得以性别为由剥夺或削减美国公民的选举权"。然而早在1920年的半个世纪前，美国宪法第十五修正案就赋予了所有美国男性以投票权，"不分种族、肤色或以前的奴役状况"。显然，当女性终于有权投票（和竞选公职）时，男性在政治机构与政治体系中的主导地位已经根深蒂固。美国企业界也是由男性主导的，而且政治由金钱驱动。因此，美国企业中女性高管的比例比女性州长和女性参议员的比例还要低也就不足为奇了。2008年，在美国《财富》（Fortune）杂志评选出的500强企业中，只有2.4%的企业由女性担任首席执行官。这种"玻璃天花板"[①]和同工不同酬都是痼疾，需要几代人的努力才能消除。

在以民主堡垒自居的美国，实现性别比例代表制竟然如此困难，着实出乎人们的意料，但即使是那些比美国更早赋予女性公民权的国家，在这方面的进展也十分缓慢。归根到底，女性获得公民权是20世纪的事（图7.5）。人们常说冰岛是世界上最早的民主国家，但直到1915年它才赋予女性公民权。芬兰在女权事业上一直处于领先地位，被认为是最早（1906年）赋予女性公民权的国家之一。新西兰则声称自己是世界上第一个（1893年）正式赋予女性公民权的国家。

我们如果仔细研究地图，就会发现女性获得公民权的时间往往与政治意识形态领域的重大事件之间存在着一些有趣的联系。比如，澳大利亚联邦在1901年才正式成立，同年它就向新

[①] 玻璃天花板（glass ceiling），一般指女性在职场升迁中的无形壁垒。——译者注

西兰学习,赋予了女性公民权;英国在这方面比英联邦国家晚了17年。中国共产党于1949年掌权后立刻赋予了女性以公民权。日本在第二次世界大战中战败,并于1945年在美国的帮助下制定新宪法,赋予了女性公民权。巴基斯坦在1947年建国(从印度分离),然后立即赋予了女性公民权,印度则一直拖到了1950年。葡萄牙是最后一个赋予女性公民权的欧洲国家,军事政变和殖民战争令该国陷入了10年的动荡,直至1976年它的"革命委员会"颁布了一部社会主义宪法,葡萄牙的女性才获得公民权(它的前殖民地巴西比它早了40多年)。伊斯兰国家土耳其在其现代化创始人凯末尔·阿塔图尔克(Kemal Ataturk)的领导下,于1934年赋予了妇女权利,比希腊(1952年)早了近20年。然而,这种情况仅限于土耳其的少数现代化城市精英,在土耳其的其他地区,父权制仍然根深蒂固。萨达姆时代的伊拉克于1980年赋予了女性公民权,比伊朗(1963年)晚了近20年。科威特则在2006年首次允许女性在议会选举中投票。但是,伊斯兰世界的其他国家仍然没有赋予妇女以完整的公民权,其中不仅有沙特阿拉伯,还有利比亚和卡塔尔。

鉴于女性获得公民权的时间普遍比较晚,而男权政治已经根深蒂固,所以,尽管世界各国议会中的女性议员数量增长缓慢,但这种增长仍然让人欢欣鼓舞。在美国,女性议员的数量虽然不多,但在过去20年里已经增长了两倍;英国亦是如此。加拿大、新西兰和阿根廷议会中的女性议员数量则都增加了一倍多。在21世纪,有些国家极有可能实现男女代表权均等,还会出现越来越多的女性国家领导人。这将给世界带来什么样的变化呢?有位学者曾得出结论:"少数几位在由男性主导的政府中担任领导人的女性并没有避免对抗性政治。可即便如此,大

女性公民权

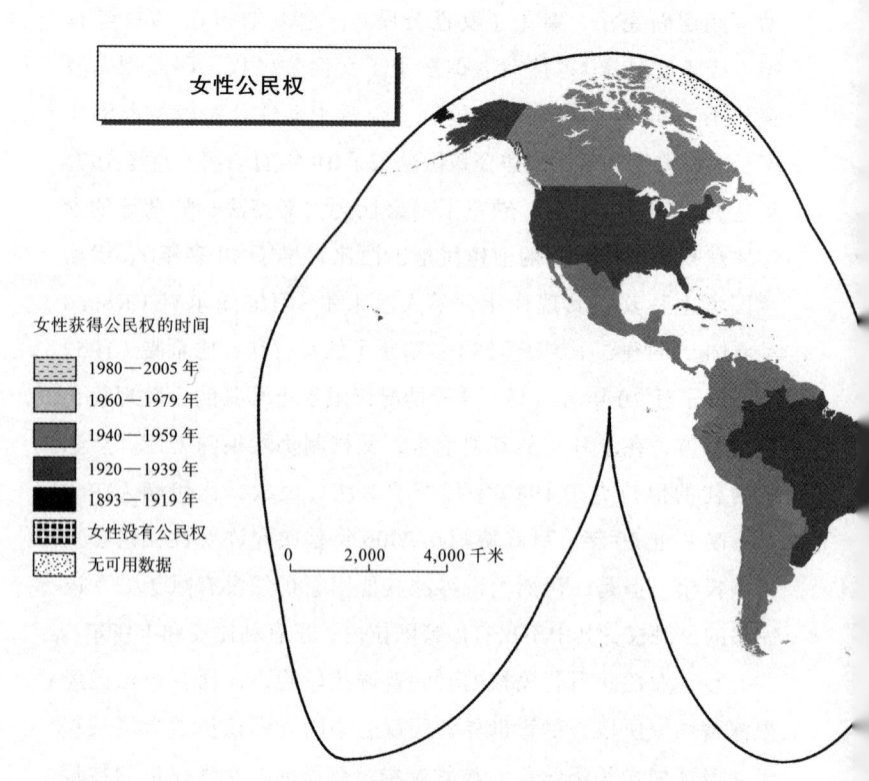

女性获得公民权的时间
- 1980—2005 年
- 1960—1979 年
- 1940—1959 年
- 1920—1939 年
- 1893—1919 年
- 女性没有公民权
- 无可用数据

0　2,000　4,000 千米

图 7.5 女性从 19 世纪末开始获得公民权，但时至今日，女性的公民权仍未在全球真正普及。数据来自各国议会联盟，参见 http://www.ipu.org/wmn-e/suffrage.htm

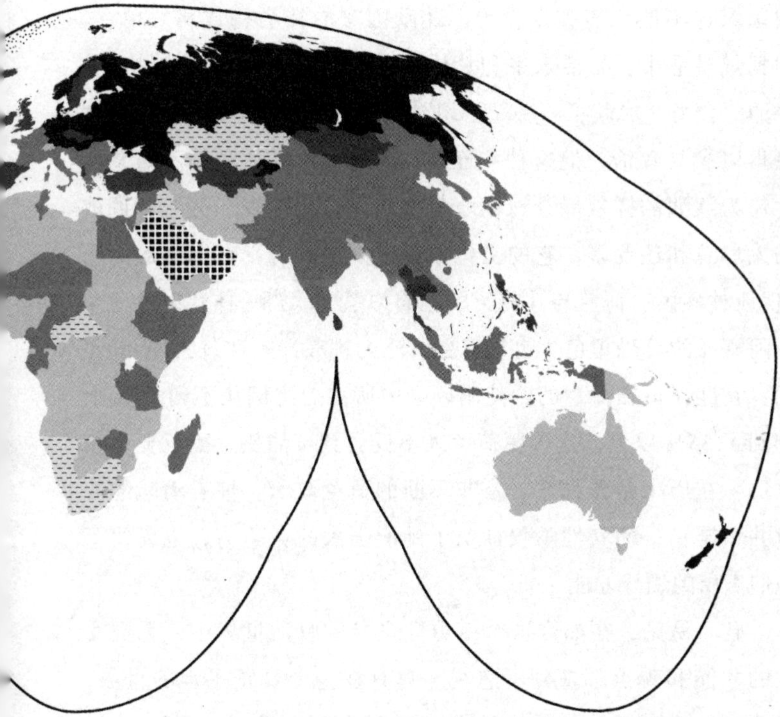

范围的民意调查仍然表明，女性与男性的政治态度截然不同。在女权意识浓厚且社会正义感强烈的环境中（比如北欧国家），当女性有机会当权时，政府的政策就会明显强调平等、发展与和平。"（Sivard, 1985）但是，跟前面提到的南亚国家一样，北欧国家也不能代表整个世界。北欧国家的社会构成相对单一，国家规模适中，生活水平和总体社会福利水平高，这些优越条件的"合力"成就了一种"平坦"，推动了社会进步，使更多女性得以参与政治，但这种"合力"仍然很罕见。我们不妨拿荷兰作为欧洲的样板展开讨论。荷兰的人口比丹麦、芬兰和挪威的人口总和还要多，它的文化地理也更加多元，它面临的问题（穆斯林移民、荷兰与其前殖民地的关系、欧盟一体化以及荷兰在阿富汗的反恐角色）也具有更广泛的挑战性。在过去的20年间，女性议员在荷兰的两院制议会中所占的比例从不到20%上升到了35%以上，这表明荷兰人不仅尝到了甜头，而且要再接再厉。在历来帮派林立、是非不断的荷兰政坛，惊心动魄的斗争并不罕见，而女性不仅证明了她们强大的竞争力，也证明了她们杰出的领导才能。

显而易见，在如今这个由男性主导的政治世界中，无数女性的才能和观点都遭到了忽视。只有在一个真正平坦的世界，这些女性才有机会"促成"男性一直承诺的那些"改变"。尽管一些女性的英雄事迹已经引起了世人的关注，但她们在大多数时候完全无法影响全球事件的走向。比如，缅甸全国民主联盟的领导人昂山素季由于反对男性军政府（我们从来没有听说过女性军政府）的恶政，在过去18年中的12年里都在被软禁，受尽了屈辱，甚至处于更糟糕的境地。然而，缅甸还是成了东南亚国家联盟（ASEAN）的成员：在这个联盟里，操纵军政府的将军们被当作代议制政府的领导人看待；各项协定不断达成，以帮助他们延续恶政。2006年9月15日，联合国将缅甸列入了威胁国际和平与安全的国家短名单，缅甸军政府随即加强了与朝鲜的军事联系和与印度的安全合作。与此同时，在这个饱受摧残的国家里，女性的遭遇惨绝人寰。

如果赋予全世界的女性以公民权以及铲除其他障碍的做法并未让世界政治版图变得足够平坦，那么图7.5所反映的不平等还有什么原因呢？尽管一些国家（包括印度）在议会中为女性保留了专属席位，但这样的措施仍然未能明显加快世界"变平"的速度。造成这种现象的因素有很多，有的可以追溯到遥远的古代，有的则根植于新近的现实，虽然世界已经开启现代化和全球化的进程，但这些因素依旧在制约着世界的每个角落。比如，虽然男女不平等早在宗教诞生之前就已经存在，但将男女区分开来并区别对待，将这一切列入教条，还将政治记为男性的特权，从而将这种不平等正式化的，正是宗教。又比如，在一个自认为民主的国家，如果最高法院的9名大法官中有8名是男性，那么当他们讨论并做出关于女性生育的规定时，我们还是会联想起遥远的过去。让我们共同期待，在遥远未来的某一天，某些政府能够采取男女代表权相同的方式来对待男女（注定）不同的命运，或某些必然背离的人生大事。在朝向这种平等的大路上，上一个世纪的人们已经迈出了最初的步伐。但在今天，无论是在最闭塞的村庄还是在最繁华的国度，性别不平等仍然在扭曲着我们对地方的想象。

第八章

权力与城市

对人类来说，城市是权力最持久的象征。城邦和帝国兴起又衰落，军队取胜又战败，意识形态流行又消散，唯有那些最伟大的城市经久不衰。如果说有什么力量能够征服城市，那它一定是自然的，而非人为的。在古代亚洲西南部、南部和东部，众多国家以城市为基础拔地而起，然而随着它们的腹地被沙漠侵蚀，这些城市最终成了气候变化的受害者。如今，在海边低地上建立起来的现代城市也无法承受全球持续变暖引发的海平面上升的影响。相比之下，主要城市的生命并不会因为政治动荡或经济崩溃（甚至是原子弹爆炸）而终结。例如，广岛和长崎曾经遭受灭顶之灾，但它们很快就因地理位置和自然条件的优势而得以重建。丝绸之路的起点长安蜕变成了今天的西安，特诺奇蒂特兰变成了今天的墨西哥城，它们都经历了腥风血雨，但最终都因地理位置、城市选址和区位优势而延续了下来。同样，罗马被称为"永恒之城"不是没有道理的。

随着现代国家变得越来越成熟，"首都"的概念应运而生，它们既是国家行政系统的中心,也是国家权力的象征。首都原本只主宰国家的腹地,但现在它们已经将权力投射到更远的地方。例如,雅典、阿姆斯特丹、马德里和莫斯科都曾是帝国的总部,由这些城市开启的殖民运动曾经覆盖全球。伦敦曾盛极一时,如果说殖民运动等同于早期的全球化浪潮,那么伦敦就是这股浪潮的代名词。巴黎同样身处全球权力和影响力网络的中心。这些首都通过富丽堂皇的宫殿、圆柱耸立的政府大楼、装饰性的凯旋门、宽敞壮观的阅兵大道和纪念雕像等城市景观,向世人炫耀着它们国家的辉煌成就。藏满了奇珍异宝的博物馆更是让这种文化优越性登峰造极,怪不得很久以前有一位观察家称它们为"首位"城市[①](Jefferson, 1939),这个概念让人记忆深刻。这种文化优越性还投射到了殖民帝国的海外殖民总部的建筑中。从达喀尔到德里,从罗安达到利马,许多殖民地城市的行政机关、火车站、邮局,甚至是远离欧洲半个地球的监狱,都带有希腊-罗马-维多利亚-伊比利亚印记,与当地的风土人情格格不入。这些位于全球边缘地带的城市就这样破天荒地成了权威和文化嫁接的中心。

如今,殖民地已经不复存在,但殖民地城市留存了下来,其中许多城市在全球化进程中成了新的权力框架的节点。城市地理学家将它们称为"世界"城市,因为它们构成了全球城市网络的一部分,它们彼此之间的那种紧密联系,甚至超过了它们各自与本国城市的联系。例如,伦敦与纽约的联系超过了它与莱斯特或利物浦的联系,迈阿密与圣保罗的互动要比它与杰

[①] 首位城市(primate city):一个国家或地区的城市等级体系中,规模最大且不成比例地大于其他城市的城市。这一概念是地理学家 M. 杰斐逊(M. Jefferson)于 1939 年在《首位城市律》(*Law of the Primate City*)中提出的。这种城市往往有着主导一个国家的人口、政治、经济、文化的影响力。——译者注

克逊维尔或奥兰多的互动更频繁。(当然,这里的互动指的是国际化人口之间、他们的公司之间和金融之间的互动;对于为承包商铺地砖的本土化人口来说,这个问题毫无意义。)全球化的这种影响带来了一个重要的结果:"世界"城市越来越多地融入全球资本主义体系,它们与"自己"国家的联系反而相对有所减少。这象征着一种超越国界的新权力,就像过去的殖民地城市代表着帝国的利益一样,这种新权力维系着世界经济的正常运转。但并非所有的大城市都是世界城市:米兰是世界城市(它联结了众多城市),但罗马不是;圣保罗是,但里约热内卢不是;孟买是,但达卡不是。

然而,这并不意味着未能进入世界城市名单的城市就没有权力的残余。无论这些城市是否与全球相连,它们都像磁铁一样吸引着流向全球化人口,城市里信息交融、人才荟萃,制造商和农民在这里出售商品,学习者在这里捕获知识。城市对其周边腹地自古以来的统治延续至今。然而,随着全球化的不断深入,城市里的世界并未趋同,而是日益分化。城市的"崎岖不平"已经达到了前所未有的程度。

如果说城市(无论何种级别的城市)一直是权力的代名词,那么在政治、宗教、意识形态或经济的权力世界中,作为各种极端社会现象纵横交错之地,城市也代表着不平等。即使你已经对农村的贫困景象感到习以为常,但当见识到全球边缘地带城市中的贫富差距时,你仍会感到震惊。全球核心地带的城市也有贫富之分,但在马尼拉、雅加达或加尔各答这样的城市面前,伦敦、洛杉矶或东京的贫富差距无疑相形见绌。关键问题是,以世界城市为传播基础的全球化究竟是缩小了城市里的贫富差距还是扩大了贫富差距?城市化及其带来的所有机会和可能性最终能让全球竞争变得更加公平吗？在社会变得更美好的过程中，城市中的贫富差距会不会成为无法根除的痼疾？城市中的贫富分化必须如此尖锐吗？城市化能使农村受益吗？

重要的里程碑

1994年3月，世界各地的报纸和电视争相报道了一个重要的时刻：在人类历史上，城市人口在地球总人口中的占比首次超过50%。虽然一些跟踪相关数据的机构并不同意这一说法，例如美国科学促进会一直等到世纪之交才发布了类似的消息，但无论如何，到21世纪头10年结束时，这件事已经确定无疑了。人类在地球上生存了大约15万年，直到最后一次冰期结束才聚集成村落，然后开始将驯化动植物作为职业，并不断精进，发展至今。大约8,000年前，一些具有区位优势的村庄开始崛起。随着城市化和国家化进程引发了一系列变革，原本在本质上平等的文化几乎在转瞬之间就走向了等级分化，这种变化如今仍在继续。一方面，最近地球人口开始爆炸式增长，城市人口的确占到了多数；另一方面，联合国即将迎来它的第200个成员。在国家化的进程中，古代的国家边界往往难以确定；如今，长达几十万千米的政治边界已经将世界分割开来——有的只是简单的标记，有的则是围墙和栅栏。划分国界的工作目前仍未结束：2007年8月，一台潜水器在北极冰层下的海床上插下了一面俄罗斯国旗。虽然此举受到了加拿大和美国等国的质疑，但要想在将来抢夺海底资源，这些保障是必需的。然而现在，随着人口爆炸接近尾声，某些地区的人口开始萎缩，全世界的国家数量和各国的版图也趋于稳定，只有城市化的进程还在继续。有人预测，到 21 世纪末，全世界的城市人口数量将达到农村人口数量的 2 倍以上。

为什么在城市人口占比何时过半的问题上，不同机构给出的答案会有长达 10 年的差距？这是因为各个机构收集数据的渠道不同。联合国的结论来自各会员国的人口普查数据（和基于这些数据的预测），但这些数据有时并不准确，甚至严重过时。有些会员国国内局势紧张，没有资金进行人口普查；还有一些会员国则有其他顾虑，比如担心人口普查会暴露国内的少数民族或宗教少数群体的数量优势。其他机构则使用抽样技术或卫星信息等方法来估算人口的变化。一些国家的城市化突飞猛进，每 10 年一次的人口普查根本无法追踪城市人口的数量变化轨迹。最后，还有一个关键的概念问题：究竟什么样的人才算城市人口？这个问题更加棘手，因为每个国家统计城市化进程的标准都不相同。一座村庄发展成什么样才能被称为城镇？加拿大对村庄的官方定义是居民在 1,000 人以内，居民人数超出 1,000 人的地方就是城镇。美国的城镇门槛是 2,500 人。但在印度，一座村庄的居民可能多达 5,000 人。在日本，一个聚居区至少要有 30,000 名居民才能被官方定义为"城市"。可见，不同国家关于城镇的标准大不相同，城市化不可能简单地概括。

显然，单纯依照人口规模来界定城市化的做法实在无法让人满意。也许更合理的界定标准是看一个地方的大多数居民从事的职业。例如，如果一个地方的大多数居民都是农民，那么这个地方无论有多大，都是农村；但如果这里的大多数居民都从事商业、制造业或其他行业，那么这个地方无论多小，都是城市。不过，对于国家（特别是全球边缘地带的那些国家）来说，掌握这些信息不仅成本高昂，而且会有很多麻烦。在有些国家，城市不仅指城镇，还包括其周边广大的农村地区，比如中国的重庆。如今的重庆已经升级为省级的"直辖市"，它的面积跟美国南卡罗来纳州相当，居民人数达到了 2,800 万。毫无疑问，按照面积来算，重庆肯定是世界上最大的城市，但实际上重庆只有不到一半的人口生活在城市环境中，而市中心真正的城区可能只有不到 700 万居民。无论如何，就算存在着各种统计误差，我们即使采用最保守的计算方法，也仍然无法否认如下事实：地球上的城市人口在世纪之交已经超过了农村人口，随之而来的是一个充满变数的未来。

走向城市世界

城市人口螺旋式增长的速度甚至超过了全球人口爆炸的速度。1800 年，世界上只有大约 3% 的人口生活在 5,000 人以上的城镇；如今，200 年过去了，地球总人口从 10 亿增长到了 60 亿，城市人口却增长了 16 倍。今天，即使在人口的整体增长率有所下降的国家和地区，如欧洲、俄罗斯和日本，城市人口仍在持续增长。许多人口学家预测，地球人口将在 21 世纪末趋于稳定，但城市化进程肯定还将继续下去。世界文明史上最重要的变革即将开启。

我们或许能从当今世界的城市化地图窥见未来的样子。显然，城市化最彻底的地区主要集中在全球核心地带，但位于全球边缘地带的南美洲是一个不容忽视的例外（图 8.1）。该地区的高度城市化有着错综复杂的原因：这里的殖民城市很早就聚集了财富和权力;土地所有权的性质与众不同;外来移民不仅征服了原住民,而且数量急剧增长,甚至超过了原住民;工业化比较集中;几个区域大国地广人稀;农村人口的增长较早放缓。地图显示,在南美洲,少数几个拥有大量印第安人的国家(玻利维亚、秘鲁、厄瓜多尔)的城市化水平要低于那些几乎完全由拥有伊比利亚血统的人口构成的国家(阿根廷、乌拉圭、智利)。在全球边缘地带的前殖民地国家,只有南美洲诸国将欧洲化进行得如此彻底,这里的城市化水平便反映了这一点。

当然,为了推动城市化,南美洲各国也付出了高昂的代价,尤其是巴西。巴西是南美洲人口最多、面积最大的国家,几乎占据了整个南美大陆的一半;在南美洲,除了两个国家,其余所有国家都和巴西接壤。全球边缘地带的其他国家可以从巴西那里得到很多关于未来城市化的启示。众所周知,巴西在多元文化方面成就斐然,但其赤裸裸的社会不公同样骇人听闻。在谈到城市化进程中的贫富分化时,人们总是拿情况最严重的南美洲举例,巴西又首当其冲。然而事实上,虽然巴西的相关数据的确令人触目惊心,但它绝非世界上唯一一个贫富差距严重的国家:有些地区的贫富分化与巴西相比毫不逊色。但不同的是,在发展机会和潜力的"合力"方面,没有哪个国家可以与巴西相比。我们可以参照如下事实:巴西的领土面积几乎是印度的3倍,但人口还不到印度的1/6。从巴西到美国市场的距离是中美之间距离的1/3。此外,在与区域邻国的联系和关系方面,巴西都要远远好于印度。然而,在今天的巴西,最富有的10%的人口拥有全国2/3的土地,控制着全国一半以上的财富(Knapp,2002);最贫穷的1/5的人口却只能生活在地球上最肮脏的环境里,这些地方的生活条件甚至比非洲和亚洲一些大

城市人口占各国家和
地区的总人口的比例

城市人口的比例
- 75% 及以上
- 50%—74%
- 25%—49%
- 24% 及以下
- 无可用数据

0　2,000　4,000 千米

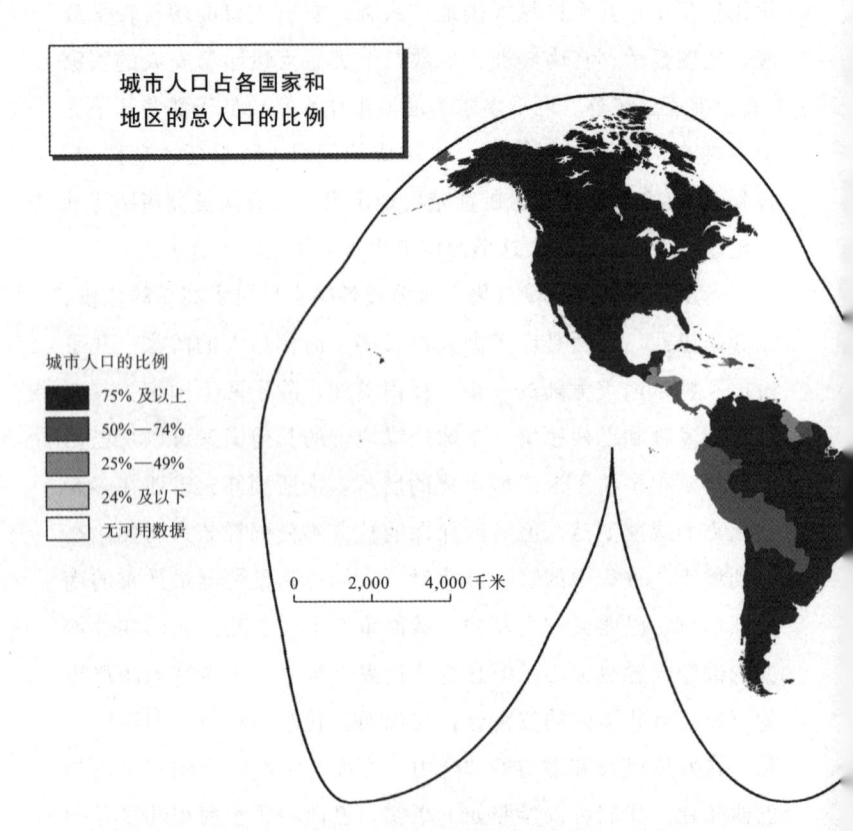

图 8.1 尽管全球核心地带的城市化程度要高于全球边缘地带,但这种差距正在逐渐消失:南美洲的城市化程度已经超过东欧。数据来源:Table G-1 in H. J. de Blij and P. O. Muller, *Geography: Realms, Regions and Concepts*, 13th ed. (New York: Wiley, 2008)

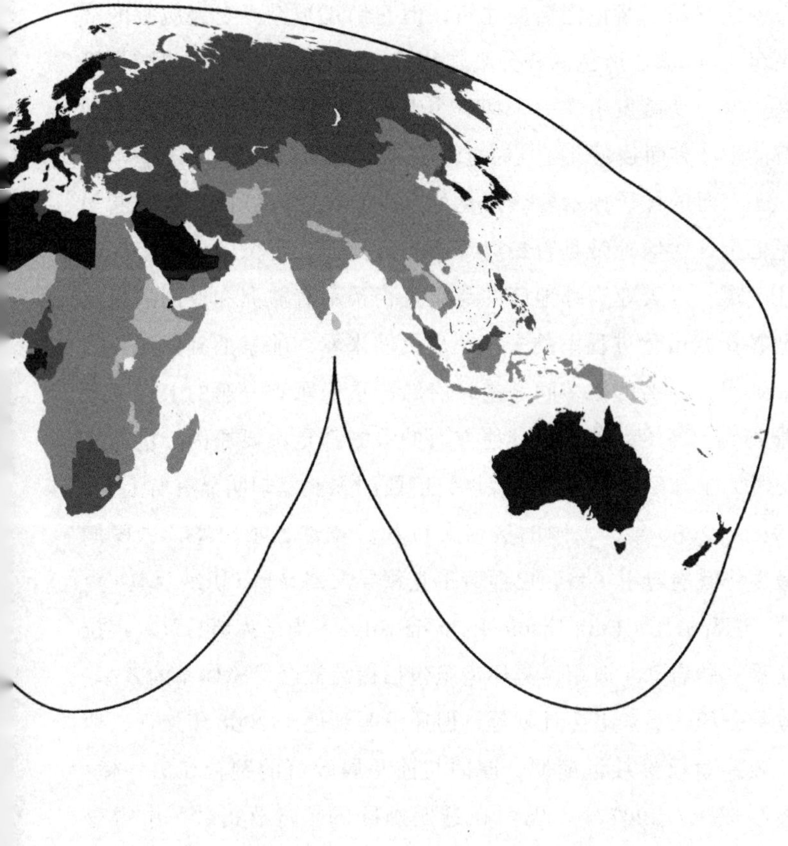

都市的贫民区还要恶劣。联合国的报告指出，虽然当今世界食物充足（并非所有人都买得起），但仍有约一半的巴西人患有某种形式的营养不良，在贫困的巴西东北部，甚至还有人在挨饿。与此同时，巴西的人文地理更是"崎岖不平"：一些中心城市拥有恢宏气派、举世闻名的建筑，但它们正被世界上最肮脏的贫民窟（favela）所包围和分割，贫穷、悲苦和犯罪在这里随处可见。这一切就发生在一个拥有丰富的矿产资源，在汽油技术和石油生产方面独领风骚且尚有疆域未开发的农业大国。

巴西的样子预示着城市化的未来吗？随着城市化的不断加速，全球边缘地带是否最终都会被裹挟，变得像圣保罗一样混乱不堪？今天亚马孙地区的命运是否预示着非洲和亚洲的自然世界在城市化进程中的未来？从目前来看，前景的确黯淡。归根到底，巴西的很多问题是政府的严重失职和普遍的上行下效造成的，环境、资源或其他方面的限制都是次要原因。世纪之交时，全球经济都在蓬勃发展，巴西的失业率却明显有所上升，1980—2000年，该国的贫困人口数量竟然翻了一番，选民们最终将政府赶下了台，巴西劳工党领导人路易斯·伊纳西奥·卢拉·达席尔瓦（Luiz Inacio Lula da Silva）当选为新总统。卢拉几乎立即启动了改革，具体措施包括提高社会保障体系的效率、改善公职人员养老金计划等，但还没等到他于2006年连任，他的政府就已经接近崩溃，原因与前几届政府的倒台如出一辙：腐败成风。2007年，巴西在透明国际的"腐败指数"中得分3.3，比2004年还要低，与印度和沙特阿拉伯的得分相近。贪污、贿赂和欺诈随处可见。因此，从税收到公共交通，从执法到公立教育，选民们就算喜欢总统，也仍然对他的政府及相关机构失望透顶。2005年，里约热内卢的几个贫民区爆发了严重的骚乱，但政府无力应对，致使这座城市的大部分地区陷入失控达数周之久。2006年，控制毒品交易的团伙袭击了圣保罗的公共汽车和其他公共交通设施，连续数日控制这座城市，以此为条件与政府谈判。这再次证明了巴西政府的无能。此外，空中交通管制和机场的管理混乱导致了数百人丧生。因此，巴西人民对于好的政治可谓望眼欲穿，然而，即使政府立即出台解决措施，这些措施也需要数年才能见效。

因此，上一段开头那几个问题的答案很可能都是肯定的。如图8.1所示，全球边缘地带的大部分地区尚未经历城市化的加速上升（南美洲在经历这一进程后，其城市化水平已经接近全球核心地带的水平了）。而在控制和引导这一进程的能力方面，全球边缘地带那些新兴大城市所在国家的政府甚至比巴西政府还要差。在非洲和亚洲最贫穷的地区，许多这样的城市正如雨后春笋般崛起：在21世纪头10年，撒哈拉以南非洲的城市化率是全世界最高的，南亚和东亚紧随其后。在这3个地区中，撒哈拉以南非洲人口最少，它的高城市化率是以较小的人口基数为基础的，事实上，这一地区只有34%的人口聚集在城市；而在拥挤的南亚，城市人口只占总人口的30%，东南亚的城市人口只占该地区总人口的39%。单就数据而言，东亚是最近几十年来城市人口增长最快的地区（43%）。中国虽然有许多规模庞大且仍在不断壮大的城市，但2008年它的城市人口只占全国总人口的37%，这一比例低于其他东亚国家，包括蒙古。根据日本的官方数据，日本有80%的人口生活在城市，但鉴于日本官方对城市化的定义比较严格，因此它在这方面的真实比例可能接近90%。

当今世界的城市化日新月异，因此图8.2反映的全球大城市分布情况只是暂时的。全球核心地带的那些城市——包括日本的东京-横滨城市群、北美东部的波纽华大都市区[①]和欧洲的老城——在这方面的变化将相对较少：这些城市的基础设施会变得越来越现代化，城市空间会不断重组，新移民也会改变城市的文化结构，但无论是人口爆炸还是突然崩溃都不会影响到它们。如前所述，唯一能改变这一预期的，只有不可逆转的环境力量。但如果真的发生了如此量级的事件，那么被改变的将远远不止地球的城市地理。与全球核心地带类似，已经完成城市化的中美洲或南美洲也不会有多大的变化。在中美洲，墨西哥城已经处于世界最大的城市群的中心，它在墨西哥国内的主导地位难以被撼动，而在墨西哥之外，似乎只有巴拿马城和后卡斯特罗时代的哈瓦那有明显的增长潜力。在南美洲，圣保罗难觅对手（布宜诺斯艾利斯虽然紧随其后，但人口还不到圣保罗的一半），但巴西的几个较小的城市（包括贝洛奥里藏特、阿雷格里港、萨尔瓦多和马瑙斯）都极具潜力，有望超过里约热内卢。

新兴特大城市

可见，图 8.2 所反映的城市人口分布情况在未来必将发生诸多变化，其中最引人注目的变化应该会发生在当今世界城市化程度最低的 4 个地区，它们未来的发展极有可能超乎预期。其

[①] 波纽华大都市区（Bosnywash），又名"波士顿-华盛顿城市带"，指的是位于美国东北部大西洋海岸，由波士顿延伸到首都华盛顿哥伦比亚特区的大都市群，包括波士顿、纽约、费城、巴尔的摩、华盛顿哥伦比亚特区等重要美国城市。——编者注

中撒哈拉以南非洲的不确定性最大；中国凭借其庞大的金融储备和日益增长的消费市场，在东亚的影响力正与日俱增。与此同时，针对非洲国家和社会的其他跨国援助行动也越来越多，这些行动如果能够协同发展并持之以恒，那么必将加速这里的城市化进程。2008年，撒哈拉以南非洲只有一座特大城市——拉各斯，这座混乱不堪的大城市在未来将迎来若干竞争对手，包括正在蓬勃发展的金沙萨、阿比让、亚的斯亚贝巴和内罗毕。此外，罗安达、阿克拉以及位于撒哈拉以南非洲和信仰伊斯兰教的非洲北部之间的过渡区域的喀土穆也充满了成长潜力，还有一些意想不到的地方也可能突然开始蓬勃发展。

尽管撒哈拉以南非洲仍然存在卫生健康等方面的问题，但该地区目前拥有近8亿人口，加上其史无前例的人口增速，到2020年该地区的人口预计将超过10亿。在政治地理上，该地区被分割成了40多个国家，因此它在政治和行政上缺乏连续性，城市化进程也难免受挫。虽然非洲的大多数边界都是殖民时期遗留下来的，未能得到有效划分，但该地区的文化地理错综复杂，因此这里的流向全球化人口即使能够轻易跨越国界，也无法轻易融入目的国的普通民众当中。近期的津巴布韦就是一个很好的案例：由于该国现任总统罗伯特·穆加贝（Robert Mugabe）施行恶政，人们既深恶痛绝又倍感失望，于是纷纷迁居别处，仅在2008年估计就有300万难民逃往别国，特别是邻国南非。他们有些被边境巡逻队或林波波河（两国的天然分界线）沿岸农民拦截，有些则能够成功越境，然后奔赴位于威特沃特斯兰德山脚、以约翰内斯堡为中心的豪滕省。但南非的失业问题也很严重，非法移民往往很快就会被当地人发现并被南非当局遣返。在种族隔离时期，南非的大城市无法自由发展，

世界主要的大都市区

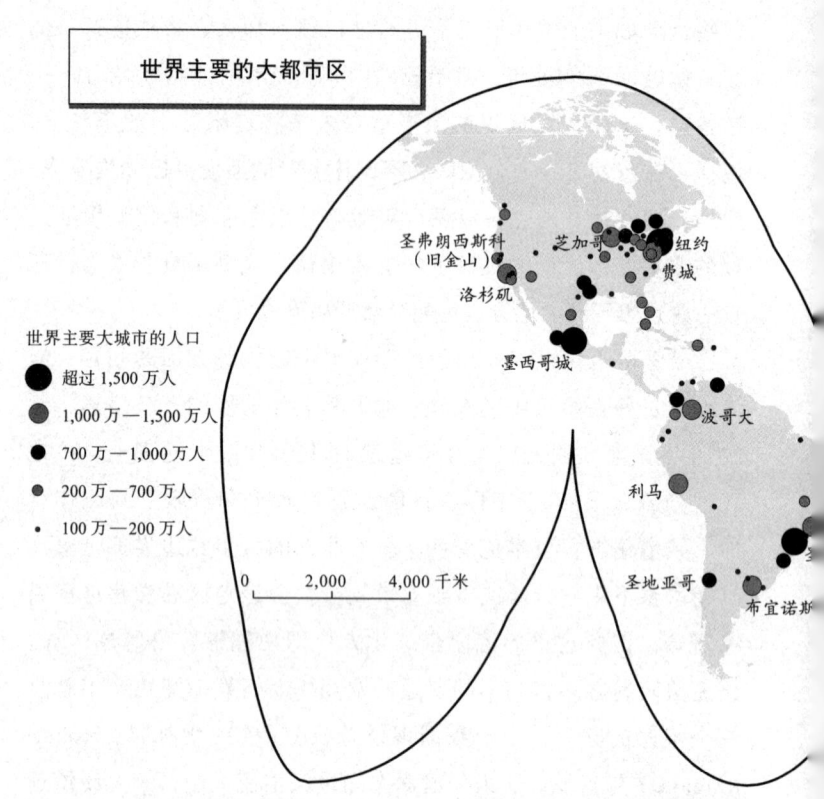

世界主要大城市的人口
- 超过 1,500 万人
- 1,000 万—1,500 万人
- 700 万—1,000 万人
- 200 万—700 万人
- 100 万—200 万人

图 8.2 2008 年世界主要大城市的人口情况。本图根据众多数据来源绘制而成

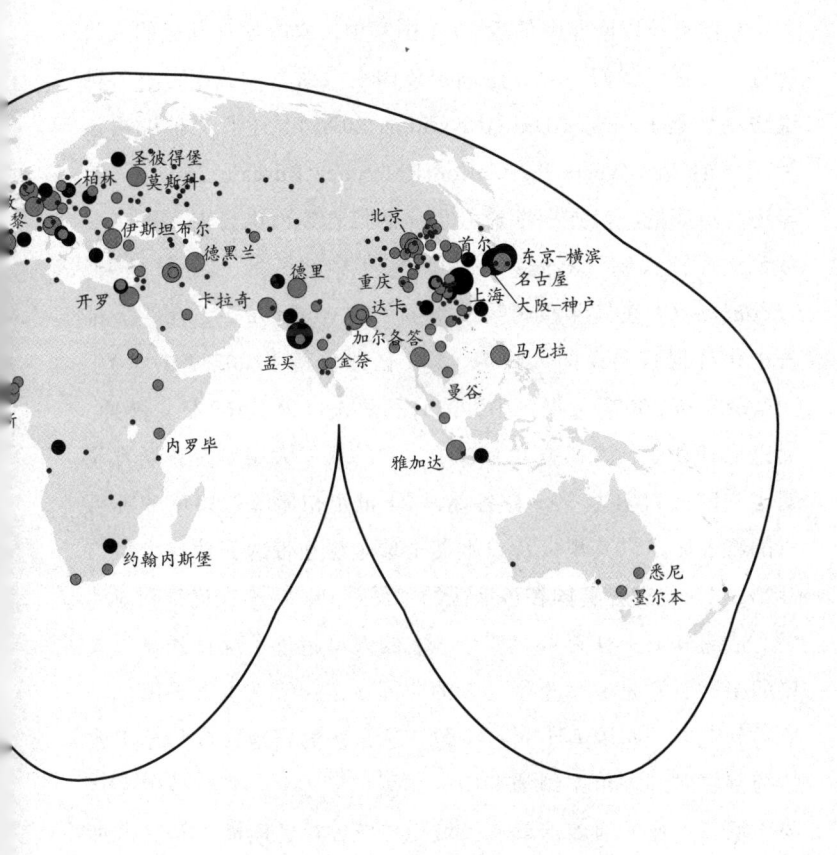

但解放后，随着国内移民的大量涌入，它们迅速繁荣起来，若不是因为那些国境，南非的这些大城市即使赶不上拉各斯，也足以媲美金沙萨。

在撒哈拉以南非洲的近 50 个国家中，只有尼日利亚的人口超过了 1 亿。我们一直无法确定该国人口的具体数据，有一种说法认为是 1.34 亿（United Nations, 2006），还有一种说法认为是 1.41 亿（World Population Reference Bureau, 2007），甚至还有更高的。就连一些通常可靠的信息渠道也会因为提出多种说法而让人感到不解：在 2007 年年中的某月，《经济学人》（Economist）在其年度《数字世界》（"World in Figures"）报告中声称尼日利亚的人口为 1.271 亿，在其《2007 年的世界》（"World in 2007"）报告中称尼日利亚人口为 1.462 亿。然而，无论尼日利亚的人口究竟有多少，它的第一大城市拉各斯都说明了它的人口实力——拉各斯是 21 世纪初撒哈拉以南非洲唯一的特大城市，其规模足以媲美全球边缘地带的其他特大城市（图 8.3）。它曾是英国在该地区的殖民首府，后来在尼日利亚建国时成为其第一任首都。如今，它的人口超过了尼日利亚总人口的 10%。它是一个土生土长的非洲城市：绝大多数居民都是尼日利亚人，跨国人士只占少数，这么多的当地人口凸显了政治分割在非洲城市系统演变中的作用。事实上，早在被殖民之前，尼日利亚的西南部就有了城市传统，拉各斯模式与其他拥有特大城市的国家的发展模式别无二致：国内移民从小城市迁往大城市，最终向最大的城市聚集，而不是直接从农村迁往大都市。在尼日利亚，这样的小城市还有很多，比如尼日利亚第二大城市伊巴丹就位于拉各斯的辐射范围之内。

然而，拉各斯比圣保罗更能生动反映政府治理的失败。作

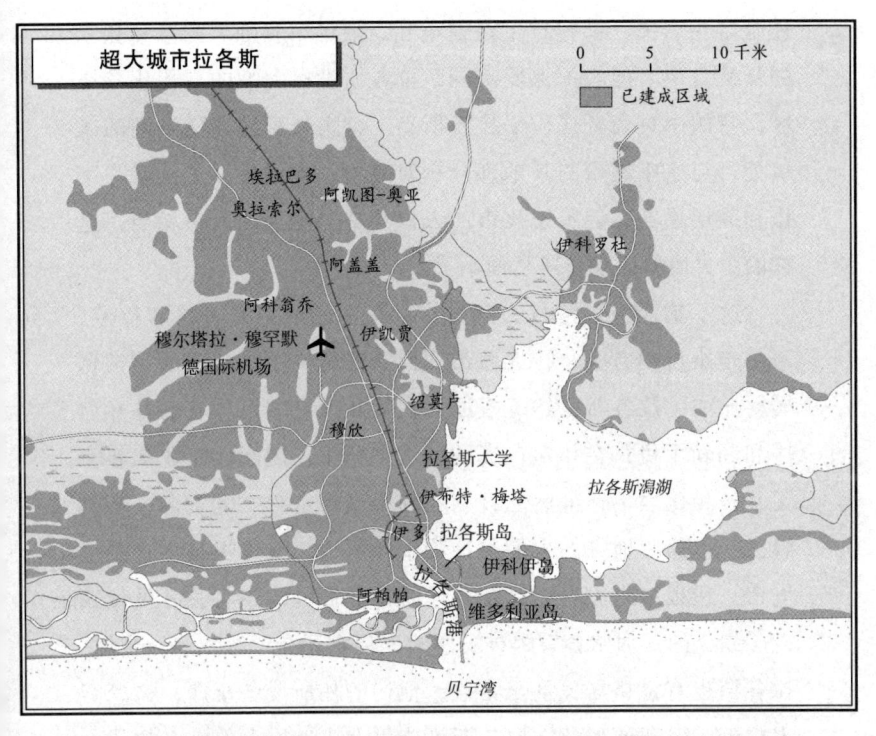

图8.3 作为撒哈拉以南非洲的第一座特大城市,拉各斯的城区范围极广。制图比例足以反映拉各斯现有的城市规模之巨大

为一个国家,尼日利亚长期缺乏行政诚信和执政能力,长期管理不善的拉各斯也复制了这一点。如今无序发展的拉各斯仿佛一团乱麻,即使最有能力的政府也无法将其捋顺。人们对于各种法律、规则和条例(无论是关于分区的、交通的、市场的还是关于财产的)一概视而不见。暴力就像腐败一样遍地滋生,政府为了改善公共安全环境,经常开展"以钱换枪"行动,但收效甚微。老旧的内城房屋破败不堪,垃圾遍地的棚户区更是世界上污染最严重、设施最匮乏的贫民窟之一。无论是新移民

还是常住居民，都整日生活在炎热、潮湿、肮脏、拥挤和频繁的骚乱之中。但与圣保罗不同，拉各斯没有大型的现代化核心区；它的中央商务区位于拉各斯岛上，正处于拉各斯潟湖的入口处，与这座城市的其他部分相对隔绝；这里聚集了大量写字楼和高层住宅，但鉴于该市的人口与整个荷兰的人口相当，这样的中央商务区规模还是偏小了。

这不禁让人思考权力和城市的关系。权力是否具有权威，不一定跟规模有关：特大城市的拥挤混乱恰恰使其无法正常运转。比如，拉各斯虽然规模庞大，却并没有城市该有的井然秩序和勃勃生机；在相对广袤的城市空间里，国际性企业却寥寥无几。相比之下，虽然尼日利亚的小城镇富含文化资源，各具魅力，但这些地方的人们往往为生活所迫，最终还是得奔赴大城市。在很多人心目中，拉各斯就是非洲的加尔各答，虽然缺乏（如今的）加尔各答那样的魅力，但它还在继续发展。当然，拉各斯也有富裕居民甚至富豪，他们的住所戒备森严，严禁穷人靠近。但即便如此，拉各斯可能仍然比世界上的大多数特大城市都要更"平坦"，因为这里的绝大多数居民都很穷，住在伊多的老式瓦楞铁皮顶棚屋里的常住居民和阿盖盖以北郊区的新移民一样贫穷。拉各斯之所以像一块磁铁吸引着人们，一方面是因为这里的港口和工业区提供了大量工作机会，另一方面是因为尼日利亚的其他城镇和农村条件太差，逼迫人们逃往拉各斯——对于如此巨量的人口迁移，政府并没有设置任何障碍。

非洲其他的新兴特大城市也呈现出了类似的特点，特别是刚果（金）的首都金沙萨和科特迪瓦的阿比让。金沙萨（和拉各斯一样）承载了全国10%的人口；而居住在阿比让的居民不仅有来自国内的，还有来自国外的，相对于科特迪瓦的2,100万人口来说，阿比让的人口接近400万，已经显得过多了。但是，随着人口的不断增长，阿比让的财富却日益减少。这里曾经是法国的殖民首府，拥有既优雅又现代的中央商务区。因此，科特迪瓦独立后，阿比让无可争议地成了首都。科特迪瓦在独立后的头30年里一直实行一党制，专制但高效的统治带来了社会稳定和经济繁荣。在此期间，阿比让的经济也略有增长。但随着首任总统在20世纪90年代去世，稳定的局面被打破，动荡随之而来，两次军事政变接连发生，长期被专制政权压制的南北分裂倾向（在某种意义上是穆斯林与基督徒的分裂）发展成了一场内战。随着社会秩序的瓦解，前所未有的大量移民涌向了阿比让，使这座城市的基础设施不堪重负，郊区很快变成了拥挤的棚户区。人口的爆炸式增长正在将这个本就容纳了全国近1/5人口的城市从非洲城市的典范变成一片混乱。政府的失败又一次给城市带来了厄运。

既然权力寄生于城市，那么为什么政府所在的城市会面临如此严峻的挑战呢？实际上，如今的圣保罗和拉各斯都不是它们各自所在国家的首都，巴西和尼日利亚的政府都放弃了他们在特大城市的总部，逃到内陆小城建都。巴西曾长期将拥挤的里约热内卢作为首都，直到1960年迁都巴西利亚。拉各斯于1975年失去州首府的地位，又于1991年开始不再作为尼日利亚的首都，尼日利亚联邦政府于这一年迁到了毗邻该国地理中心的阿布贾。从那时起，圣保罗和拉各斯的市政府就一直在抱怨联邦政府领导人无视他们的问题，然而联邦政府之所以选择迁都，正是因为这些问题非常棘手。就连功能相对完善的阿比让，也让科特迪瓦的第一任总统无法忍受，他在掌权后期决定迁都到一个叫亚穆苏克罗的内陆村庄。在新首都建造政府建筑群的过程中，他下令建造一座与梵蒂冈圣伯多禄大教堂规模相当的教堂，即亚穆苏克罗和平圣母大教堂（Notre Dame de la Paix）。阿比让的非天主教徒对此十分愤怒，他们走上街头示威抗议。尽管亚穆苏克罗最终还是成了科特迪瓦的官方首都，但许多政府机构仍旧留在阿比让，一些外国政府（包括美国政府）拒绝承认新首都，并将驻科特迪瓦大使馆留在了阿比让。

亚洲的巨无霸城市

然而，南美洲和非洲所发生的一切都无法与亚洲发生的事情相提并论。无论是城市的数量、形式多样性还是规模，南亚、东亚和东南亚的特大城市都在向21世纪的世人宣告：随着地球上最集中的人口进入城市化，世界将进入一个新时代。让我们用数字来解读这条信息。仅中国的人口就比南美洲和撒哈拉以南非洲的人口之和还要多。南亚预计将在2010年超过东亚，成为世界上人口最多的区域，到2025年，南亚的人口将占地球总人口的近1/4。即使南亚、东亚和东南亚这3个区域的城市化水平还不到全球核心地带的一半，这几个区域的很多特大城市（如孟买、德里、加尔各答、达卡、上海、北京、马尼拉和雅加达）也已经足以反映其城市化水平。想想看：达卡的人口比希腊还多，马尼拉的人口比比利时还多，德里的人口比智利还多，而孟买的人口马上就要超过整个澳大利亚。

未来，这些城市中的几个巨无霸城市以及其他新生城市（有些甚至还没有出现在地图上）将在各个方面（首先是规模，其次是实力）与全球核心地带的大城市相媲美。在全球边缘地带的特大城市中，圣保罗和墨西哥城的人口数量已经超过了纽约和伦敦，与东京不相上下，但它们都无法威胁到这三座城市在全球金融或商业方面的主导地位。而且，如前所述，巴西和墨西哥政府都无力出台任何政策以提高自身的竞争力。相比之下，中国现代化的新兴城市彰显了中国共产党在经济和政治方面的治理能力，印度城市经济的庞大规模也会弥补其联邦政府的低效。上海和北京用超现代化的天际线彰显着它们的现代化和实干精神。虽然孟买和德里还带有比较浓重的殖民印记，但随着国际交往的日益频繁和印度国内经济的高速增长，这两座城市正在成为全球化网络的重要节点。人们把这些城市称为"门户"城市，因为它们敞开了大门，欢迎外国公司进入，并促成了外国公司与国内的跨国公司之间的合作。但是，并非所有的特大城市都是门户城市（Short, 2000）。在非洲，拉各斯的门户功能就与它的规模不甚匹配，这反映了尼日利亚目前的经济困境。在南亚，卡拉奇、达卡和科伦坡也由于各种原因而未能有效地发挥门户城市的作用。在东亚的那些不属于全球核心地带的区域，中国东部沿海的特大城市是门户城市的典范，但中国的内陆城市（如哈尔滨、包头、成都和昆明）的人口虽然都在逼近 500 万，却也无法成为"门户"城市（由于其他原因，平壤仍然处于全球体系之外）。在东南亚，新加坡、曼谷、吉隆坡和胡志明市的排名超过了雅加达和马尼拉。然而，无论这些城市的规模和地位如何，亚洲城市网络的节点和联结都在与日俱增，为外国势力的渗透提供了方便，有些人对此持乐观态度，有些人则担心本地和本民族的经济和文化会因此受到伤害。

城市化和全球化

全球化的支持者认为，全球化为所有人的发展扫除了障碍，赋予了每个人以平等的机会和可能性，反对者则认为，全球化抬高了流向全球化人口和本土化人口的发展门槛。哪种观点才是对的呢？这场争论多年来甚嚣尘上，始终没有定论，原因很明显：全球化的关键舞台在城市中。虽然全球化进程也会影响城市以外的地方，但其具体行动都是在城市中展开的。而且，全球化对许多人来说意味着太多东西，根本无法被简单定义。鉴于"全球化"一词的内容错综复杂，一些观察家认为，人们在使用这个概念时必须加上修饰词，如"经济"全球化、"文化"全球化或"政治"全球化。比如，对于经济全球化，最有效的定义可能是"通过贸易、外国投资（企业投资和跨国企业）、短期资本流动、劳工和人口的跨国流动以及技术流动，使一个国家的经济融入全球经济"（Bhagwati, 2004）。在全球化的支持者看来，一个国家的经济融入全球经济就意味着现代化、互利和更多的机会。而对反对者来说，全球化意味着传统、族群和自决权的丧失。无论如何，全球化的渠道和最终目的地都是城市，而城市的发展本就表明了全球化的无处不在。

托马斯·L.弗里德曼在思考全球化的文化问题时，将"全球本土化"（glocalization）这一概念重新定义为"文化的外向度：对外来影响和思想的开放程度"。他认为："你的文化越是自然地'全球本土化'，也就是说，你的文化越容易吸收外国思想和借鉴全球最佳实践，并将其与自己的传统相融合，那么你在一个平坦的世界就越有优势。"（Friedman, 2006）但是，并非所有的经济全球化行为都采取了"最佳实践"。比如，在面对"为什么这么多伊斯兰国家在世界变平的过程中一直在挣扎"这个问题时，很多人都会用"缺乏开放性"来回答，但迪拜是一个例外。人们在提到迪拜那壮阔的现代化进程时，不禁会想起南亚工人在阿拉伯国际化人口那里遭遇的恶劣对待，这肯定不是"最佳实践"。此外，尽管全球化在全球边缘地带的特大城市中不断推进，那里的本土化人口也希望参与其中并获得"全球本土化"的回报，但他们时常受挫。根本原因在于，无论是在移民、工资水平方面还是在思想流动方面，外国公司和本国政府在全球化当中利益一致，它们都希望控制全球化的进程。至于"全球本土化"的影响，也就是全球化下的文化景观，情况也不理想。譬如，墨西哥的"保税工厂"城市（maquiladora cities）里遍布低矮的、往往像足球场那么大的厂区，还有巨大的停车场、单调简陋又拥挤的公寓、被污染的河道以及遮天蔽日的烟雾。毋庸讳言，全球化创造了工作机会，数千万本土化人口和流向全球化人口都想抓住这些机会；但我们不要误解他们的动机。没有人会为了庆祝自己吸收了外国思想和全球最佳实践而去上班。

至于政治全球化，相关讨论已经趋于白热化了。有些观察家断言，全球化能够直接或间接地促进民主："得益于现代信息技术的发展，如今的农民能够绕过统治阶级和种姓，将他们的产品直接推向市场，他们自古以来受到的霸权集团的控制也因此而变得宽松。……（这）可以使他们成为政治舞台上更独立的行动者，有更民主的期待。"（Bhagwati, 2004）另一些人则认为，相对于农民获得的机会，真正的关键在于全球核心地带富裕的、被企业行为驱动的政府通过全球经济的"一体化"来操控一切，并以此压制穷国的弱小政府。在某些情况下，他们的观点是世界末日式的:"资本主义精英占有了这个过程……为了达到自己的目的,他们不惜牺牲由更广大的群众组成的社会、文化和环境。按照目前的做法,全球化也许是迄今为止人类社会遇到的最大的威胁。"(Murray, 2006)这些批评者还指出,在那些依赖全球化来发展经济的国家,个人与家庭的收入和支出已经变得越来越不平等。因此,全球化是一个"增长但不平等"的过程。他们还警告说,许多国家虽然目前正在经历经济的快速增长,但未来肯定会发生社会动荡。

人们经常引用基尼系数(Gini coefficient,缩写为 GC)来衡量收入差距,该系数的数值范围在 0(一个国家每个人的收入完全相同)与 1.0(一个人拿走全国所有人的收入)之间。这种方法是意大利统计学家科拉多·基尼(Corado Gini)的开创性贡献之一,因此人们以他的名字为其命名,意在用一个数学公式来衡量一种现象在某一领域的分散程度,比如经济收益在人口中的分布情况。银行和其他很多机构都会追踪各个国家的基尼系数,也正因为有这个系数作为证据,巴西才会被认为是富裕(的少数人)和贫穷(的多数人)分化最严重的国家。一些国家正在全球化的浪潮之中迎头追赶,它们的基尼系数也在攀升,某些国家的基尼系数甚至已经超过了巴西(由于基尼系数难以确定,所以存在争论是很正常的)。比如,由于众所周知的原因,20 世纪 70 年代初,中国经济还未开始腾飞,它的基尼系数非常低。但到了 1993 年,中国的基尼系数与 20 年前相比已经有所上升。与此同时,各项指标表明,印度的基尼系数(0.38,可能被低估了)也在上升,其中受全球化和城市化影响最大的那些邦的基尼系数上升最快。财富分配变得越来越不均衡,一个关键原因是城市和农村之间的收入(和收入增长)分化。尽管全球化使得世界经济在整体上不断增长,最贫穷人口的境遇也稍有好转,但他们的世界正在变得更加崎岖,而不是更加平坦,因为他们被城里人甩得更远了。

对最近这股全球化浪潮(欧洲人在世界其他地方的殖民活动只是全球化的几种早期表现形式中的一种)持悲观态度的人认为,"先前的那种世界体系、那种由某些西方大都市或资本主义大都市及其企业主导的体系……仍然存在,只是强度和范围有所改变"(Ahmad, 2003)。显然,城市是行动的中心,但并非所有城市的地位都彼此平等。就连经济全球化的支持者也承认,由于企业的权力和决策往往集中在大城市,因此全球城市的等级分化不可避免,全球核心地带的顶级城市在整个网络中将成为主导。我们只要看看一座城市拥有多少企业(例如世界500强企业)的全球总部,再评估一下这座城市在国际商业网络中作为指挥所的综合实力,就可以衡量其影响力(Sassen, 1991)。然而,全球化的世界瞬息万变,一些城市突飞猛进,另一些城市则踟蹰不前。长期以来,全球化的三巨头一直是纽约、伦敦和东京;位于第二梯队的则是企业全球总部较少但区域总部较多的那些城市,比如巴黎、洛杉矶、法兰克福,以及全球核心地带之外的新加坡(图8.4)。再往后就很难排名了,因为剩下的城市基本没有世界500强企业的总部,即便有一些区域性公司将总部设在了这些城市,其规模和实力也很难衡量(Taylor, 2004)。

曾经有不止一位分析人士将如今的情况与殖民时期的全球化进行对比。当时,欧洲各国的首都做出经济和行政决策,"殖民城市"则负责将其传达给任由帝国统治者摆布的殖民地。分析人士认为,今天的世界并没有比那时候的更加平坦。虽然专

推动全球化的大城市

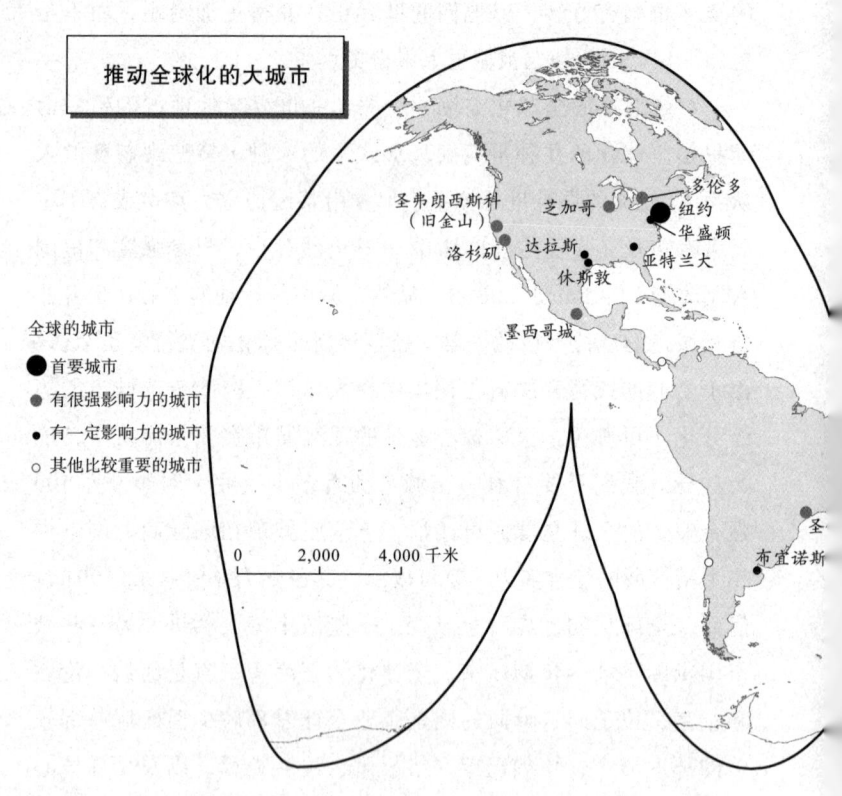

全球的城市
- ● 首要城市
- ● 有很强影响力的城市
- • 有一定影响力的城市
- ○ 其他比较重要的城市

图 8.4 按照各大城市在全球化进程中的作用对它们进行排名不仅不合理，而且充满了偏见。虽然多数人都能认同纽约、伦敦和东京是世界上主要的三大城市，但除此之外人们再无共识。本图有众多版本，数据来源主要包括 B. J. Godfrey and Y. Zhou, "Ranking World Cities: Multinational Corporations and the Global Urban Hierarchy," *Urban Geography* 20, no. 3 (1999), p. 268，以及格兰特与尼基曼（Grant and Nijman, 2004）、肖特（Short, 2000）和泰勒（Taylor, 2004）

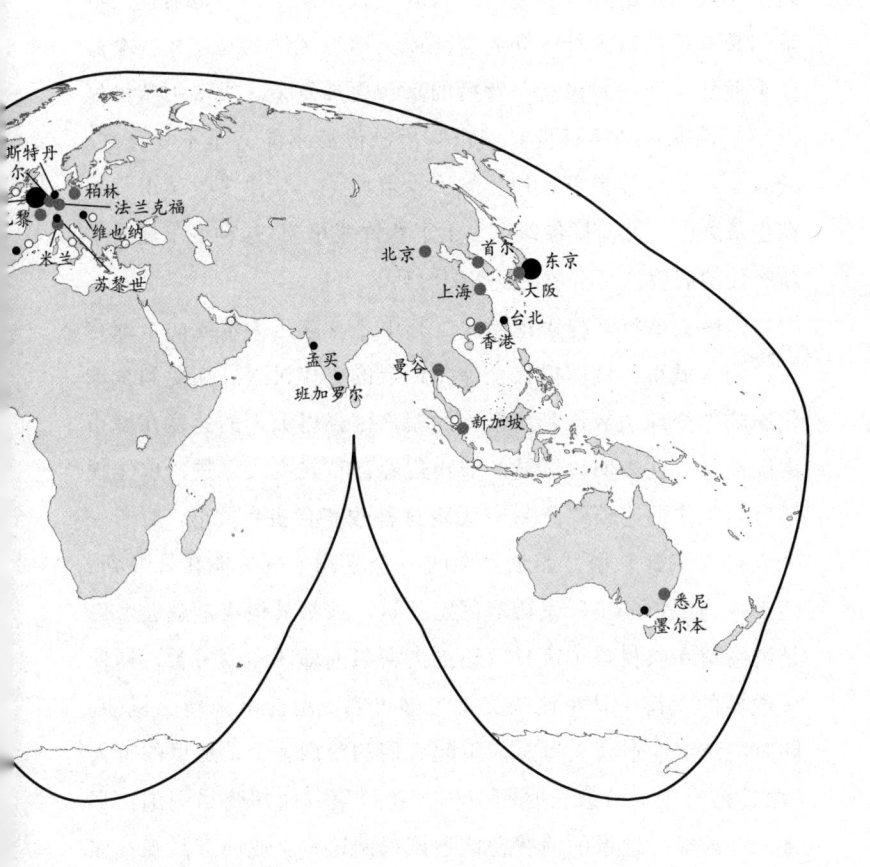

斯特丹
尔
巴黎 柏林 法兰克福
维也纳
米兰 苏黎世

北京 首尔 东京
上海 大阪
台北
香港

孟买
班加罗尔 曼谷
新加坡

悉尼
墨尔本

属于外籍人士的郊区和哥特式行政大楼不见了，但取而代之的是门禁森严的富人社区和光鲜亮丽又冰冷无情的写字楼。全球性企业成了新的殖民者。背后的真相更加复杂。很多由殖民城市衍生而来的"第三世界城市"早已停滞不前甚至不复存在。随着全球化席卷世界各地，除了少数城市，其他多数城市都处在变革之中（即使拉各斯也发生了些许变化），这种变革反映了新时代的面貌，而不是在照搬旧时代。

这些变革有多种表现形式，其中之一就是大量流向全球化人口涌入城市，试图抓住全球化创造的工作机会。在受到全球化影响的全球边缘地带，巨大的棚户区正以惊人的速度在城市周围蔓延，这表明该区域的非正规经济正在突飞猛进，也体现了有偿工作的连锁效应——无论这种效应有多么微小。对于一个农村大家庭来说，如果家中的一个或几个成员能在拉各斯、达卡或马尼拉的工厂里赚取固定工资，那么其他成员就会考虑是继续留在农村艰难度日，还是去新兴的郊区闯荡一番；即使最微弱的支持（只要这些支持足够可靠）也能带来新的机会。同时，纺织业血汗工厂总能引起人们的激烈争论，那里的工人（尤其是女工）被迫长时间劳作，在报酬方面却受尽剥削：那么，全球核心地带的消费者该不该抵制这些企业的产品呢？如果这些工厂为工人提供了获得解放的机会，那么它们的产品销量一旦因为抵制而下滑，岂不是会给这些工人的未来造成变数？你只要看看这些地区有多少过剩劳动力，就知道后一种情况才是最有可能的结果。无论怎样，这个问题的确凸显了全球化龌龊的一面，也是被批评者们憎恶的一面。难道这样的低薪工作真的让就业环境变平了吗？还是说，它本就意味着全球化带来了越来越严重的不平等？

权力的形象

特大城市如雨后春笋般涌现，在全球化的推动下，这些城市不断更新基础设施，以方便其运行。此外，城市的地理格局也日新月异。这方面最突出的表现就是天际线现象，从吉隆坡到台北，"越来越高"成了世界各地的大城市中那些国际化人口的一致愿景，这两座城市近年来都曾创下世界最高建筑的纪录，也在迪拜马上就要创下新纪录。人们在追求"越来越高"的同时，也在追求现代主义，比如上海的东方明珠塔和于2008年开放的101层的上海环球金融中心不仅向世界展示了工程师的高超技术，还充满了未来主义色彩。但从许多方面来看，更引人注目的还是要数新型中央商务区，它们在较小的区域内聚集了高大的写字楼、酒店和公寓，外国公司的业务机构、银行和其他金融机构以及国内公司的办事处都会集中在这里办公。由于跨国公司之间经常有业务往来，因此地理上的集中的确能够提高效率（Grant and Nijman, 2002）。

曾几何时，"权力景观"指的还是那些资源大国的大型工业综合体，当时冶炼钢铁的能力被视为衡量国家实力的标准之一；如今，这一概念已被赋予了新的内涵，指向了特大城市中的全球化中心，在这些城市中进行的企业决策、金融交易和生产者服务成了衡量城市权力的标准。在中国，一些反全球化人士认为这是一种新型的治外法权，即城市的部分地区成为当地人无法进入的禁区，这不禁会让人联想起19世纪的（合法）租界，这些地方同样禁止没有得到授权的中国人进入。

全球化每到一个地方，还会给当地带来其他影响。有些中心城市的商业地理可能会因为功能的转变而发生变化，一种商业模式可能让位于另一种商业模式,不加区分的高速"现代化"可能会破坏文化遗产,而且这种破坏是无法挽回的。中国的首都北京在获得2008年夏季奥运会的主办权之前,就已经深受环太平洋地区的全球化的影响了;基于多方面的考虑,政府对北京的历史街区进行了整体改造,一些居民搬到了这座城市最外围的八车道环路以外的郊区公寓楼里。这些场景的背后是邻里关系的消亡——这些居民有着共同的历史,甚至与远方老家的村落保持着联系,老家的来客可以在这里落脚,调整状态。

无论如何,城市化和全球化将继续如影随形,以不可阻挡之势改变世界,因此,我们最后要讨论的就是农村问题了。虽然农村人口的占比不断下降,但农村发生的变化的剧烈程度与大城市相比毫不逊色。比如,随着农村地区人口密度降低,生活水平提高,土地压力减少,污染减轻,自然生态复苏,农村社会将会变得"平坦"吗?城市化程度日益加深的世界会不会比过去更加谨慎地看待非城市地区的文化和自然遗产?在这两个问题上,人类迄今为止的做法都令人失望。从能源到水资源,从金属到木材,从纺织品到食物,城市人对地球的索取远远超过农村人。城市人口在全球总人口中的占比超过50%就像一座里程碑,而城市人口每年消耗的资源是农村人口消耗量的10倍以上。对具体的国家和社会而言,这种失衡甚至更加严重:在某一时期,美国的人均资源消耗量是孟加拉国的30倍以上;在某些特定的资源方面,一个以色列人每天的淡水消耗量要比一个巴勒斯坦人每天的淡水消耗量的4倍还多。让我们换一种思路:如果美国那种高度城市化的消费模式成为全球的通用模式,那么我们至少还需要4个地球才能维持人类的生存。

因此,城市化进程的加速并没有使全球竞争变得更公平。

城市的大肆扩张除了会造成直接影响（农田被城市侵占；棚户区加速蔓延，其中的径流污染日益严重；垃圾围城不仅会污染环境，还会威胁到城市群的中心区域），还会带来间接影响（主要是城市居民对农村地区的无度索取，包括饮食习惯、建筑行为等）。比如，城里人吃的肉比农村人吃的多得多（除非受到宗教信仰的限制），而高收入给了他们这样的权力；麦当劳实现了全球化，但你只能在城市里见到它。作为一个成功的商业案例，麦当劳在全球的渗透无疑具有象征意义，但在农村，它却导致了很多毁林放牧的行为，因为人们饲养的禽畜是汉堡包的重要原料。跨国建筑商和家具制造商也给森林带来了压力，虽然有关砍伐森林的决定权在那些森林管理者（包括中央政府、省级政府和私人业主）手中，但全球企业的财力往往会压倒对环境的重视。

在很多情况下，加速的城市化给农村地区带来的最大的影响涉及能源需求和水资源供应。媒体报道总是聚焦于中国和印度对石油和天然气的需求，却很少关注煤电在这两个国家的大肆扩张。中国正在建设数百座燃煤发电厂以满足城市的需求，印度也紧随其后，而已经完成城市化的美国（历史上大气污染最严重的国家）正在重新考虑将核电作为能源选项（美国大约20%的电由核电站发出）。中国的一些城市偶尔会受到断电的困扰，其电力需求将在10年内超过美国。但根据其规划者的预计，到2020年，中国核电站的发电量将不超过中国用电总需求的4%。

在全球边缘地带的农村地区，城市化对能源的需求导致了狄更斯笔下的那种景象。全世界每年都有成千上万的矿工死在不安全的煤矿中——是的，**成千上万人**。试想一下，如果这个数字的一小部分发生在核电事故中，会激起多大的反响。然而，反对核电的游说团体一直拿"安全问题"作为自己最关键的说辞。无论如何，煤炭造成的伤害（无论在地面还是在地下）成了内陆地区为了满足城市的需求而必须付出的代价。全球核心地带的媒体很少关注全球边缘地带每年的事故伤亡人数，美国媒体甚至不会深入探讨西弗吉尼亚州或犹他州东部等地偶尔发生的致命煤矿事故的根源。城市的强势和农村的弱势不只关乎农场和森林。城市的权力也关乎人类自己的生死存亡。

第九章

次国家单位的机遇和危机

尽管国际化人口通过全球城市网络,给农村的本土化人口造成了极大的影响,但这些本土化人口并非没有展示自己力量的方式。在当今世界,无论是在全球核心地带还是在全球边缘地带,发生在或发源于农村的抗议示威都屡见不鲜,它们要反对的正是首都和董事会会议室里做出的那些决策或行动。比如,法国农民如果发现经济改革威胁到了自己的利益,就会走上巴黎街头示威游行,偶尔还会发生暴乱。他们打出的标语往往会注明示威的原因,有时也会标注某个地区的名字;有时候,他们打出的不是标语,而是某个省(département)的旗帜。这些做法都是在提醒政府:农民也是一个实体,他们既有共同的经济利益,也有情绪共鸣。在南非,夸祖鲁-纳塔尔省农村地区的村民们举行了集会,抗议城市里的法庭对他们的副总统发出的强奸和腐败指控;在他们眼中,审判这位副总统就等于是在对他背后的祖鲁民族发起政治攻击,他们不仅要呼吁正义,还要争取从南非独立出去。

虽然我们的时代是一个全球化和世界"扁平化"的时代，但我们也见证了人类的另一个古老倾向的回潮：领土要求。互联网的发展不仅打破了国际化人口之间的信息壁垒，也唤醒了本土化人口的权力意识和自治意识，激发了本该被经济全球化化解掉的民族主义和种族抱负。在这颗分裂成了近200个国家的星球上，欧盟率先将27个国家纳入了一个多国实体，这个实体旨在整合各个成员国的经济，协调它们的法律；但沙文主义的广泛复兴造成了欧洲悖论，几次三番扭转全球化的融合进程。欧洲的许多地方，包括一些省、地区和其他实体，都在谋求更多自决权，它们并不希望与世界整合到一起。这种矛盾是一个全球性的难题，因为人们之所以发起各种"超国家"联盟、协会和协议，比如北美自由贸易协定（NAFTA）、东南亚国家联盟（ASEAN）、亚太经济合作组织（APEC）和海湾阿拉伯国家合作委员会（GCC）等，都是为了减少国家间的不和，包容地方的权力，而非助长分裂，煽动地区主义。

欧洲的放权也许跟国家的大小和人口规模有关。虽然欧洲对世界影响很深，但它是由很多小国组成的，这些小国在有限而拥挤的空间内创造了最大价值。如果真的出现了一个欧洲合众国，那它将是一个真正的经济超级大国，并且很有可能也是一个政治超级大国；如果这个合众国的政府取代了欧洲各个国家的政府，国际化人口或许会欢欣鼓舞，但本土化人口恐怕会惶恐不安。在现实的欧洲一体化进程中，欧盟各成员国的政府往往态度积极，各国的本土化人口则只能转向与自己更亲近的次国家单位寻求安慰。然而，欧洲一体化进程也为地方（省、地区、社区或州）的政治活动、文化主张和经济自主提供了空间，一旦本土化人口意识到了这一点，这些地方（尤其是具有显著的民族身份的地方）就会成为本土化人口创造新的、更强的身份认同的基础。由此可见，欧盟的一体化试验虽然降低了国家间的壁垒，促进了全球化运作，但也强化了人们对乡土的依恋，为他们构建了新的心理地图。例如，如果英国没有加入欧盟，就永远不会有那么多苏格兰人支持苏格兰独立；苏格兰如果成了一个独立的"国家"，就可以成为欧盟等级制度中的第三级实体，这一预期激发了苏格兰的民族主义，而在现实中，它与英格兰和威尔士一样，只是英国内部的第一级实体。在全球化进程中，无论是英国还是欧洲的其他地方，甚至世界各地，国家的组成单位都得到了升级，这与全球化的初衷南辕北辙。

从这个角度来看，只有次国家单位才是地方的力量在地理上的终极体现：对于一个参与到全球化进程中的民族国家来说，这些次国家实体代表了本土化人口的真正目标和愿望，他们坚持自己的历史和文化身份，不惜对抗全球化浪潮。如果你生来就是巴斯克人、科西嘉人、波什尼亚克人、库尔德人、俾路支人、图西人、加利西亚人以及其他正在展开此类对抗活动的族群的成员，那么你就注定要融入其中，或者至少会受到它的影响。面对这些活动，如果人们能采取交易策略，那么结果往往是皆大欢喜。然而，这些活动一旦演变成暴力，就可能毁掉整整几代人（Moss, 2008）。

次国家单位以及它们在演变中的角色

"次国家单位"（subnational unit）一词已经被用来指代一切虽然重要但比国家要低一级的领土实体，它们可以指有限的空间（例如省、县或区），也可以指某种集体身份和信念，这种集体身份和信念能够超越边界，在国家内部形成一种非正式但有凝聚力的势力。如果一个次国家单位的权力部门与其所属国家的中央政府严重不和，或者它的意识形态或文化力量可能威胁到国家的发展和稳定，它就会引起国际社会的关注。这时，国际社会就可能会采取调解或干预等措施。全球已经达成了共识：除非出现特殊的、完全不受控制的情况（如南斯拉夫解体），否则次国家单位不得分裂国家。

由此可见，许多国家之所以能够以"国家"的名义在地图上留存下来，是因为外部力量和内部向心力的共同作用压倒了内部的分裂倾向，这种倾向来自历史深处，而且往往还在不断加深。比利时就是一个很好的例子：众所周知，比利时是一个被文化一分为二的国家，北方讲弗拉芒语（比利时荷兰语），南方讲法语，前者的地理名称是佛兰德，后者则叫瓦隆尼亚。但事实上，比利时的五个讲弗拉芒语的省份中，只有两个省的名字含有"佛兰德"，而且北方的"首位城市"安特卫普并不属于这两个省中的任何一个（图 9.1）。可尽管如此，佛兰德作为一个次国家单位的称谓，仍然要比由南方的五个讲法语的省份组成的瓦隆尼亚更引人瞩目，因为它不仅定义了一种语言，也定义了一种特殊的政治文化。在西欧经济和文化的发展过程中，佛兰德是一个具有历史意义的独立实体；瓦隆尼亚则是对比利时南方较为贫穷的内陆省份的统称。但这并不意味着瓦隆尼亚地区的人民就没有自己的追求。最近，在比利时转为联邦体制后，五个讲法语的省份开展了一场轰轰烈烈的国际广告攻势，宣传瓦隆尼亚的区域、位置、经济和社会资产，并称其为"欧洲心脏地带最适合做生意的地方"。这些广告和商业宣传片完全

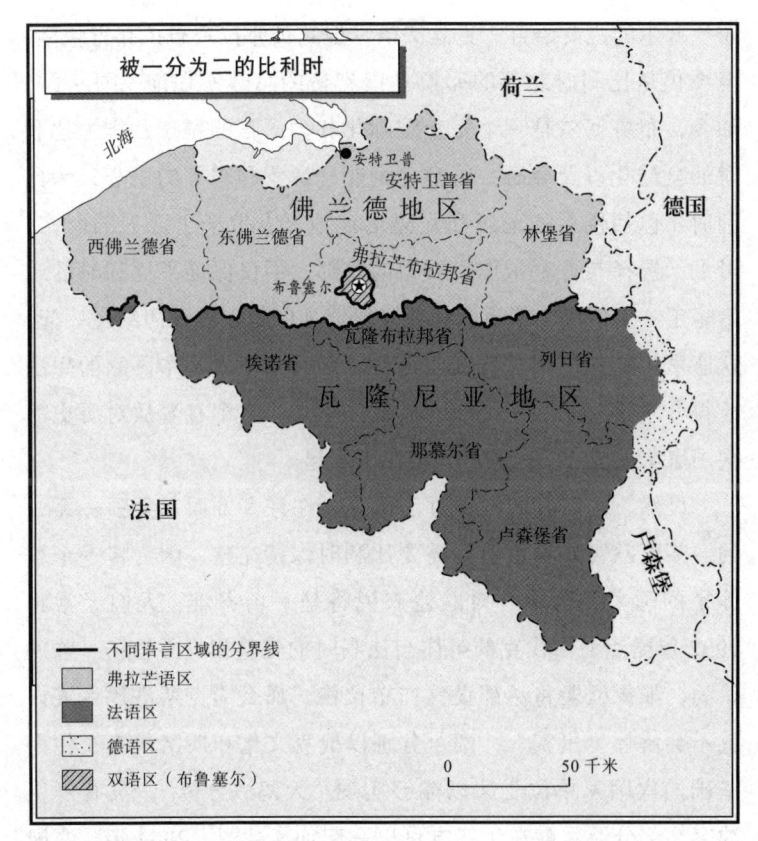

图 9.1 比利时复杂的地理条件

没有提及"比利时"这个词，但又小心翼翼而明确无误地提及了该地区使用的"世界语言"（法语）。

自 20 世纪 20 年代起，讲弗拉芒语的省份就经常使用明目张胆的政治话语影射分治的需求。比利时最终之所以没有沿着语言分界线分为两个国家，就是因为其首都布鲁塞尔在二战后成了欧盟的总部。巧合的是，布鲁塞尔只是一块小"地方"，面积只有 162 平方千米（约 63 平方英里）。无论过去还是现在，布鲁塞尔的主要语言一直是法语,但它被弗拉芒布拉邦省包围,至今仍是比利时北部的弗拉芒语省份的总部所在地(图9.1)。如今,布鲁塞尔是一个完全国际化和多语言的城市,作为比利时的全球化以及金融、行政、企业、运营和服务的中心,为比利时(包括佛兰德地区和瓦隆尼亚地区)带来了巨大的财富。可见,选择布鲁塞尔作为欧盟的总部,不仅保证了比利时的政治稳定,也使佛兰德地区和瓦隆尼亚地区得以继续团结在一起,这座城市特殊的相对位置使得将比利时分裂成两个国家的想法显得非常不切实际,可能性极低。于是,两个有着敌对历史的次国家单位被"国际胶水"粘在了一起。

显然,比利时的方案过于罕见,在许多方面都是独一无二的。甚至欧盟本身也迫切需要比利时保持完整,因为将一个解体了的国家作为中心对欧盟来说将是一场灾难。人们经常将1992年捷克斯洛伐克的解体与比利时的完整相提并论;一些人认为,如果欧盟将总部设置在布拉格,那么捷克斯洛伐克或许就不会解体。事实上,两个分别以捷克文化和斯洛伐克文化为基础的次国家单位之所以能够实现"天鹅绒分离",没有发生冲突,部分原因就在于双方可以一起加入欧盟,2004年,两国一起实现了这个愿景。然而,解体也带来了代价,斯洛伐克政府软弱无能、任人唯亲、腐败不堪、侵犯人权——尤其是在处理国内的罗姆族(吉卜赛人)和匈牙利族等少数民族的问题上。在更开明的政府于1998年上台之前,这个国家可谓阴云密布,甚至一度被国际社会孤立。当然,欧盟的建设性协助也改善了斯洛伐克当地人的生活,它不仅为斯洛伐克带来了经济效益和补贴,还对当地的社会状况进行了审查。从这个意义上说,欧盟的存在减少了壁垒,提高了政府透明度。然而,捷克斯洛伐克的解体和解体后发生的一切却成了次国家单位的领导人谈论分裂愿景时的说辞，这实在有违欧盟的初衷。

世界"变平"能够加快经济全球化，激发国际化人口的活力，而国家的分裂显然与之背道而驰。一旦国家分裂了，企业的准入和渗透就会变得更加困难；此外，如果分裂后的次国家单位之间还有矛盾，那就需要额外的谈判甚至妥协。一组谈判就有可能变成两组甚至多组谈判（南斯拉夫的情况即是如此，自从黑山独立后，一组谈判变成了六组谈判——这还不算科索沃）。20世纪90年代，苏联解体，产生了15个独立国家，其中的许多国家（包括格鲁吉亚和哈萨克斯坦）内部还有主张独立的更小的次国家单位。此外，那些位于全球边缘地带的前欧洲属地也在和类似的离心力进行斗争。政治分裂的周期远未结束；次国家单位的地位蒸蒸日上，世界地图也在不断更新。这一切与我们所说的"变平"相去甚远。

在面对这种压力时，各国会采取不同的措施。欧盟几个较大的成员国已经重新配置了行政框架，这对上一代人来说完全是不可思议的。西班牙仍然自称王国，但它已经从佛朗哥时代那种权力高度集中的独裁国家（持续到1975年）变成了由17个"自治区"组成的综合体，每个自治区都有自己的议会和行政机构，控制着规划、公共工程、文化事务、教育和环境事务，甚至在很大程度上控制着国际贸易和商业。每个自治区都有权与马德里的中央政府就自己所期望的自治程度展开谈判，这一过程尚未结束，预计将持续到2012年。

西班牙模式有自己的优势，因为各个自治区可以在自己的政治、文化和经济压力威胁到国家的稳定之前自行化解这些压力，不过其中也充满了风险，包括"永不满足"的现象：当一个自治区的某项需求得到满足后，它又会提出更激进的需求；显然，它的最终目标是独立和分离。例如，西班牙在1980年的一次全民公决中赋予了4个"地区"以更大的自决权，于是其他地区也纷纷要求自治，这一进程至今尚未结束。虽然其中3个地区（加泰罗尼亚、安达卢西亚和加利西亚）的自决之路一切顺利，最后一个地区——巴斯克地区的选民也通过了政府的提议，但少数巴斯克人拒不接受，他们当中的一群恐怖分子发起了爆炸和暗杀活动，到目前为止已经造成了超过800人丧生，而且他们的活动尚未结束。巴斯克"民族"拥有自己独特的语言（不属于印欧语系，也与西班牙语无关）和文化，其人口不到西班牙总人口的6%。他们居住在西班牙中北部沿海地区的一个小角落，这里与法国西南部接壤。巴斯克分离主义组织"埃塔"（ETA）声称，他们的领土范围比西班牙地图所示的巴斯克自治区的范围要大。由于动用了暴力手段，这样一个小小的次国家单位已经在多个维度上主导了西班牙的政治，并影响着马德里的中央政府与其他自治区的关系。

西班牙模式的另一个内在风险与财政有关。各个自治区提出的权力要求之一就是自己控制公共开支，而西班牙中央政府的确慷慨地允许它们保留更多税收收入（在最近与马德里的谈判中，加泰罗尼亚自治区政府要求保留50%的所得税收入，而此前的协议规定的是33%）。自治区政府对此感到满意，但如此一来，中央政府各部门就不得不缩减预算。相应地，它们的权力会被削弱，影响力也会下降。政府的批评者认为，这是联邦主义在作怪，但实际上，西班牙中央政府也是由各个自治区的代表组成的，这些代表不会干涉任何让资金流向自己选区的行动。就这样，首都马德里作为传统权力中心的地位正在被削弱，各种行动也越来越集中在"次国家"层面。其中，呈三角形的加泰罗尼亚位于西班牙东北角，以巴塞罗那为中心，其人口占到了全国人口（4,600万）的1/6，它拥有自己的语言，自认为是一个独立的国家；它的出口额约占全国的1/4，工业出口额占全国的40%。虽然西班牙的每个自治区都有自己的宪章，但没有哪个自治区能够获得加泰罗尼亚那样巨大的自决权，可见经济实力可以转化为政治影响力。此外，在政治、文化和经济方面，巴塞罗那具备成为首都的所有条件，跨国企业如果想要在伊比利亚建立业务，几乎不需要通过马德里。在加泰罗尼亚，一直有人呼吁独立，于是该自治区的宪章不得不在字里行间谨慎地寻找平衡：加泰罗尼亚人是一个"民族"，马德里则代表了他们的"国籍"——西班牙国籍。

由此可见，无论是国家的中央政府还是次国家单位的政府，都必须谨慎对待那些呼吁分权的声音。在英国，面对日益高涨的民族主义浪潮（在苏格兰很突出，在威尔士也很明显），英国政府的回应在占主导地位的"国家"英格兰造成了意想不到的后果。在玛格丽特·撒切尔与约翰·梅杰（John Major）的保守党执政时期，苏格兰民众要求自治的呼声越来越高（苏格兰民族主义者则直接要求独立），但英国政府拒绝了分权的要求，也拒绝就民族主义的要求展开谈判。苏格兰是工党的大本营，而工党当时是在野党，但苏格兰当地媒体并没有特别关注政党政治，而是竭力反映公众的意见。虽然苏格兰民族党要求独立的意愿最为强烈，但也有很多选民支持扩大自治权。媒体评论集中宣传了苏格兰独特的文化、领土和人口（媒体经常将其与欧盟的正式成员国丹麦相提并论）、资源（包括从北海的石油和天然气储备中获得的"公平份额"）以及苏格兰在科技领域的历史性作用。1997年，布莱尔（"新工党"）政府把保守党政府赶下了台，为英国确定了新的发展方向，苏格兰和威尔士都可以自行决定是否设立代表大会。1999年，苏格兰议会和威尔士的"国民"议会举行了第一次选举，政府的分权压力明显得到了缓解。苏格兰议会还获得了更广泛的自治权，包括收税权和执法权。这些举措从总体上缓解了几十年累积起来的分离主义紧张局势。

然而，意想不到的后果出现在了英格兰。首先，英格兰人无权在苏格兰议会中投票或发言，但苏格兰人可以当选英国议会的议员，从而做出主要会影响到英格兰的决策〔苏格兰人戈登·布朗（Gordon Brown）于2007年成为首相〕或影响这些决策，许多英格兰人认为这有失公允。其次，既然苏格兰和威尔士可以自治，那么公认的英格兰地区为什么不可以？实际上，还真有一张获得了欧盟授权的英格兰地图，将英格兰分成了伦敦（已经有了自己的议会）和其他8个地区，但这些地区并没有表现出太多的认同感和效仿的意愿（图9.2）。2004年，英国政府曾经试图为这些地区分别建立一个议会，并在其中的"东北英格兰"地区对这一计划进行表决，结果78%的选民反对这一计划，于是整个计划都被终止。然而，调查结果显示，人们拒绝该计划的原因是担心地方的权力会落到地方机构手里，而地方机构无法保护地方的利益。很明显，英格兰各地区缺乏足够的凝聚力，除了约克郡和康沃尔郡，西北英格兰或东南英格兰等地区都不具备苏格兰或威尔士那样强烈的区域认同感。

然而，这并不意味着苏格兰的自治和双重影响不会引起英格兰人的反感。人们根据这幅地图讨论了其他的可能性，其中之一是建立一个由12个次国家单位组成的联盟：这样的联盟可

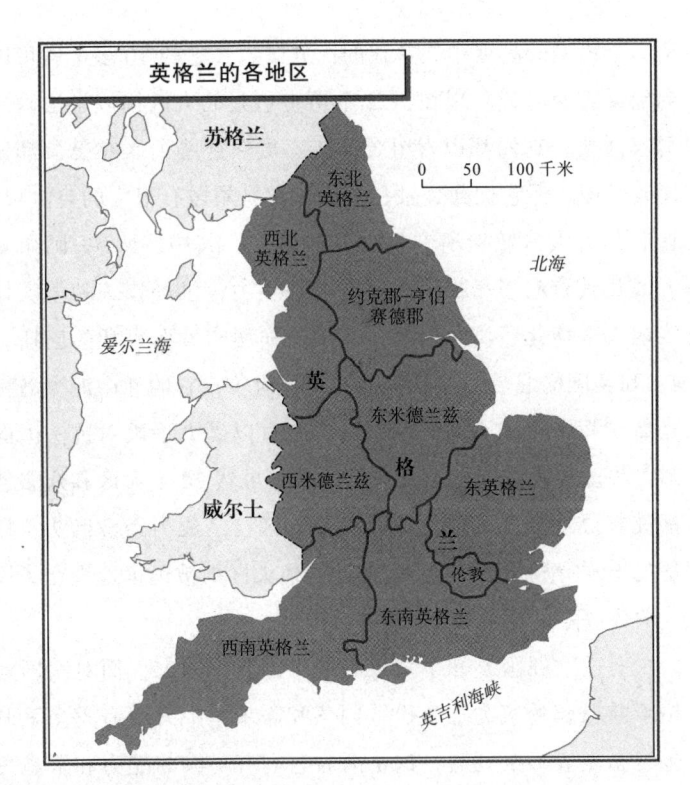

图 9.2　欧盟划分的英格兰各地区

以避免英格兰独自支配其他地区的看法（和现实）。现在，就连危机四伏的北爱尔兰也有了自己的民选议会，如此一来，英国的 4 个次国家实体中，就只剩下英格兰没有自己的议会了——而它承担了这个国家运转的大部分费用。由此可见，在英国，一个次国家单位的分权需求引发了连锁反应，其前景尚不明朗。

在上述案例中，都有一个或多个次国家单位因为各种原因而崛起，它们有的强硬地反对中央集权，有的则温和地要求增加自治权。欧盟的其他成员国也有过类似的经历。例如，法国曾是一个典型的高度中央集权的民族国家，它的80多个省可以追溯到拿破仑时代。现在，22个历史悠久的大区构成了法国的次国家框架，它们都由省组合而成。虽然这些大区在巴黎都设有代表机构，但它们在金融、发展和贸易领域有很大的自主权，其首府作为大区政府所在地也受益颇多。其中，罗讷-阿尔卑斯大区及其首府里昂拥有雄厚的经济实力，已经作为独立实体直接融入全球化经济。但是，法国同样面临着西班牙的巴斯克"国"和英国的北爱尔兰所面临的那种纷争：它的地中海大岛科西嘉岛在几十年间不断发起叛乱，一直以暴力手段对抗法国的控制，甚至殃及法国本土。在意大利，虽然20个大区和众多省份都没有寻求独立，但北部的一些大区已经成为经济巨头（特别是皮埃蒙特和伦巴第），南部的其他大区则被远远地甩在了后头，情势危险。

在上述欧洲国家和全球核心地带的其他国家，面对次国家单位不断增长的实力、身份认同感和需求，中央政府大多采取了包容态度。归根到底，这是因为它们有足够的能力和资源去主导这一过程。在加拿大，魁北克省法语区（和加拿大其他讲法语的地区）的民族主义者时不时发起挑衅并要求独立，联邦政府长期采取包容政策，最终在1995年允许魁北克进行了省内公投；结果，希望留在联邦的选民以微弱优势击败了希望独立的民族主义者。当然，在这个过程中也发生了一些暴力事件，但考虑到魁北克的规模和它面临的问题的难度（在全国的3,300万公民中，仅魁北克省就有约800万人），加拿大政府的处理方式从总体上来说堪称典范。此外，作为世界上文化最多元、合法移民比例最高的国家之一，加拿大应对原住民的土地要求的方式也值得学习：重新绘制国家行政区划图。加拿大最近一次绘制行政区划图是在 1999 年，当时加拿大建立了因纽特人自治领地——努纳武特地区，将哈得孙湾以西的广大地区以及从南安普敦岛到埃尔斯米尔岛的所有岛屿都包括在内，占据了加拿大全部土地的 1/5（图 9.3）。加拿大联邦的灵活性给加拿大的社会秩序、和平与稳定带来了不可估量的红利。

全球核心地带的艰难时刻

欧洲和北美的这些成功故事很容易让人以为，只有全球边缘地带才会遭遇严重的次国家单位问题，但事实并非如此。经济繁荣往往能够促进政治妥协；如果一个国家的邻国政局稳定，国际社会也能对该国进行有效干预，那么这个国家在分权过程中发生暴力事件的风险就会明显降低；但在"条件允许"的情况下，权力（获得或失去权力的前景）、贪婪、侵略、种族主义、复仇和其他激烈的人类情绪就会影响人类文化的每一个角落。"允许"是其中的关键词，因为一旦制度与体系崩溃，（通常由少数领导人和煽动者主导的）集体行动失控，次国家单位的分权主张就会造成最严重、最致命的后果。1990 年南斯拉夫的灾难性崩溃就是这些条件共同引发灾难性后果的最新案例，更关键的是它发生在欧洲，而欧洲各国曾发誓"永远不再"对极端分子的反人类罪行袖手旁观，所以南斯拉夫的解体更能说明问题。无论如何，这场悲剧就发生在南斯拉夫的次国家单位和一众少数民族身上（其中一些受到了境外势力的怂恿），它们企图趁乱占据优势，并打击报复自己的敌人。德国（对克罗地亚）和俄罗斯（对塞尔维亚）的利益相关方在此过程中提供

图 9.3

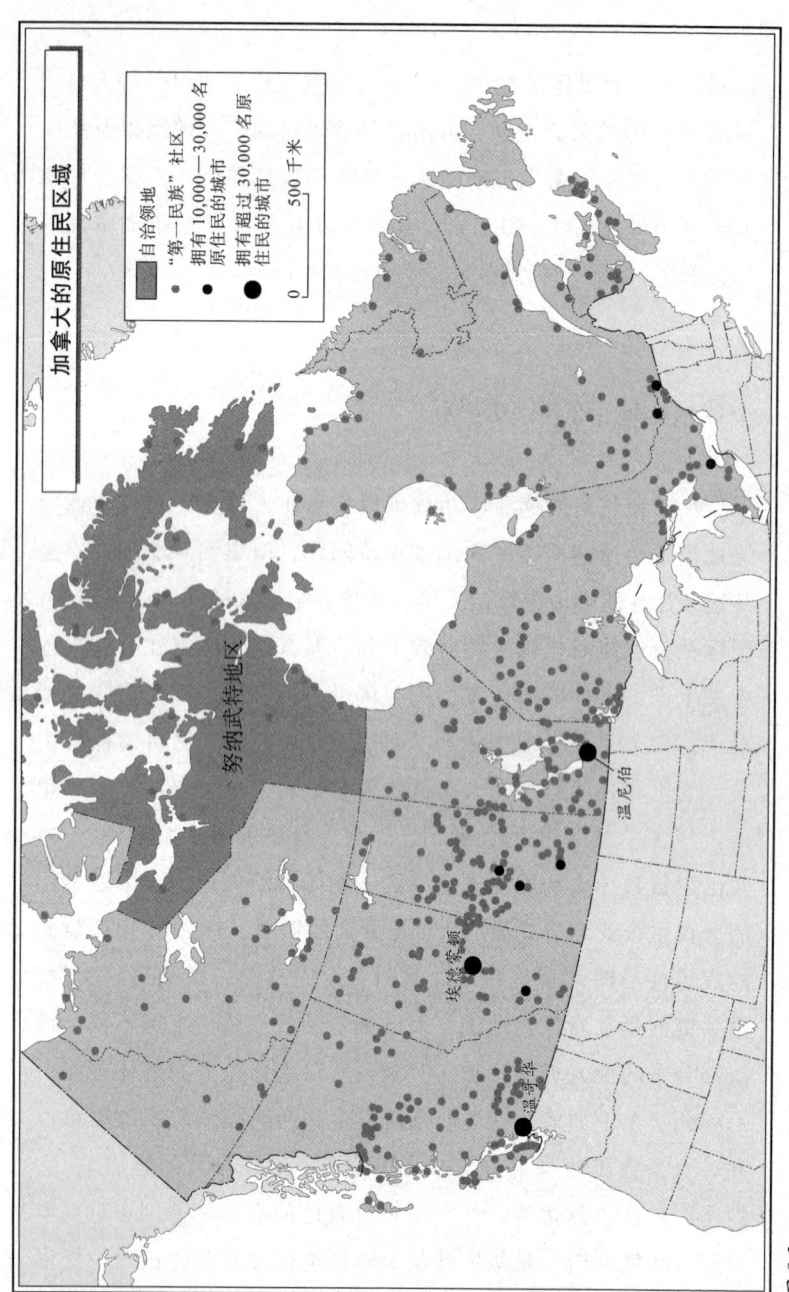

了可憎的帮助。在这场暴力狂欢中，集中营死灰复燃，"种族清洗"（人类残酷词汇的后来者）再次登场。在联合国、欧盟和北约的眼皮底下，25万生活在全球核心地带的欧洲人差点因为危机失控而丧生，直到外部（美国）姗姗来迟地做出干预，局势才得到控制。可见，无论在任何地方，领土和文化扩张的人性本能都会激发情绪。

南斯拉夫曾是一个在地理和文化上都极不寻常的复杂国家，它的地形高低起伏，社会多元，包括7个主要民族文化和17个小民族文化，但事实上，这种社会结构在全球边缘地带很常见（图9.4）。南斯拉夫解体后，几个次国家单位纷纷独立；但复杂的是，其中几个次国家单位内部还有更小的渴望独立的次国家实体。对于主要由波什尼亚克族、克罗地亚族和塞尔维亚族（塞族）组成的波斯尼亚和黑塞哥维那（波黑）来说，1995年的《代顿协议》（*Dayton Accords*）满足了这种愿望，它暂时在功能上分割了这个新国家，直到各个更小的实体愿意重新整合。这

图9.3 为了更好地满足因纽特人和"第一民族"[①]的利益需求，加拿大持续调整其领土划分和行政区划，因此加拿大的地图也在不断变化。根据因纽特人与加拿大政府达成的一项重要的原住民土地协议，努纳武特地区基本成了因纽特人的自治领地。加拿大"第一民族"的保留地数量众多，远超美国境内的原住民保留地，但加拿大境内单个保留地的面积要比美国的原住民保留地小得多。受制于绘图比例，本图只能反映这些保留地的广泛性，但即使保留地如此众多，也只有不到一半的原住民居住在其中；其余的原住民都居住在城市和城郊。本图基于 M. J. Norris and L. Jantzen (2002), "Aboriginal Languages in Canada, 1996" (Ottawa: Statistics Canada), from 1996 Census 中的数据绘制而成，并做了一些修改

[①] 加拿大的"第一民族"(First-Nation)基本等于"印第安人"，指的是加拿大境内的美洲原住民，但不包括因纽特人（Inuit）和梅蒂人（Métis）。因为"印第安人"一词被一些人认为带有冒犯性，因此原住民开始使用"第一民族"一词来标识自己。——编者注

270　世界不是平的

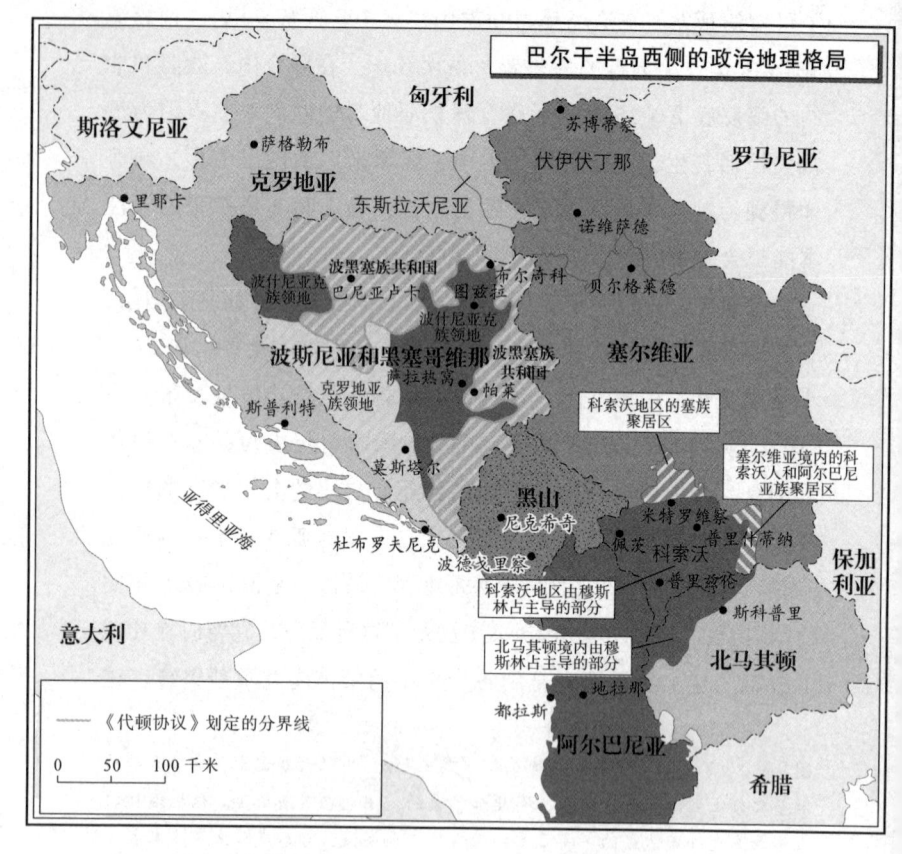

图 9.4　曾经的南斯拉夫和今天的巴尔干半岛的政治地理格局仍在不断演变。地处内陆、以穆斯林为主的科索沃地区是目前矛盾的焦点

一进程最初由北约监督，目前还在继续，未来还有很长的路要走。此外，新地图上还出现了一个希腊名字——马其顿[①]，这个

[①] 马其顿于 1991 年 11 月 20 日宣布独立，定宪法国名为"马其顿共和国"，简称"马其顿"。因希腊反对该国名，1993 年 4 月 7 日，马其顿以"前南斯拉夫马其顿共和国"的临时国名加入联合国。2019 年 2 月 12 日，马其顿政府宣布，正式更改国名为"北马其顿共和国"，简称"北马其顿"。——编者注

国家约30%的人口是信奉伊斯兰教的阿尔巴尼亚族,这个少数民族主要集中在该国西北部。自独立以来,马其顿就面临着重重困境:希腊人反对"马其顿"这个国名;穆斯林聚居区发生了叛乱;政府采取激进措施限制少数民族的权利。然而,它还是生存了下来,而且局势稳定,在这个灾难深重的地区,这一点可谓万幸。2006年,黑山从塞尔维亚和黑山国家联盟中以和平的方式独立出来,最近(但可能不是最后)一只靴子落地了,欧洲不断扩大的小国队伍又新增了一名成员,尽管这个国家只有62.5万人,还有两个首都,它的领土面积只有美国马萨诸塞州的一半,但它还是成了联合国的正式会员国。也许黑山独立带来的最重要的后果是使塞尔维亚变成了一个内陆国家——尽管亚得里亚海沿岸并没有开发大型港口,而且塞尔维亚还有一条通过多瑙河出海的替代路线。

然而,南斯拉夫的解体并不意味着事情就此了结了。虽然南斯拉夫的主体部分变成了由塞尔维亚和黑山组成的南联盟,但其中又包含了两个次国家单位:北部的伏伊伏丁那和南部的科索沃,前者是少数民族匈牙利族聚居的省份,后者是阿尔巴尼亚族穆斯林的聚居地。伏伊伏丁那没有出现严重的分离主义运动;科索沃则成了对抗的焦点,它的问题甚至需要外部干预才能解决。1998年,科索沃的阿尔巴尼亚族穆斯林发动了一场旨在脱离塞尔维亚的暴乱,塞尔维亚则以大规模的武装打击作为回应。截至1999年初,在科索沃的200万阿尔巴尼亚族穆斯林中,约有1/3被驱离家园。北约对这种种族清洗行为发出了警告,但遭到了无视,于是北约对塞尔维亚的基础设施进行了大规模轰炸,造成了重大破坏,最终迫使塞尔维亚投降。塞尔维亚军队撤出了科索沃,科索沃独立的最后障碍似乎已经被清除。它有望通过谈判过渡为一个主权国家，北约维和部队和联合国的监督与管辖承诺为其提供时间保障。

然而，由于此地错综复杂的地理条件和历史背景，这场过渡注定艰难。图9.4表明了局势是如何颠倒过来的：科索沃的阿尔巴尼亚族穆斯林在塞尔维亚原本是少数民族，但如果科索沃独立了，其境内的塞尔维亚人就成了少数民族，他们有理由抱怨自己受到的威胁和虐待——几个世纪前，基督徒和穆斯林曾在这里展开过一场史诗般的战争，最终基督徒获胜，基督教在该地区的主导地位也被确立了下来。因此，科索沃能否独立，还是要取决于塞尔维亚的态度，但塞尔维亚的民族主义者对于将自己的族人抛给一个阿尔巴尼亚族穆斯林人口占90%的国家感到忧虑。2008年2月，科索沃领导人宣布独立，就在"举国"欢庆之时，塞尔维亚人聚居的角落却爆发了示威和暴乱。国际社会在这个问题上的意见也存在分歧：美国、德国、法国和英国承认了科索沃的主权，中国、俄罗斯和西班牙则持反对意见。由于联合国安理会常任理事国中的两个对科索沃独立投出了反对票，因此科索沃的未来依然存在变数。唯一可以确定的是，它的独立一定会再次引发该地区的冲突。

这张地图提供了一个可能的妥协方案：重新划定科索沃和塞尔维亚之间的边界，将以米特罗维察为中心的科索沃北角划给塞尔维亚，同时将塞尔维亚境内一小块科索沃人和阿尔巴尼亚族聚居区（因为这里的塞尔维亚一侧仍有一些科索沃穆斯林）划给科索沃。在波黑，重新划定边界的方法有效地满足了各方的领土要求；这种方法在科索沃可能也会有效。在人们继续通过谈判寻求解决方案的过程中，欧洲的这片久战未决之地迎来了难得的稳定局面，科索沃问题对这种局面构成了最后的威胁。

我们只需稍微研究一下图9.4，就会发现南斯拉夫解体的问题不仅代表着欧洲在物理和文化上的分裂。在奥斯曼帝国的长期统治下，这一地区有数百万斯拉夫人皈依伊斯兰教，如今他们成了阿尔巴尼亚的主体民族，在波黑、北马其顿和（科索沃问题悬而未决的）塞尔维亚，他们也是一个强大的少数民族。在南斯拉夫解体的暴力冲突时期，极端分子从其他地方赶来，参加他们心目中的"圣战"；然而事实上，这些"圣战"分子并不能构成政治势力，跟当地的穆斯林也没有什么共同之处。总体上，奥斯曼帝国之后的东欧伊斯兰教完全不像阿拉伯的伊斯兰教那么僵化或教条，况且首先与极端主义发生冲突的是西欧而非东欧。阻碍南斯拉夫的次国家单位加入欧盟的首要因素是国家治理和经济情况，而非文化或种族。尽管如此，首个加入欧盟的伊斯兰国家极有可能出现在这里，而非尚未确定是否要加入欧盟的土耳其。

其中还有一些讽刺意味。从南斯拉夫独立出去的次国家单位正在摆脱默默无闻和边缘化的状态，争取成为欧盟和联合国的正式成员——斯洛文尼亚即是如此，克罗地亚将紧随其后。相比之下，尽管加泰罗尼亚和苏格兰的经济和文化实力都很雄厚，但它们无法得到同样的地位。这就意味着，一个国家崩溃后，它的次国家单位可能会获得更好的发展前景。然而，这种想法非常危险，因为当今世界充斥着各种软弱无能的政府，且不限于全球边缘地带。当然，并不是所有的次国家单位都会发展良好。塞尔维亚本是南斯拉夫内部最大的次国家单位，在许多方面也是南斯拉夫主要的次国家单位，但它未来的一切美好愿景都因为前总统斯洛博丹·米洛舍维奇（Slobodan Milošević）的行动而宣告破灭，这是南斯拉夫解体带来的一大悲剧。米洛舍维奇试图控制所有塞尔维亚人居住的地区，包括克罗地亚和波黑的一些领土。后来，他的几位将军被指控犯有战争罪，他本人则被移交给了联合国，在海牙国际刑事法庭继续受审，最终在关押期间死亡。塞尔维亚当局没有逮捕和引渡被通缉的塞尔维亚战犯，导致其加入欧盟的第一阶段讨论在2006年中止。此外，它既失去了黑山，又不愿接受科索沃的主权要求，还面临着北部省份伏伊伏丁那随时可能要求分权的压力。显然，作为巴尔干地区的关键国家，塞尔维亚仍处于艰难的过渡期，整个巴尔干地区的情况也是如此。

我们常常心怀偏见，认为地方动乱、分离运动、边界纷争、种族和文化冲突、代理人战争、专制统治、战争罪行、选举舞弊等问题只是全球边缘地带的问题，但实际上它们也一直困扰着全球核心地带，而且未来仍将如此。例如，有800万罗姆人分布在欧盟各成员国，但考虑到这些国家的政府为他们提供的相对资源，这些罗姆人受到的对待甚至比全球边缘地带的许多少数民族也好不到哪去（de Blij, 2006）。此外，全球核心地带的一些国家甚至比全球边缘地带很多国家的历史还要悠久，因此这些国家的本土化人口对领土和文化景观的迷恋同样经久不衰，甚至历久弥新。即使全球化使他们对自己的地方有了"更成熟"的看法，但当本土的利益受到威胁时，这些本土化人口仍然会产生非理性的狭隘想法。正因如此，欧盟那些条约的设计者更愿意将计划、方案和协议提交给欧洲议会批准，因为选民们往往会拒绝它们（欧盟宪法的第一份草案就碰到了这样的情况）。尽管欧盟的宏大目标是让经济竞争更公平，政治更透明，而且它已经取得了很大的成就，但在这些位于全球核心地带的国家内的次国家单位里，情况仍然糟糕。

在全球边缘地带

在南斯拉夫的暴力解体期间,有很多城市和村庄都遭到了严重破坏,但你如果在今天漫步其中,就会发现那场危机似乎已经很遥远了。如今,你很难找到1991年斯洛文尼亚宣布独立后发生在该国的爆炸事件的痕迹。塞族民兵活动过的克罗地亚城镇上如今满是游客,他们挤满了街道和路边的咖啡馆。在波黑分裂过程中被毁掉的桥梁和道路得到了修复,房屋也得到了重建,萨拉热窝则几乎没有留下任何冲突的痕迹。就连1999年塞尔维亚遭受轰炸时被毁掉的基础设施也正在迅速恢复。

真正引人瞩目的印记或改变,或许是代议制政府和公民机构的出现。这里的人们曾世世代代被独裁政权控制,受尽压迫,如今,他们朝着欧盟的政府治理和行政规范,取得了前所未有的进展。在世界银行提供的贷款帮助下,就连之前的阿尔巴尼亚也受到了现代化精神的感召,更不用说全球化了。在阿尔巴尼亚曾经荒芜的首都地拉那,中央商务区拔地而起。在2006年与欧盟进行了第一阶段的成员资格讨论后,该国信心十足。

然而,在全球边缘地带,经历过(或正在经历)这种转型的地区却并没有迸发出类似的活力。我们可以想象一下,在东非或南亚的某一片人口不到70万且很少与国际联系的土地上举行公投,并在几年内让它成为一个独立国家,正式加入非盟或东盟,成为联合国成员,这种可能性有多大呢?

在后殖民时代,全球边缘地带那些次国家单位的人民当然也提出过类似的主张。比如,聚居在尼日利亚东部的伊博人和他们的盟友于1967年宣布成立"比夫拉共和国",并就此发起了一场独立战争,这场战争一直持续到1970年初。苏丹南部地区的非洲人也在争取从伊斯兰化和阿拉伯化的北部分离出来。在印度尼西亚，亚齐地区的人民为了争取独立，也曾抗击过荷兰殖民者和印尼中央政府。在缅甸，各个"邦"的克伦族、掸族、克钦族和其他少数民族几十年来一直在与执政的军政府作斗争。在印度，阿萨姆邦的居民要求自决。与全球核心地带一样，全球边缘地带的分权要求也极易引发灾难。

然而，在全球边缘地带，次国家单位要求分权的行动成功率更低，从失败中复苏也更加艰难。下面我以"非洲之角"的"失败国家"——索马里为例加以说明（图9.5）。在殖民时代，索马里的穆斯林聚居地长期被埃塞俄比亚人和瓜分了他们领地的欧洲人统治；当英国和意大利殖民者分别从索马里北部和南部撤离后，这些穆斯林发现，自己的聚居地正好处于这两国殖民地的交界地带。独立后的索马里以南部海岸边的摩加迪沙为首都，由部族和军阀主导，缺乏成熟的国家制度。很快，索马里南方的部族就对有索马里人居住的埃塞俄比亚欧加登地区发动了袭击，引发了埃塞俄比亚的报复行动。就这样，干旱、饥荒、难民危机、外国的错误援助，以及屡次三番的部族战争，使索马里成为"失败国家"的象征。

但在遥远的索马里北部地区，以前的英属索马里兰（图9.5），情况却并非如此。在那里，索马里人证明了，在部族结构和明智传统的领导下，社会照样可以长治久安，井井有条。1991年，索马里北部为自己的成就发出了政治呼声，宣布独立，成立"索马里兰共和国"。索马里兰的稳定带来了相对繁荣，这与南部形成了鲜明的对比："索马里兰共和国"的"首都"哈尔格萨商业繁荣，通过柏培拉港进行了一些海外贸易。同时，它的政治制度也在朝着宪政民主的方向发展。到2006年，索马

图 9.5 动荡不安的非洲之角。在 21 世纪的头 10 年，厄立特里亚与埃塞俄比亚因为边界问题发生战争，索马里分裂成 3 个部分，吉布提成为西方世界在红海入口的堡垒，肯尼亚则因为一场有争议的选举而发生了种族冲突、暴力和动乱

里兰"临时政府"的所有三级机构（包括"总统"）都由选举产生。

人们可能会认为，索马里兰在最困难的情况下尚且能够取得如此惊人的成就，一定会得到从非盟到"国际社会"的赞许，但事实并非如此，索马里兰并不是黑山。它希望被承认，但是它的呼声被置之不理，没有任何外交官或企业行政人员访问哈尔格萨，也没有哪个国家向其"总统"达希尔·里亚勒·卡欣（Dahir Riyale Kahin）发出访问邀请；直到2006年，他才访问了东非几个国家的首都。对于欧洲的科索沃，联合国的一些会员国满口承诺，无论安理会批准与否，它们都会承认其独立，但对于非洲的索马里兰，它们却大都保持沉默。这世界公平吗？

"国际社会"很可能因为其对索马里兰的漠视而付出代价。次国家单位之所以能继续前进，是因为它们能够绕开所在国的首都，加强自身与外部世界的联系；它们的政治之所以公开透明，是因为它们知道世界在关注自己。而孤立索马里兰，忽视它的对外联系，将使该地区难以应对经济困境和相应的政治动荡，而支持它则会带来完全不同的结果。如果我们不愿看到索马里兰的成功蔓延到"邦特兰"（索马里中部地区，也有自治的意愿），甚至深入索马里南方，那么我们就可能看到南方将自己的不治之症传染给北方。非洲之角的情况反映的正是全球边缘地带的困境。

索马里兰位于"伊斯兰阵线"的穆斯林一侧。"伊斯兰阵线"从几内亚一直延伸到了坦桑尼亚，横跨非洲大陆，穿过埃塞俄比亚南部，将苏丹一分为二，文化对立正在这里产生不同的后果。苏丹的北方和南方是两个不同的世界；环境、经济和传统完全不同的民族被殖民时期的边界捆绑在了一起。1956年苏丹独立后，这些地区都被纳入了这个国家之内，但它们彼此间的差异丝毫没有减小。彼时的苏丹在行政上被划分成了10个省，其中最南端3个省的主要居民都是信仰非洲基督教-泛灵论的少数民族，而北部7省（包括首都喀土穆）的主要人口是穆斯林。因此，苏丹北方的穆斯林占据了多数人口、政府所在地、出海口（红海沿岸的苏丹港）以及白尼罗河和青尼罗河交汇处的主要农业灌溉区。

这样的地理条件注定会造成麻烦。最开始的动荡只发生在北方，一系列政变和军政府的行为导致政权不稳。不久之后，苏丹的南北之间还是爆发了冲突，就生命的损失和人民流离失所的程度而言，这场冲突是世界上代价最大的冲突之一。历届喀土穆政权都希望南部省份俯首称臣，但一直遭受抵制，慢慢地，抵制升级成了叛乱。1972年，苏丹政府决定授予南部省份一定程度的自治权，事情看起来终于有了转机；然而在1983年，加法尔·尼迈里（Gaafar Nimeiri）政权开始在全国推行伊斯兰教法，此举终于使原本的小规模轻度武装反抗升级为一场全面战争。据联合国估计，在30年里，苏丹有200万人因暴力和饥饿丧生；仅在2003年，就有约400万南方人在自己的国家沦为难民。与此同时，当局还不断拿国家的行政结构做试验，它先是将苏丹划分为"大区"和下属的"省"（以此将南方的3个省分割成更小的实体），然后又废除了这一框架，设立了26个州，再将这些州正式划分为16个北方州和10个南方州。最后一项做法赋予了南方以正式的次国家地位，为停止内战、建立一个联邦制的苏丹打下了基础。

在那些研究苏丹困局的学者中，几乎没有谁会认为南方能轻易翻身。苏丹的统治者曾经以饥荒为武器，拒绝向饥饿的难民提供救济物资；他们又凭借巨大的军事优势，给苏丹人民解放军（SPLA）造成了惨重伤亡；后来，他们还发现了大量石油储备，国家收入也由此大增，统治者们变得更加肆无忌惮。虽然有新闻报道说，石油产区的村民被无情地剥夺了土地，一些原本有意在此地开展业务的国际公司因此相继退出苏丹，但苏丹的统治者们似乎对此并不在意，而是专注于解决"大事"。然而，随着美国将苏丹列入"支持恐怖主义的国家"名单，联合国也正式批准了一项提议，指控苏丹为试图杀害埃及总统的伊斯兰武装分子提供庇护；发生在达尔富尔的一场新危机更是令苏丹政府受到了全世界的批评；此外，苏丹境内大多数已探明的石油储量都非常靠近南北边界，而南方及其周边地区的动乱将阻碍石油的开采。基于以上种种原因，苏丹南北双方的领导人终于在2004年签署了一项历史性的协议，在喀土穆过渡政府中授予了南方以直接代表权（副总统将由南方人担任），将50%的石油收入分配给南方，允许南方在2010年进行独立公投，并承诺遵守公投结果。几乎就在同一时间，数十万流离失所的南方人开始返回故乡，联合国也开始在当地派驻维和人员，南方长期与世隔绝的非正式首府朱巴开始重燃生机。即使苏丹人民解放军的长期领导人、即将履职喀土穆新政府副总统的约翰·加朗（John Garang）突然意外死亡，这一和平进程也未停止。与此同时，石油收入正在改变喀土穆的天际线，这座古老的城市正在迎来史无前例的现代化生机。

尽管苏丹南部的公投（现在看来）仍需时日，但这一事件对整个非洲乃至世界都意义深远。南方的人口约占苏丹全国4,400万人口的1/4，因此他们将始终是少数。然而，南方内部也存在着文化差异，所以独立之后，当地人之间的关系也会发生改变。如果真的成功独立了，这个新国家将是一个面积比博茨瓦纳还大、人口比乍得还多的内陆国家（面积比法国还大、人口比比利时还多），它的对外关系和经济都将很虚弱。此外，它可能还需要一个替代苏丹港的出海口，为了出海，它很有可能经由乌干达和肯尼亚的铁路和（或）公路连接蒙巴萨港，当然，这一点也取决于它在未来与喀土穆的关系。即使有了石油收入（这同样取决于苏丹），这个新国家仍将是撒哈拉以南非洲最贫穷的国家之一，夹在西边的中非共和国和东边的埃塞俄比亚这两个内陆国家之间。

　　当南方独立似乎指日可待之时，另一场危机正在苏丹西部达尔富尔地区的3个州愈演愈烈（"达尔富尔"在阿拉伯语中的意思是"富尔人之家"）。南达尔富尔和西达尔富尔的主要居民是伊斯兰化的非洲富尔人，北达尔富尔的居民则主要是阿拉伯人。虽然喀土穆政权曾一度指责富尔人在内战中同情南方，但悲剧的根源更多来自本土的压力，包括这个干旱地区的环境问题。在所谓的金戈威德武装（janjaweed）和苏丹政府军的支持下，以养骆驼和牛为生的北方人入侵了富尔人的田地和村庄。随着他们大肆杀害当地人、烧毁房屋和庄稼、毁坏水井、糟蹋村庄，"国际社会"开始关注这里的动乱，并围绕着这一切是否构成种族灭绝展开了辩论。到2007年年底，估计有30万富尔人被杀害，超过250万富尔人流离失所，联合国和其他机构的救援工作远远无法让这个被摧毁的地区日益恶化的情况变好。于是，有人提议将南达尔富尔和西达尔富尔从苏丹分离出来，割让给南方（如地图所示，它们与苏丹南方接壤）。这不免让我们想起了之前的南斯拉夫：苏丹会成为非洲的南斯拉夫吗？

但这是不太可能的。全球边缘地带许多国家的政府都会抵制苏丹的南北协议所达成的分权方案,这些国家的领导人认为,对分离主义者的任何妥协都会让其他人更加胆大妄为;因此,非洲联盟既没有支持索马里兰,也没有支持西撒哈拉(那里的一些本土化人口拒绝加入摩洛哥)。反对分离主义的人还经常引用厄立特里亚的教训作为论据。早期的厄立特里亚是穆斯林和基督徒的必争之地,后来被纳入埃塞俄比亚的势力范围。19世纪80年代,意大利殖民者在红海和印度洋沿岸建立了殖民地;1890年,意大利宣布厄立特里亚为自己的殖民地。今天的地图上厄立特里亚的边界就是意大利人和埃塞俄比亚皇帝孟尼利克二世(Menelik II)在1896年通过谈判划定的,但是意大利人很快就把厄立特里亚变成了日后侵略埃塞俄比亚的桥头堡。在这里,他们雄心勃勃地建造了城镇、道路、桥梁、港口和机场,但他们的宏伟计划很快就灰飞烟灭了。由于意大利在二战中与纳粹德国结盟并战败,因此它不得不放弃自己在非洲的属地;随后,联合国开始介入该地区,帮助决定埃塞俄比亚的未来。但是,由于联合国的几个委员会未能提出成熟的方案,最终,联合国大会通过了一项决议,决定让厄立特里亚作为一个自治体与埃塞俄比亚结成联邦。然而,10年后,埃塞俄比亚皇帝海尔·塞拉西一世(Haile Selassie I)单方面改变了这些条款,他宣布将厄立特里亚以一个省的形式并入他的埃塞俄比亚帝国。如此一来,埃塞俄比亚终于收回了它的红海门户,包括在意大利人的改造下已经完成了全面现代化的马萨瓦港和阿萨布港。而在厄立特里亚这边,一场独立战争已经箭在弦上。

作为埃塞俄比亚的一个次国家单位,厄立特里亚的分离诉求在整个非洲几乎得不到什么支持,但这场分离运动不仅代价高昂，旷日持久，而且成了冷战的一部分。在长达30多年的时间里，埃塞俄比亚的政权屡经更迭，但厄立特里亚的分离主义者从未放弃斗争。经过再次谈判，厄立特里亚终于从埃塞俄比亚那里获得了它梦寐以求的主权，并承诺"永远不"干涉埃塞俄比亚使用它的港口。1993年，当厄立特里亚宣布独立时，非洲之角的这个争议地区似乎终于有了光明的合作前景。但是（这就是分离的教训所在），埃塞俄比亚和厄立特里亚之间的关系后来恶化了，双方就前殖民地的边界问题又进行了一场战争。这场战争夺走了数万人的生命，耗费了数百万美元；这场激烈的战争不仅代价高昂，而且看似毫无意义。战争的结果是，厄立特里亚的港口对埃塞俄比亚全部关闭，这个原本只是沿海省份的国家如今将非洲面积最大、人口最多的国家之一变成了一个内陆国。可见，分权带来的意外后果可能是惊人的。

当然，厄立特里亚也不会马上吸引游客或游轮。独立之初，这里的人民曾满怀期待；厄立特里亚跟苏丹南方或西撒哈拉不一样，这里的殖民地基础设施完善，最多只需要修修补补；这里的区位优势很明显，港口会带来稳定的收益；这里的总统领导了独立运动，也承诺建立代议制政府。这个只有500万人口的国家看似前景一片光明（埃塞俄比亚则有8,000万人）。然而，专制统治、政治压迫、侵犯人权、经济管理不善、国家对媒体的控制、种族关系和宗教关系紧张以及厄立特里亚与埃塞俄比亚之间长期的争端摧毁了这些期待，也摧毁了该国以外更广阔地区的前景。可见，全球边缘地带的分权行动可能造成危险的后果。

一个潜在的威胁

在这个由地缘政治超级大国和大企业主宰的世界,本土化人口往往选择将自己的命运寄托在次国家单位的分离运动上,这一点不足为奇。如果他们能够再获得一些有利条件,比如更广泛的冲突、中央权力的瓦解或一个愿意包容分权需求的政府,这些人就会憧憬一个拥有更多自决权的美好世界。然而,这些分离主义者可能并不清楚,无论成功与否,他们试图通过分离运动避开的人终究与他们自己的命运密不可分。另外,即使他们的分离运动真的成功了,他们的自治权还是可能会继续受到新势力的侵扰。例如,有组织犯罪就是一个正在不断壮大的全球性产业,已经形成了自己的全球化网络。像黑山和摩尔多瓦这样的弱小国家执法能力薄弱,正是有组织犯罪最喜欢的目标。

当然,很多挫折都会激起地方的不满情绪,直至引发分离主义倾向。这些倾向有的滑稽(如2007年美国佛蒙特州的独立"公投"引起了很多媒体的关注,相当可笑),有的则很严肃(如玻利维亚日益加深的地区分裂)。在玻利维亚这样一个东部繁荣而西部贫困的国家,以圣克鲁斯为中心的东部认为,由一位来自西部的民粹主义领导人主导的政府阻挠了东部的经济发展。于是,东部的人们产生了自治甚至独立建国的念头,这最终引发了一场暗藏着危险的激烈辩论。虽然这种情绪的强度很难衡量,但它们会出现在世界各地,可能影响到所有国家,甚至是一些微型国家。另一方面,像欧盟这样的组织成立的初衷只是希望经济竞争能够更加公平,但它们也唤醒了本土文化意识;从全球核心地带的法国到全球边缘地带的印度,全球化也激起了类似的反应。

分离主义倾向也会随着每个国家的政治和经济变化而消长。在南非，祖鲁民族是人口最多的民族，其历史和传统都源自一个次国家单位，即夸祖鲁-纳塔尔省。随着种族隔离时代的结束，夸祖鲁-纳塔尔省开始向新政府寻求代表权，换来的却是暴力和恐吓，导致该省一度有着很强的分离倾向，尤其是当祖鲁族领导人曼戈苏图·布特莱齐（Mangosuthu Buthelezi）酋长在公开辩论中暗示这一点的时候。但是，新的国家架构基本满足了他们的要求，分裂的危险也随之烟消云散。20世纪90年代，巴西南部的3个州对联邦政府的经济、政治和文化议程感到强烈不满，于是也开始有了分离主义的倾向（Spears and de Blij, 2001）。它们提出要成立一个假想的国家——"潘帕斯共和国"，这个"国家"得到了大量声援和宣传，甚至有了自己的"国旗"；但这场分离运动本身就带有种族主义色彩和不切实际的追求，因此它最终在10年内不了了之。委内瑞拉最西边的苏利亚州是相对富裕的地区，该州毗邻马拉开波湖，拥有丰富的石油储备和养牛场，但在民粹主义者乌戈·查韦斯（Hugo Chavez）的高压统治下，苏利亚州的政治趋于保守。然而，一场名为"我们的道路"的自治运动开始抨击查韦斯的经济政策，呼吁他像西班牙领导人赋予加泰罗尼亚特殊地位那样赋予苏利亚州特殊地位。就连美国驻委内瑞拉大使也被卷入其中，委内瑞拉政府指责他在苏利亚州的分离运动中煽风点火，因为他曾提到过"苏利亚共和国"。此外，这场运动还指责查韦斯政权阻挠了有关该问题的公投（Dudley, 2006）。由此看来，总统政治会让一个国家的分裂暴露无遗：乌克兰两位总统候选人之间的东西分裂让人们不免担心：这个领土面积最大的欧洲国家会不会像捷克斯洛伐克一样，分裂成亲欧洲的西部和亲俄罗斯的东部？在墨西哥，2007年总统选举后，这种担忧暂时消失了，但保守派和自由派候选人之间的南北分裂也揭示了两种墨西哥的根本差异。

　　纵览世界各地的本土化人口的愿望，我们会发现全球政治地理绝不平坦，尚有变化正在酝酿。正如夸梅·安东尼·阿皮亚（Kwame Anthony Appiah）等人所强调的，人类最大的愿望是拥有多种身份和归属，以确保自己在跨越种族、宗教、语言、政治和其他边界时一直都能拥有立足之地。然而，当本土化人口被卷入各种各样的分离主义运动时，他们共同的身份往往会在冲突和混乱中被遗忘。总有一些投机商、军阀、叛乱分子、民族主义者、传教士会在明面上或暗地里挑起冲突，以满足自己的利益。阻止他们得势应该是全世界人民的共同目标，但这些煽动者往往都有盟友。苏联和南斯拉夫解体后，新国家激增（这是20世纪继非殖民化浪潮之后的第二次新国家激增浪潮），此后全球版图似乎已经趋于稳定，2000年建立的边界框架在未来几代人的时间里将持续有效。但是，全球边缘地带仍在经历巨大的人口、文化和经济变革，再加上欧洲殖民者留下的政治框架尚未成熟，世界的稳定仍然有很长的道路要走。

第十章

降低壁垒

小时候，我们如果快速认识了周围可变和不可变的一切，也就自然而然地了解了自己身处的文化和物理环境。6岁的时候，我们的大脑已经和成年人的一样大了，但它们还需要很多年才能完全成熟。众多关于幼儿语言学习能力的研究和假设无疑都与这一过程有关；然而，幼儿虽然能够回忆起事实和词汇，却无法像成年人甚至青少年那样定义背景或关系。同样，虽然我们很快就学会了用语言来达成眼前的目的，如索要营养或表达情感，但我们还需要相当长的时间来理解我们所处的地方及其（明显的）固有特性。

因此，我们对地方的认识会随着时间的推移而变化，同样会发生变化的还有我们改变既有想法的可能性。如今，双语和多语言能力已经成为向上层社会流动的关键，将来更是如此；让儿童在生命早期接触到母语以外的语言，将赋予他们巨大的潜在优势。在世界上的许多地方，宗教狂热主义愈演愈烈；在儿童生长早期保护他们不受宗教狂热主义的影响，才能使他们有机会在接触宗教之前发展出独立思考的能力。总有人声称自己的信仰和宗教仪式更加优越，在这一点上，所有信仰的领袖们都应该考虑其神性潜力。2007年春，罗马教宗本笃十六世（Pope Benedict XVI）宣布罗马天主教为人们提供了唯一真正的救赎途径，所有其他的（基督教）方法都是"有缺陷的"，这番言论激起了基督教世界和其他人的不满。如果向儿童灌输"除了真主，没有别的神"的思想，他们就会过早地放弃宗教融合，但宗教融合才应该是所有信教者共同追求的目标。有一本措辞激进的书曾经谈到这个话题，其副标题是"宗教毒害一切"，虽然这种说法有失严谨，但中世纪的男性宗教团体的确曾经滥用权力，使信徒们终生无法解脱。

地方的力量是各种环境和条件的合力，从文化传统到自然现象，不一而足。我们生在其中，与之为伍，并从中获得自己的多重身份。当然，由于人类的天性使然，我们在失败时总会把大部分责任归咎于（出生、成长的）地方，而在成功时只会夸耀自己，丝毫不会提及地方的贡献，但在每一个"白手起家的人"背后，都有成千上万的人或在正确的时间**出生**在正确的地方，或只靠幸运就获得成功，或无法与穷人共情。他们的世界确实是平的，对于他们来说，地方永远是诸多选择，而不是一项约束。但在地球上，这样的国际化人口仍是少数。此外，因为未来3代人的人口增长将主要出现在全球边缘地带最贫困地区的本土化人口中，因此这些幸运的国际化人口的比例还将继续缩小。对于本土化人口乃至全球核心地带的那些少数民族来说，地方绝对是他们的命运体系中的关键因素。

正如第一章指出的，我们可以根据最宽泛的地理意义，将世界划分成两个部分：全球核心地带繁荣而排外；全球边缘地带的发展情况则稍显逊色，好的可达温饱，差的则触目惊心。可尽管如此，所有国家和社会也都可以分为核心-边缘两个部分。关键在于规模：在美国，核心地带指东部那些大都市，边缘地带则指那些偏远地区，包括密西西比州，但密西西比州本身又包括现代化、商业化的墨西哥湾沿岸和内陆农村的"南方腹地"（deep south）。智利把自己的中心区域称为"中央核心"（nucleo central），相比于拥有众多高山和沙漠的边缘地带，这里俨然是另一个世界。孟加拉国是全球边缘地带的缩影，但该国的特大城市达卡是它的核心地带，这座城市改变了孟加拉国千篇一律的农村文化景观。

尽管在新世纪的头 10 年，地球上的城市人口总量终于超过了农村人口，但另外一点同样引人瞩目：在经历了几次历史性的全球化事件之后，竟然仍有近一半的人口生活在农村，关键是这些事件都具有城市化的特点。其原因有两点。一方面，国家和社会的边界框架复杂多变；另一方面，有些国家竭力阻止跨国和跨文化的人口外流。这些因素都曾经减缓了（并将继续减缓）城市化进程。然而，即使在没有这些障碍的地方，城市化也会受到各种因素的限制，比如法律法规和文化惰性等。最佳例证就是正在蓬勃发展的中国和印度。在这两个国家，特大城市的吸引力可谓空前绝后，但它们的整体城市化水平仍然低于全球平均水平，其中印度的城市化程度还不到全球平均水平的 1/3。在当今世界，只有不到 3% 的人口有机会离开他们的出生地，移居他国；相对于各种促进和阻碍人口流动的因素，绝大多数人仍然要终生面对他们的父母和祖父母所面对的地理现实。毫无疑问，在计算机时代，几亿本土化人口的互动方式已经被彻底改变。尽管最贫穷的人口这次又被甩在了最后，但信息的流动的确变得空前畅快了，人们也拥有了前所未有的沟通方式。然而，无论是对于这些本土化人口来说还是对于那些富人来说，其他的挑战依然如故。从语言学习到疾病传播，从信仰灌输到自然灾害救援，各种文化**环境**（milieus）和自然条件仍是决定地方力量的关键因素，对本土化人口的影响也旷日持久。如何弱化这些力量对人类的影响，将是本书最后一章的主题和试图回答的问题。

项目与计划

每当谈及经济全球化和文化全球化对本土化人口和流向全球化人口的影响，辩论的双方总会引用某个地方的案例来佐证自己的观点。一些人认为，随着全球化的不断推进，社会的物质分配将变得越来越不平等；但他们对绝对贫困的减少视而不见。另一些人一味谴责全球化让本土文化消失殆尽；但他们对文化多样性的益处绝口不提。全球化肯定是一把双刃剑：一方面，它的节点和传播渠道将世界织成了一张现代化和一体化的网络；另一方面，它也提高了门槛，让地方的力量变得更加强大。在某种意义上，全球化是一个浩大的终极工程，无论是城市天际线，还是农民工迁徙，都是它的标志。它也预示着一个充满未知的未来。

在世界各地，大多数人对这个未来充满了信心。根据美国皮尤研究中心在2007年发布的全球民意调查报告，对于国际贸易和商业——全球化最重要的表现方式，来自46个国家的超过45,000名受访者抱有积极态度（美国受访者在这方面的支持率属于最低的那一档）；全球化对本土文化的威胁、对自然环境的破坏以及移民带来的问题并未削弱人们对于全球化的支持。总体上，全球边缘地带对全球化的支持率不仅高于核心地带，而且与日俱增，核心地带对全球化的支持率则在不断下滑，而工作机会的减少只是其众多原因之一。孟加拉国、埃塞俄比亚和尼日利亚等最贫穷国家对全球化的支持率尤其高涨，在这些国家，外贸以及相关工作被视为帮助本土化人口摆脱贫困的最佳机会。在一些已经见证了全球化如何利大于弊的国家，对全球化的支持率也相当高：在中国，91%的受访者认为国际贸易是"好"的，仅有5%的受访者认为它是"坏"的；在印度，这两项数据则分别是89%和8%（Knowlton, 2007）。在这些被调查者眼中，全球化是世界变得更平等的一大推动力，而非日益加剧的不平等的主因；他们中的大多数人还认为，在通往富裕社会的道路上，不平等无法避免，但最终一定能被消灭。

伴随着全球化的推进，摆在我们眼前的挑战是如何改善某些地区的条件，使数十亿人有机会逃离那些充满了危险与暴力、自然灾害、健康威胁、教育不足、宗教灌输、性歧视、文化暴行等地方威力的地区。事实上，已经有数不清的计划、项目、方案和规划在全世界铺展起来，其目标包括扶贫、改善公共卫生、加强教育和促进发展等；其中，第四章提到的联合国千年发展目标以及其中的8个发展目标（和18个相关目标）是覆盖面最广、最全面和最雄心勃勃的一个。此外，世界银行（又称国际复兴开发银行）作为联合国的附属机构，也将会员国的捐款和投资收益用在了支持贫困国家的大大小小的项目上。与此同时，全球核心地带国家对外援助的方式也五花八门：在美国，一个名为"千年挑战公司"的联邦机构致力于帮助全球边缘地带那些尽管贫穷但治理良好的国家。除了以上官方行为，还有数以百计的非政府组织正在一线埋头苦干，立志有所作为，其中不乏许多资源贫乏但目标非常有针对性（例如，帮助一个非洲村庄安装一些蚊帐）的组织；但是，一旦这些组织的工作引发政府的不满，它们就会面临当地政府和政权的威胁。介于官方机构和非政府组织之间的，则是一系列援助项目，大到由中央政府管理的对外援助项目，小到某些富人通过其个人或公司基金会资助的项目，不一而足。这些项目通常有着针对健康或教育领域的特定目标。比如，盖茨基金会和克林顿基金会就是这类高级资助者中的两个典型例子。总体来说，尽管需求正在不断增长，集体援助还比较欠缺，但其效果已经足够显著。

虽然这些"援助进程"的批评者认为，没有证据表明这种赠款和贷款真的改善了全球边缘地带的大部分情况，但问题的关键在于，如果没有这些援助，情况会有多糟。在过去50年里，撒哈拉以南非洲从美国那里获得了大约6,000亿美元的援助，但因为这一地区的整体形势恶化，所以很多地方性的成就不为人知。毋庸置疑，失败（尤其是那些计划不周的大型项目的失败）更具有新闻价值，其中的一些失败被广泛报道，也成了反对者们攻击这些项目的证据。但对所有政府和政权来说，如下事实都很明确：因为项目实施过程中的透明度、问责制和责任感，捐赠者和受赠者之间的关系更加长久而且富有成效；此外，项目的实施过程还促进了当地政治制度和经济的发展，为之带来了更加光明的前景。例如，在布基纳法索，千年挑战公司公布了一个国家发展赠款项目，但是条件包括为女童提供更好的教育（这个西非国家的女性识字率只有13%）。当地的学龄女童往往都在家里照顾她们的弟弟妹妹，而政府新建的学校包括了幼儿日间护理中心，能够让女童安心在校学习。

尽管不同国家或地区的需求存在较大差异，但这些援助项目必须设定国家或地区目标。这些目标通常比较笼统，如联合国千年发展目标1的部分内容是"消除极端贫困与饥饿：使每天生活费不足一美元的人口比例减半（原版的期限为2015年）"。目标6的部分内容是"（到2015年）遏制并开始扭转疟疾和其他主要疾病的发病率"。在具体操作阶段，这些项目会首先考虑各个地区的需求，但鉴于这样做会面临巨大挑战，因此要满足所有地区的差异化需求并不现实。比如，在地形崎岖的热带地区，低地村庄和山谷往往比高海拔地区更容易受到某些传染病的威胁，更高更陡峭的坡地则更容易发生山体滑坡和泥石流灾害。在印度，某些邦的女性地位要比其他邦的女性地位低得多，即使在各邦内部，不同地区女性的生活条件也不尽相同。尽管都面临着海平面上升带来的危机，然而孟加拉国农村低洼地区与中国的环太平洋城市地区的情况就截然不同，后者的应对措施丰富，可以迁城也可以补救。每个地方面临的挑战各有不同，但干预和援助议程反映的一般都是核心问题的宏观角度，而不是具体的微观需求。

有一点是无可厚非的：国际化人口普遍认为，针对所有地区的援助都应该在官方框架内进行，而且应该采取多种形式，包括对政府的财政援助、技术支持、军事援助、贸易政策协调和其他机构-政府间计划都应当如此。在欧盟，一整套旨在减少国家间和地区间不平等的政策取得了十分显著的效果：这些政策在葡萄牙和希腊等较贫困的成员国资助了当地亟需的基础设施项目，为成员国的省、社区、地区和州安排了具有地方特色的项目，授予其直接向布鲁塞尔申请援助的机会（因此，蓝色的小标志遍布在欧盟的文化景观中,如得到了修复的城市广场、博物馆、公园和水边,这个标志是一面12颗星的旗帜,显示"这个项目的资金来源为欧盟")。即使在对欧盟持怀疑态度的英国,也有很多证据表明,当地向布鲁塞尔提出的申请取得了良好效果。

打击合作性腐败

然而,全球核心地带内部的这种资金转移并不适用于全球边缘地带的大部分地区。欧盟偶尔也有腐败,但某个欧洲国家的领导人把数百万欧元的援助款存入外国银行账户却不被发现基本不可能。对于全球边缘地带的很多统治者及其追随者而言,情况却并非如此:数以亿计的援助款最终落入了他们在瑞士(以及英国和美国)的银行账户,对外援助事业因此从整体上受到了质疑,许多民间支持也因此退避三舍。但是,参与这些金融诡计的国际化人口也难辞其咎。瑞士位于欧盟中心,尽管它并非欧盟正式成员并立志置身欧盟事务之外,但它在经济事务上与欧盟纠缠不清;2006年,瑞士重申了其不加入欧盟的决定,因为"加强运输、能源和劳工等领域的双边协议最符合瑞士的国家利益"(Kapp, 2007)。其中虽然没有提到银行或金融事务,但这二者才是瑞士选择继续置身欧盟之外的关键原因。对于尼日利亚独裁者萨尼·阿巴查(和其他类似的人)存入该国银行的数百万美元,瑞士的银行官员们肯定早就知道是何来历:被盗的援助款。虽然瑞士总是强调其银行身份保护系统在全球范围内独一无二,但是协助腐败也是腐败。这些金融机构位于全球核心地带且受人尊敬，却允许自己为不义之徒服务，实在令人震惊与沮丧。当阿巴查的罪行被曝光后，瑞士官员们的反应对其他骗子可谓是一种鼓励。他们没有迅速将这些资金返还给尼日利亚政府，而是用尽了教科书式的拖延战术，先是强迫法院做出有利于尼日利亚的裁决，后又在部长级官员那里阻挠资金转回。在如今这样一个恐怖主义活动猖獗的时代，这样的推诿行为自有其不良后果：2002年，美国要求瑞士各大银行提供可能被用于资助恐怖主义活动的银行账户信息，但瑞士联邦最高法院花了4年时间才批准该请求。

瑞士银行可能是腐败分子和犯罪分子最喜欢用来藏匿不义之财的地方，但我们不要误会：被巨额存款所左右的并非只有瑞士银行家。在所谓很少出现腐败的全球核心地带，接受低收入国家知名官员的巨额存款却没有丝毫疑问还守口如瓶是普遍做法。比如，阿巴查除了在瑞士有秘密账户，还在英国有"机密"账户。美国银行业的一家备受尊崇的品牌，位于华盛顿哥伦比亚特区的里格斯国民银行因接受赤道几内亚总统特奥多罗·奥比昂（Teodoro Obiang）及其政府高级官员的巨额存款而名誉扫地，这些贪污款都是从该国的石油收入中搜刮而来的。此类"离岸"银行还有很多，它们都助长了贪腐行为。

这样一来，全球核心地带就等于用卑劣的方法支持了全球边缘地带挪用外国捐款、窃取财政援助的行为。"疏忽招盗贼"这样一句流行于好几种欧洲语言中的谚语用在这里也很恰当：若不是富裕国家的金融机构提供了存款和投资机会，低收入国家的官员本来很难藏匿和保护他们的不义之财。当然，并非所有受援助国家的政府或政权都不可靠，但风险的确会随着援助计划的规模和款额的增加而变高。最近一篇关于赤道几内亚的评论比较符合事实:"资金只要没进入高级领导人的银行账户,那么大部分就都用在了基础设施建设上。"(Saunders, 2006)2007年,南非媒体报道称,奥比昂的儿子特奥多林在到达开普敦后不久,就花费了大约800万美元用于购买房屋和汽车。

关于援助资金被盗和石油收入被挪用的报道太多了,以至于人们以为这些贪腐行为是资金转移过程中不可避免的副产品,无法叫停也不受控制。比如,在提到外国援助时,人们会说尽管有阿巴查那样的极端情况,但大部分援助款的确起到了预期的效果,因此意义已经非同寻常。在每一桩吸引眼球的丑闻背后,都有一个低调的援助计划正在顺利而透明地实施着,默默无闻。是的,也许不是全部国家,但全球边缘地带确实有一些低收入国家精打细算地使用外国援助,而且成效显著。比如,加纳虽然严重依赖外部援助,但在经济复苏和政治改革方面堪称典范。2006年,加纳总统约翰·库福尔(John Kufuor)在对美国进行国事访问时,从千年挑战公司获得了5.47亿美元的一揽子援助,用于扩大商业性农业、改善基础设施和减轻贫困等项目。

然而在这些项目中,只有第三个涉及问题的核心:改善人的处境,让人免受压迫。僵化的地方散发着令人变得呆滞的力量,压迫正是来源于此。发展商业性农业和加强基础设施建设是值得赞许的长期目标(加纳希望实现前总统恩克鲁玛的雄心壮志,重塑自己在西非内陆的门户地位),但从许多方面来看,该国最迫切需要是可靠的淡水、电力、诊所、教室、蚊帐、废物处理设施,农村也亟需其他基础设施。虽然增加农场出口和提高整体经济增长率能够彰显整体变好的长期趋势,但是当地人的需求紧迫而直接。2007年,该国的女性识字率勉强超过

60%，而男性识字率为 80%；女性的平均预期寿命（58 岁）仅比男性高一岁；这里的人口增长率（2.3%）几乎是世界平均水平的两倍。尽管有各种进步，但加纳本地的需求与全球边缘地带大部分国家别无二致。

责任与机遇

世界可能还不是平的，但在一些地区，富国和不太富裕的国家之间的差距的确正在不断缩小，经济学家们把这个过程称为收敛（convergence）。人们经常将欧盟作为佐证这一过程的最佳案例，"凯尔特之虎"爱尔兰则是最引人注目的案例。作为曾经的殖民地，爱尔兰是一个缺乏资源的国家，1973 年该国加入了当时还被称为"欧洲经济共同体"的欧盟。彼时，这个国家经济停滞，基础设施破败不堪。但是欧盟的补贴很快解决了第二个问题；另外，这里因为拥有教育良好、讲英语、工资要求相对较低的劳动力，所以很快吸引了欧洲和美国的电信和高科技产业。不久之后，以服务业为基础的爱尔兰经济蓬勃发展起来，爱尔兰也随之一跃成为欧盟内部经济增速最快的国家。工业园区如雨后春笋般涌现，城市生机勃勃，交通四通八达，房地产价格也突飞猛进，这个国家发生了前所未有的变化。散落在世界各地的爱尔兰裔工人纷纷回归故土，想要抓住新经济提供的机会。其他国家的流向全球化人口也发现了这里，他们从非洲和亚洲赶来，给这个结构严密、长期孤绝的国家带来了一些从未有过的社会问题。当然，任何经济都不可能一直快速增长，爱尔兰在 21 世纪初也经历了经济增长放缓；但目前它已经恢复增长，而且现在仍然是欧盟的领跑者，而不是陪跑者。与此同时，这个国家的世俗化转变令人吃惊，可怕的教区牧师统治已经成为历史，这里的儿童变得更加安全，这里的文化景观也更加国际化。

然而，欧盟并不是全球化世界中唯一的收敛案例。图 1.1 显示的是由高收入国家构成的全球核心地带，但全球核心地带之外很多国家的经济实力已经超过了全球核心地带的一些国家。比如，如果仅仅以人均国民总收入为标准，博茨瓦纳排在保加利亚和罗马尼亚这两个欧盟成员国之前，但在其他方面，博茨瓦纳仍然是典型的全球边缘地带国家。沙特阿拉伯的国民总收入高于波兰，但它缺乏核心地带国家常见的政府和制度规范。此外，收敛还是一个地理问题，在这方面，南美洲的发展最快。其原因不在于国民总收入，而是这里的城市化、女性识字率（整个南美洲的整体女性识字率接近 90%）、正快速下降但仍略高于世界平均水平的人口增长率，以及不断下降的极端贫困人口数量。以巴西为首的十几个南美洲国家似乎团结一致，蓄势待发，要进一步缩小这个边缘角落与全球核心地带之间的差距。东南亚和东亚的部分地区也在强力发展，表明这些区域也在转型。没有哪个南美洲国家像东帝汶那样贫穷，也没有哪个南美洲国家像新加坡那样富有，这表明在世界的一个关键角落，贫富分化不仅更加尖锐，也更加持久。

在当今世界，仍有近 50% 的人口生活在农村——全球边缘地带这方面的比例更高，而城市里也有数以亿计的贫困人口，这些竭力依靠现有条件努力过活的人能有什么选择呢？目前，流向全球化人口的比例相对较低，但在未来的几十年里，这些离开故土在世界范围内寻找更好机会的人口很可能会成倍增加。

在那些人口保持稳定或正在下降的国家，尽管政府鼓励人们生育，但应对眼前的以及长期的经济挑战的真正答案是移民，因为这些国家竭力扭转的人口下降趋势其实势不可当。与这个（基本上仍然是全球核心地带专属的）问题相对应的是另一个现实：目前全球人口仍在以每年 7,500 万以上的幅度增长，在地球人口稳定下来之前的很长一段时间内，全球边缘地带贫困地区的人口将增加 10 亿（在目前这个定义下的整个全球边缘地带，人口会增长一倍以上，甚至两倍）。在不久的将来，富有的地区将吸引比现在多得多的流向全球化人口，但还没有一个全球性组织着手协调移民政策和相关措施。联合国可以监测国际移民，但无权制定法律，即使在不断收敛的欧盟内部，每个国家的移民政策、对"庇护"的定义和相关法规也不尽相同，甚至彼此矛盾。

相比于其他问题，非正规移民最容易引起仇外心理、民族主义、孤立主义和种族主义。在全球核心地带的边缘地区——从格兰德河到地中海，社会焦虑和经济恐惧消极的一面表现得淋漓尽致。然而，移民潮从未中断。北美、欧盟和澳大利亚历来是跨国移民的主要目的地，墨西哥、中国、印度、伊朗、巴基斯坦、印度尼西亚和菲律宾是主要的来源地。从苏丹到孟加拉国，从秘鲁到斯里兰卡，全球边缘地带的几乎所有国家都在向核心地带国家（以及阿拉伯半岛上石油丰富、劳动力短缺的专制国家）输送人口。

但跨国移民的绝对数量仍然较少。根据联合国人口司的数据，在 21 世纪头 5 年，只有 27 万人离开了印度，38 万人离开中国，而这两个国家的人口总和达到了 25 亿。在此期间，80 万墨西哥人合法移民到美国，占墨西哥人口的 0.7%。虽然美国目前是世界上最大的非正规移民目的地，但欧盟和排在后面的澳大利亚也正在面临着这一日益严重的问题，其具体规模当然无法计算。但是，根据某些估算，从墨西哥和中美洲非法进入美国的人口已经超过 1,000 万，甚至多达 1,200 万；也许这预示着其他核心地带国家也会面临同样的未来，尽管它们的核心-边缘分界线根本无法像美墨边境线那样，为如此大量的人口提供非法潜入的机会。按照比较高的估算，美国境内无证移民占总人口的比例马上就要达到 4%。而事实上，在 2000 年之前，西班牙裔就已经成了美国的第二大族裔，超过了非洲裔。

在美国以及全球核心地带的其他地方，偶尔会发生围绕着移民问题的激烈辩论，其中有没有什么积极因素呢？以数百万来自东南亚和东亚，移居美国和加拿大的移民为例，很多移民的职业道德对本土化人口和国际化人口都构成了挑战。（尽管美国移民已经过剩，但随着加拿大工业的不断壮大，该国对于能从事低技能工作的外国工人的需求也在增长。）他们每年汇回家乡的钱款超过 1,500 亿美元，这些钱是维持墨西哥和菲律宾等国经济的重要来源。移民的许多文化传统丰富了接收国的文化传统。这些人（特别是受过良好教育的人）促进了国际交往和联系，加强了文化间的理解。（令人痛心的悲剧是，就在穆斯林移民涌入欧洲时，恐怖分子也在以伊斯兰教为借口进行犯罪活动，但实际上这种文化注入本可以彼此促进。）世界如果要避免 20 世纪的灾难重演，就一定要加强国家间、区域间和文化间的交流，让那些由局部问题引发的全球冲突变得毫无意义。在播撒理解的种子的过程中，流向全球化人口肯定起着至关重要的作用。

但是，在当前这场由非法移民潮引发的争端中，这种希望即将化为泡影。从有线电视新闻网每天重复的"边界破裂"论到投机政客的"失业"论,这个问题已经成为对许多人的考验,而他们(或他们的祖先)也曾受益于各种形式的美国"大赦"。有些人移居他国是为了逃离扼杀主动性的强权,他们在这个过程中往往要冒着生命危险;有些人则是为了追寻能让自己充分发挥才能的环境。所有成功移民的人都要面对新地方所呈现出的新鲜却又陌生的挑战,但并非所有人都能适应这些新环境。欧洲国家的政府在尝试使用各种多元文化模式时发现,即使本地人为跨境移民做出了最具善意的努力,也会产生意想不到的后果。相比之下,几乎所有能够在过去10年进入美国的非法移民都带着符合要求的文化背景(基督教背景、西班牙裔传统、在美国广泛使用的语言),所以没有动机实施报复行为。

这些移民门槛的"合力"给美国带来了巨大的好运。来自墨西哥和中美洲的移民潮内在的意识形态或文化背景并不会与美国的规范发生任何冲突。如同以往,美国会同化这些移民,使他们融入本地和国家经济,然而现在,这一点成了移民争端的最大焦点;这场争端毫无新意可言。当然,对于规模如此庞大的墨西哥移民潮,我们也不用假装安慰自己说他们只不过是美国大熔炉的最新成分。这是一场变革性的注入,将给美国的制度带来前所未有的压力(Rodriguez, 2007)。此外,它还会在西班牙裔和非裔之间造成摩擦,这才是崭新的、不同的挑战。

正视问题

毋庸讳言,即使对于世界上最大、最富有的经济体来说,

1,000万无证移民在短期内蜂拥而入也是无法承受之重。更何况在这一过程中，用于安置和融合的费用并不会由50个州均摊，因此未来任何涉及"特赦"的制度都必须做好预算分摊，让全部50个州按一定比例承担费用。首先受到这股移民潮影响的，是与墨西哥接壤的美国南方各州，虽然随着时间的推移，这些移民中的很多人会分散到其他各州，但大多数人还是会继续留在美国南部。如此大规模的移民潮有几方面的原因：按照过去流行的说法，美国和墨西哥之间的边界曾经是世界上唯一一条分隔了第一和第三世界的边界。现在，从很多角度来说，它都是全球核心和全球边缘地带之间最突出的分界线，这条线一侧的吸引力举世无双，另一侧则是一个不善管理的政府及其治下严重分化的经济体。此外，北美自由贸易协定也频遭诟病，就像有些人指责的，它将无数工人吸引到美墨边境地带的保税工厂，转而又让他们失去工作；还有一些人认为，该协定中的农业条款让墨西哥农民无钱可赚。甚至有人觉得，全球化才是这条边界线两侧贫富差距极大的根源所在：那些企业为了追求利润最大化，先是利用墨西哥，随即又将其抛弃，视当地劳动力如敝屣。

显然，当前亟待解决的是这条边界线以北的问题。美国境内的许多墨西哥和中美洲移民的住所简陋拥挤，严重缺乏甚至根本没有基本生活设施。这些地方的力量对非法移民的日常生活造成的影响令人生畏：他们整日生活在被发现的恐惧之中，缺乏医疗或其他紧急求助渠道，缺乏接受学校教育的机会。我们再次使用过去流行的说法：虽然生活在第一世界国家，但他们的生存条件与第三世界别无二致；但这种情况并不仅仅局限于洛杉矶地区——美国其他地方也有很多这种类似全球边缘地带的环境——如果不及时调整政策，这些地方将迅速滋生一个西班牙裔底层阶级，与之相关的各种问题也会随之固化，届时美国将需要几代人的努力才能根除这些问题。

与此同时，人们也在争论这些移民活动的利弊。有些人断言，非法移民从事的工作都是美国人不屑一顾的工作，这种说法将移民对就业的影响最小化了，甚至还认为这是一个积极因素，因为它能刺激当地人向上流动。另一些人则担心，本地的低技能工人会因移民而失业，因为这些移民的工资要求更低，企业主们也随之有了规避最低工资规定的机会，整体工资水平也会随之下降。这反过来又会影响税收，进而影响各个州的预算，因为监管企业主的成本也上升了。

显然，应对这股非法移民潮需要资金，但如果联邦不给予任何资助，这些支出就会全部由受到直接影响的州来承担，这的确有违常理。这是一个全国性的问题，而不仅仅是某个区域或者当地的问题，因此仅靠修建围墙和栅栏来阻挡移民无法解决。毕竟我们不能关闭边境，也不可能遣返所有移民或者其中的多数，最终的政策妥协将不得不包含被反对者鄙视的大赦措施，以及一个用于缓解这种持续性压力的循环系统。同时，鉴于前面提到的原因，非法移民家庭也必须得到基本国民服务，这是为国家而非地方考虑。尽管这么做必定付出巨大的成本，但是相比于用战争在外国建立民主制度，还是这样的投资更划算。

在美国的本土化人口和非法移民共同生活的地方，为了弥合文化分歧，人们大力提倡英语教育和美国风俗教育，并作为大赦的条件之一：只要接受教育，就能免于被逮捕或驱逐（这实在是利用教堂空闲时间和周末教室的一个好主意）。这场运动规模宏大，调动了所有可用的资源，吸引了所有年龄段的学习者，尤其是儿童。如此一来，墨西哥人和中美洲人得以逃离底层，年轻人则为将来获得正式身份并继续求学做好了准备。对于美国的本土化人口来说，这也是一个机会，在为成年人和年轻人组织的免费和非正式课程中，他们可以发挥自己作为以英语为母语者的才能。事实上，美国如果与墨西哥合作，在墨西哥学校以及其他场所（如成人教育班）开展英语教学，将大有裨益。既然中国能在津巴布韦推广中文教学，那么美国肯定也可以在墨西哥开展英语教学——从而使未来的文化地理变得更平坦。

在新环境中，有些人可能因为文化包袱而日渐沉沦，而我们能够提供的力所能及的援助就包括教授语言。就个人而言，作为一个移民，我说英语时口音很重，但随着时间的推移，我会自行纠正。可是，我真希望一开始就有人强迫我多学一点有关美国各州的运作方式及其机构演变历史的知识。如果没有罗兰德·杨（Roland Young），一位20世纪50年代在美国西北大学讲授政治学的教授，我就不可能通过严格的移民测试，当时他经常为外国研究生举办即兴晚宴，而在这些晚宴上总是会发生讨论，议题从《权利法案》到选举人团不等。每当我看到电视上成百上千的新公民挥舞着小小的国旗，背诵效忠誓词宣誓入籍的画面时，我都想知道，尽管他们都是合法移民，但他们当中到底有多少人完全了解自己刚刚被赋予的权利和责任。对非法移民来说，这个问题则显然毫无意义。

就同化能力而言，美式英语的统治地位即将迎来第一个真正的挑战。以前的移民潮无论从规模还是从持续强度来说，都不足以威胁美式英语的地位；而且，美国最大的幸运之一就是非裔美国人开始说英语并保持至今。但我们只要研究一下历史，就会发现第一代西班牙裔移民（例如来自古巴的移民）一般讲西班牙语，他们的孩子则讲双语，第三代则主要讲英语。但是，现在的合法西班牙裔移民数量太大，分布太广，政治影响力也声势日隆，因此肯定会有越来越多的人呼吁把西班牙语也定为美国的官方语言。反对者们往往会拿出法律文献当中关于"必须使用英语"这样的规定予以回击，不过解决这个争议还有更有效的办法：让这些人自己先去学西班牙语吧，这样人们就会迅速明白：即使西半球甚至全世界都实行双语制，但只使用一种官方语言对于美国来说曾经是最宝贵的财富，今后也必须坚持下去。

事实上，语言教育近些年已经有了很大的发展，新的教学方法富有现代性、娱乐性和成效性，通过采用这些方法在下午或傍晚时分开展一小时的西班牙语教学，也是美国公共电视台寻求突破的一个机会。

正视混乱

显然，与那些民族间、次国家实体间甚至国家间的周期性暴力冲突相比，过度移民只是一个微不足道的问题。有些地区即使身处全球核心地带，也似乎注定永无宁日，数百万人流离失所，经济一塌糊涂，人员伤亡惨重。比如，在南斯拉夫解体期间，波黑境内到处是建筑燃烧、满目疮痍的景象，与饱受摧残的苏丹达尔富尔的惨状别无二致，只是富尔人更加贫穷，达尔富尔残存的基础设施也少得多。几个世纪以来，亚美尼亚的地方性冲突连绵不绝，不仅社会动荡，经济崩溃，还有数百万人逃离家园，近年来移民数量更是激增。然而，仍有许多有意外迁的人从来没有得到机会。比如，朝鲜半岛在历史上也曾几经动荡，最近一次冲突将其一分为二。此外，在东南亚，有一条以缅甸为中心的文化破碎带，这里也经常发生大规模冲突，大量人口因此流离失所，最近一次冲突发生在2007年，引发了缅甸军方与佛教僧侣的对抗。阿富汗和克什米尔地区早在现代边界划定之前就已经长期遭受地方性冲突的困扰。在所有这些动乱中，村民和农民的处境尤为糟糕。农业系统本就脆弱，若再经战火蹂躏，庄稼可能颗粒无收，那么本土化人口就将付出生命的代价。城市的情况要好一些，虽然达尔富尔的动乱甚嚣尘上，但依靠石油而繁荣的苏丹首都喀土穆毫发未伤。

如前所述，世界上有些地区自古以来就更容易发生动乱。在非洲中东部，自二战以来有400多万人死于动乱，位居全球第一。这里的暴乱总是突然发生，反复无常，给这一地区的腹地造成了巨大破坏；大多数本土化人口得不到任何预警，也无法提前离开。而且，没有任何个人行动能缓解这里的动荡。因此，越来越多的专家呼吁大幅加强对该地区的国际干预力度和维和力量，同时辅以更有效的外交和后勤机制。此外，为了消除反复发生的动乱，其他措施还包括限制武器在冲突易发地区的流通（以及买卖），限制宝石等快钱商品的出口（以及买卖），因为这类商品正是冲突双方的资金来源。所有这些行动都代价高昂，联合国也急需得到各会员国的支持。尽管联合国的表现经常受人诟病，其中虽然也不乏合理之处，媒体也很少报道这些维和行动，但这些行动的确是该组织成功实施的措施之一。那些投票决定是否为联合国拨款的国会代表应该听取选民对此事的意见。即使针对的是这样遥远的地方，这些意见也举足轻重，足以对抗那些冲突地区的各种力量。

尽管此前很少有女性参与国际维和行动，但现在让更多女性加入进来不失为增强维和效果的一个有效办法。谈到让女性在军队中服役，许多国家的公众都持怀疑态度，但一旦让她们大量执行维和任务，这些担心也许就会烟消云散。有些事实我们并不了解；尽管一些女性已经在军队后勤部门中扮演关键角色，但地面部队里仍然很少有女性的身影。然而，政治暴乱造成的破坏往往因为男性实施的性暴力而变得无以复加，有些时候就连男性维和人员也被指控犯有此类罪行。因此，增加了女性维和人员的维和部队将比完全由男性组成的维和部队更有效地保护动荡中的妇女和儿童；她们有望更好地理解当地人的需求，甚至可以采取行动约束那些不太负责的男性维和人员。

对于这类冲突地区，还有一种国际干预措施值得我们仔细探讨：调整边界。这个话题肯定高度敏感，例如美国领导的伊拉克军事行动结束之后，针对是否将该国分而治之的问题，人们曾进行了激烈讨论，但最终人们并没有实施这一方案（因为这么做可能会煽动冲突）。然而，无论是全球核心地带还是全球边缘地带都曾屡次发生抹掉边界、建立边界和重新划定边界的案例，这值得我们深入研究。在全球核心地带，欧盟实际上就模糊了国家间的边界概念，一些次国家实体之间的边界则升级为了国家间的边界（例如，捷克和斯洛伐克之间的边界就随着它们的独立而成为国境线）。在欧洲，波黑是有效利用边界划分的明证，虽然人们都希望这只是权宜之计，但审慎的分裂措施无疑挽救了很多当地人的生命。科索沃的政治地理也进行了类似但更细微的修改，它的北部角落被赋予了特殊地位；科索沃和塞尔维亚肯定要重新划定它们之间的领土界线，围绕着位于对方境内的塞尔维亚少数民族地区和科索沃少数民族地区重新进行谈判，这样科索沃才可能真正实现独立。但是，全球边缘地带才是调整边界措施最大的用武之地，特别是撒哈拉以南非洲。波黑的调和模式不仅可以用于化解旷日持久的民族冲突，甚至可以用于动员领土交换。

一些批评者认为，无论采用何种手段或方法，这些干预都只是浪费外国援助罢了，这些社会根本就无药可救，全球核心地带国家最终将一无所获。当然，多边干预首先肯定是出于人道主义，但是对于全球核心地带来说，这一措施还有另外一层含义。长期遭受地方性动荡的国家很容易失败，而对于当今这个不仅饱受恐怖主义挑战，还面临着空前严重的武器扩散危险的世界来说，失败国家本身就意味着一种战略风险。此外，有大量证据表明，国际社会只要愿意投入，就可以打破那些引起动荡的暴力循环——虽然国际社会有时的确不太愿意这么做。可以想象，当科索沃宣布独立之时，南斯拉夫分裂的又一个潜在风险即将登场（主要是对北约）。

新的挑战和旧的风险

风险的地理含义正在发生变化。在冷战高峰期，美国的规划部门建议人们在自家地下室设置防空洞，还要求将国家粮食储备都放置在整个中西部最四通八达的地方，这些算是美国为了应对核战风险的一次演习。如今，冷战已经成为历史，但它预示的核武器扩散时代已经到来。甚至早在冷战结束之前，核武技术的扩散就已经无法避免,现在恐怕要失去控制了。虽然最初的"核俱乐部"曾经试图限制核武器的扩张,但由于俱乐部成员们处在各自不同的意识形态联盟,因此朝鲜、巴基斯坦、印度和以色列也加入了进来。在遏制核野心方面,我们同样有得有失:国际社会虽然成功阻止了伊拉克(1981年由以色列实施)、南非、利比亚、叙利亚(2007年也是由以色列实施)以及朝鲜潜在的野心,但另外两方面的情况不尽如人意:一是国际社会对伊朗核问题难以达成共识,二是非国家实体(恐怖分子)越来越有可能获得此类武器的生产方法或武器本身。巴基斯坦就是最好的例子,在拥有核武器后,该国的国家形象和现实发生了巨大的变化:这个原先只比阿富汗稍好一点的伊斯兰国家现在具备了发动核战争的实力,还能出售制造核武器所需的技术。该国的政治动荡曾经不值一提,现在却是全球关注的焦点。虽然没有确实的证据说明以色列拥有核武器,但它原来只是一个拥有强大军事力量的小国,现在却成了可以在瞬间改变世界的力量之一。这是另一种形式的收敛:在当今世界,任何角落都在某个政府或政权的核导弹的射程之内。

这会不会是一个能让各方退缩的悬崖,就像冷战时期一样?我们应该让非国家行为者来回答这个问题。他们有多大的可能掌握发射核弹的方法呢?只要核武器仍然在政府的控制之下,而且这些政府明白,一旦启用核武器,人类就会随之毁灭,那么发生核战的可能性就会很低。但这种遏制因素并不会影响恐怖组织,比如,"基地"组织领导人就宣称他们渴望这种武器,还要把获得这种武器作为一种"宗教义务"去履行(Richardson, 2006)。当然,恐怖组织要想成功发起核打击,在技术、后勤、战术和战略上都有很多障碍,虽然它们的确有可能做到这一点，但前景缥缈。尽管如此，除非国家有所行动，否则任何防范核打击的准备都是徒劳。如果真的有那么一天，人员损失将空前巨大，而要挽回这些损失，必须恢复基础设施以防止物资被破坏，但实际上，面对这样的不测事件，任何紧急措施都无力回天。

地方和自然

人类当前面临的最直接、最紧迫的问题是自然的力量对人类聚居区的影响，这些影响方式众多，包括气候变化、地震、飓风袭击和死灰复燃的热带疾病等。当前，地球正处于环境转型期，热浪、暴雨、干旱、风暴、火灾、寒流和其他极端天气充斥着每天的气象记录，反映了区域气候的急剧变化，也体现了地方气候和短期气候的剧烈波动。全球核心地带要做的是为这些突发事件做好充分准备；而全球边缘地带则需重点关注灾后紧急救援。

众所周知，在当前的全球变暖周期中，沿海城市和农村受到了巨大而直接的威胁；相比之下，人们似乎并不关注气温上升导致的其他影响。根据一些医学和普通科学期刊的报道，在温度急剧上升的地区，一些传染病正在卷土重来，其中还包括那些很容易传染给非热带地区人口的疾病。尤其让人担忧的是两种"超级病媒"热带蚊子的复苏，它们能够传播20多种病毒性疾病，能在欧洲北部的荷兰存活，在北美的分布也越来越广。此外，气候变暖还对湖泊、池塘和溪流造成了生物学效应，其他病媒也在扩大活动范围。最近有一份报告就记录了第一个在非热带地区传播的基孔肯雅热病例，这种类似登革热的疾病曾经鲜为人知（Enserink, 2007）。但在 2006 年，印度有 120 多万人感染这种病，后来意大利也发现了这种病的病例。未来，公共卫生部门将花费更多精力减少蚊子的繁殖地，一些曾经默默无闻的疾病也可能变成人们关注的焦点。

不只是"热带"疾病正在向非热带地区大肆扩张（西尼罗病毒已经成为美国部分地区的公共卫生问题），热带地区本身的生态也受到了全球变暖的影响。温度升高加速了生物过程，所以赤道地区不得不提高打击疟疾和其他祸害的效率。这类行动往往由国际组织和私人团体负责，甚至还有一些人以个人的名义"收养"撒哈拉以南非洲或南亚的某个家庭或村庄，无论如何，这些行动现在意义空前。

随着气候变暖，各种形式的热带风暴也越来越强烈，越来越常见，大自然正在借此充分展示它的威力。虽然人类还无法确定全球变暖（实际上是区域变暖拉高了全球平均水平）是否会直接影响飓风的强度。但是，对于飓风——或者如世界其他地方所称的台风或旋风——的威力，特别是给沿海甚至内陆地区带来死亡和破坏的威力，人们已经不再质疑。飓风"卡特里娜"给新奥尔良人民带来的噩梦至今让人记忆犹新。人工防御系统在飓风面前不堪一击，人类的干预也一败涂地。虽然当时当地的各种条件错综复杂，具有极大的特殊性，但这场飓风的警示却无比清晰：历史先例和科学预测都表明，未来世界将充满气候和天气极端事件，大部分地区都将措手不及。根据早前的记载，这些极端气候已经有过很多表现：严重的干旱和洪水，极端的酷热和严寒。在"全球变暖"这一概念背后，其实是区域性的气候变化，这些变化将给人类居住地带来巨大的自然威胁，要知道自然界上一次释放这样的威力还是在几千年前的冰川消退期。无论城市还是农村，全世界有数以亿计的人口居住在沿海平原和三角洲地区，那里是陆地和海洋的交会处——人们必须明白，海岸是流动的、变化的。至于那些位于河流盆地或沙漠边缘的城市，"千年事件"这样的环境平均值跟它们关系甚微。

在这样的紧急关头，地球上的本土化人口能做些什么呢？国际化人口和全球化的推动者构成了全球变暖的主要人为因素，因此在弱化人的因素方面，他们也将大有可为。此外，尽管印度和其他正处于工业化进程中或正蓄势待发的全球边缘地带经济体在未来肯定会产生越来越多的污染源，加剧温室效应，但现在的污染源主要来自全球核心地带国家。因此，这些国家应该成为行为榜样，例如征收合理的碳税，专注于开发替代能源，进行技术创新，等等。对于北美人民来说，当前有一件事可以做：将你的想法告诉国会，尤其是关于美国未能批准《京都议定书》的问题。然而，就连最乐观的预测也认为，气候变化将在未来很长一段时间内关乎人类的生死，全球边缘地带受到的打击将最为严重，因为那里的应对能力最弱。

相比之下，全球核心地带的资源和补救措施要充足得多。然而，尽管长远准备至关重要，但我们也必须充分重视现有的珍贵教训。飓风"卡特里娜"过后，虽然救援行动一塌糊涂，但人们必须明白，即使再高效的干预措施也需要时间才能到达所需之处。其中，人们急需的物资之一是饮用水。尽管发生的是洪灾，但水供应非常艰难。在出现这种巨大灾难的紧急情况下，让政府在短时间内提供有组织的救济并不现实。实际上，每个有能力的城市家庭都应该为每个家庭成员储存能够使用三个星期的淡水。水比食物更重要，食物可以用各种非冷藏的形式储存以备急用。储存的食物也应该足够一个星期的消耗，并不断更新。此外，世事难料，我们也要考虑到长期停电的可能性，因此可以储备一些电池驱动设备和手摇式充电系统，相比之下，便携式发电机之类的设备并不实用。这种计划的必要性不言而喻，但从电视报道中我们就能发现，很少有人会提前制定计划，大多数人还是习惯于在风暴来临前的最后一刻去杂货店和五金店抢购物资。显然，最佳选择是未雨绸缪，而非等到兵临城下再做应对。

可见，个人和家庭的准备工作非常关键。但是，面对海啸、台风或龙卷风等来自自然界的突然袭击，另一种更具有团结性的准备也很重要。早期预警是对自然界中的这些破坏力量的最好防御。研究表明，预警系统在过去曾多次警告，印度洋可能会发生灾难性海啸。如果当时人们能够予以重视，建立起区域警报系统，那么数以万计的人就不会在2004年的海啸中失去生命，因为当时的海啸预警技术已经足够成熟。事实上，当海啸的三堵破坏性水墙中的第一堵击中苏门答腊岛北部近两个小时后，"第一个波浪才冲向普吉岛（泰国）……那是一个星期天的早晨，大多数政府机构都关闭了……泰国一个气象局的工作人员看到了地震报告，但不知道海啸可能即将发生。……在袭击尼科巴群岛之后……又过了90分钟，海啸才穿越孟加拉湾，（但）没有人发出警报，海浪冲向印度，造成15,000人死亡，又在斯里兰卡造成31,000人死亡"（Stone and Kerr, 2005）。2004年海啸发生后，国际社会才终于开始携手共建这个本可以挽救无数生命的预警网络；实际上，这个网络并不复杂，只需要用一个系统将众多深海传感器、验潮仪和陆地地震监测站连接起来，再由系统负责共享数据并发布公共警报即可。泰国在这次海啸中有近6,000人丧生，现在该国的海岸边矗立着几十座警报塔，跟美国中西部地区监测龙卷风的警报塔如出一辙。到2007年年中，印度洋预警系统的基本雏形已经形成，而且还在不断改善。与此同时，规划部门开始关注大西洋沿岸低洼海岸的潜在风险，这些海岸很容易受到大西洋中脊海啸的攻击，但还没有建立起足够的预警系统。

预测大自然的袭击（无论是地震还是活火山爆发）仍是一门还处于起步阶段的科学。从维苏威火山到默拉皮火山，数百万人生活在地质风险之中，这些地区的破坏力甚至曾经几次改变历史的进程。但是，无论危害多么显著，伤亡多么惨重，人们仍然聚居在这些地方，只有在威胁最可怕的时候，他们才会放弃家园。这种有违常识的吸引力也是地方之力的一种，随着研究人类承受能力的科学不断精进，潜在的受害者也在不断增加。

还有一些人无论如何都不愿离开自己熟悉的家园，即使他们已经收到了警报和警告。当灾难真的来临，这些受灾者首先会互助求生。本书第五章曾经提到，1953年发生在荷兰的那场灾难性风暴中，数百人的生命被邻里所救，而在2005年的新奥尔良，邻里间相互扶持的事例也不胜枚举。但在现实中，郊区化的散居生活已经让邻里关系趋于松散，即使住得较近，人们也不太可能深入了解自己的邻居。在全球核心地带，紧密相连的邻里关系已经不复存在；但如果在面对安全问题时，邻里间能联合起来成立一个犯罪行为督察队，那么人们应该也能成立一个紧急自救联盟。人类可能有社会差异，但在涉及环境危机时，我们必须团结一致。从这个角度来说，自然的力量也是铲除社会障碍的伟大力量。

迈向更平坦的世界

地球并不大，但这里的 70 亿人口仍然生活在截然不同的世界中。只要我们不因彼此之间注定存在的差异而自我毁灭，或像恐龙那样遭遇毁天灭地的厄运，那么全球核心地带与全球边缘地带之间的天壤之别终将消失。到那时，地方的威力将被铲除，将人拒之门外的各种障碍也将不复存在。对于全球化来说，若取其长处，我们将有机会看到这个未来。若取其短处，我们将成为仇外或宗派恶行的帮凶；只要我们不断铲除障碍，坚持包容，并按照规则积极行动，全球化的回报将不言而喻。对于美国来说，最大的拥护者正是那些移民到这里、获得公民身份并实现福祉的人。全球核心地带的其他社会和全球边缘地带的大多数社会同样如此。然而今天，全球核心地带的国际化人口与全球边缘地带的本土化人口生活在迥然不同的世界里；社会鸿沟仍旧横亘在富人与穷人之间；女性和男性也命途各异。正如阿玛蒂亚·森所说："在不同的地方出生，意味着有的孩子一出生就拥有各种方便与设施，以助其将来飞黄腾达，有的孩子则将毕生受尽剥削。"（Sen, 2006）总之，我们都出生在一定的自然与文化环境之中，有的要求我们为生存竭尽全力，有的则允许我们游刃有余地面对生活，从容不迫地做出他人梦想中的选择与决定。如此巨大的命运差异遍及世界，旷日持久，足以证明地方的力量不仅变化无常，而且根深蒂固；要对抗这种力量，我们能做的就是铲除各种各样的障碍，创造越来越多的机会，使这个世界变得更加美好、更加平坦。

参考文献

Ahmad, E, 2003. "Knowledge, Place, and Power: A Critique of Globalization."In A. Mirsepassi et al., eds., *Localizing Knowledge in a Globalizing World: Recasting the Areas Studies Debate.* Syracuse, N.Y.: Syracuse University Press.

Alley, R. B., 2004. "Abrupt Climate Change." *Scientific American,* 292(11):62.

Altman, L. K., 2006. "Scientists Trace Link between Chimp Virus and H.I.V."*New York Times*, May 26.

Arnold, W., 2007. "Mosquitoes Have the Edge in Singapore's Dengue War."*New York Times,* June 27.

Barone, J., 2005. "(Laki Volcanic Eruption)" *Discover,* 24 (2):9.

Bauer, P., 2006. "Cataclysm in Kashmir." *2006 Book of the Year.* Chicago:Encyclopaedia Britannica, 442.

Best, A. C. G., and H. J. de Blij, 1977. *African Survey.* New York: John Wiley & Sons.

Bhagwati, J., 2004. *In Defense of Globalization.* New York: Oxford University Press.

Bloom, A., 1987. *The Closing of the American Mind.* New York: Simon & Schuster.

Botkin, D. B., 2007. "Global Warming Delusions." *Wall Street Journal,* October 17.

Bouazza, H., 2002. "Nederland Is Blind Voor Moslem Extremisme." *NRC Handelsblad*, February 20.

Bradsher, K., and D. Barboza, 2006. "Clouds from Chinese Coal Cast a Long Shadow." *New York Times,* June 11.

Budiansky, S., 2002. "Mosquitoes and Disease." *Science,* 292:82.

Carter, J., 2007. *Palestine: Peace Not Apartheid.* New York: Simon & Schuster.

Cavalli-Sforza, L.-L., P. Menozzi, and A. Piazza, 1994. *The History and Geography of Human Genes.* Princeton, N.J.: Princeton University Press.

Chowdhury, A. M. R., 2004. "Arsenic Crisis in Bangladesh." *Scientific American,* 292

(8): 86. 258 WORKS CITED

Cohen, J. E., 2003. "Human Population: The Next Half Century." *Science*, 302:1172.

Collier, B., 2007. *The Bottom Billion*. New York: Oxford University Press.

Coogan, J., 2007. "Summerless: The Year of Eighteen Hundred and Froze to Death." *Cape Cod Times Summerscape 2007*.

Corbridge, S., and J. Harriss, 2000. *Reinventing India: Liberalization, Hindu Nationalism and Popular Democracy*. Cambridge University Press (Blackwell).

Crystal, D., 2003. *Cambridge Encyclopedia of the English Language,* 2nd ed. Cambridge: Cambridge University Press.

Dawkins, R., 2006. *The God Delusion*. New York: Mariner (Houghton Miffl in).

De Blij, H. J., 1996. *Human Geography: Culture, Society and Space,* 5th ed. New York: John Wiley & Sons.

De Blij, H. J., 2004. "Africa's Unequaled Geographic Misfortunes." *Pennsylvania Geographer,* 42:1.

De Blij, H. J., 2005. *Why Geography Matters: Three Challenges Facing America*. New York: Oxford University Press.

De Blij, H. J., 2006. "Europe at the Crossroads." *Eurasian Geography and Economics,* 47:698.

De Blij, H. J., P. O. Muller, and R. S. Williams, Jr., 2004. *Physical Geography: The Global Environment,* 3rd ed. New York: Oxford University Press.

Dennett, D., 2006. *Breaking the Spell: Religion as a Natural Phenomenon*. New York: Viking.

Diamond, J., 1997. *Guns, Germs, and Steel: The Fates of Human Societies*. New York: Norton.

Diamond, J., 2001. "Deaths of Languages." *Natural History,* 4(1):30.

Diamond, J., 2005. *Collapse: How Societies Choose to Fail or Succeed*. New York: Viking.

Domingo, V., 2004. *South Africa*. Philadelphia: Chelsea House.

Dudley, S., 2006. "More Self-Rule Sought for Oil-Rich Texas of Venezuela." *Miami Herald*, April 6.

Dunavan, C. P., 2005. "Tackling Malaria." *Scientific American,* 293(6):75.

Easterly, W. R., 2006. *The White Man's Burden: Why the West's Efforts to Aid the Rest Have Done So Much Ill and So Little Good*. New York: Penguin.

Economist, 2004. "After Babel, a New Common Tongue." August 7:41.

Economist, 2007a. "They All Speak English." December 16:55.

Economist, 2007b. "Thailand's Buddhists: Monks on the March." May 5:56.

Economist, 2007c. "Dengue Fever: A Deadly Scourge." April 21:42.

Economist, 2007d. "The Unbearable Weight of Shinzo Abe." July 7:41.

Economist, 2007e. "A Little Less Purity Goes a Long Way." July 7:47. Works Cited 259

Ember, M., 1982. "Statistical Evidence for an Ecological Explanation of Warfare." *American Anthropologist,* 84:645.

Enserink, M., 2005. "Is Holland Becoming the Kansas of Europe?" *Science,* 308:1394.

Enserink, M., 2007. "Tropical Disease Follows Mosquitoes to Europe." *Science,* 317:1485.

Fenwick, A., 2006. "Waterborne Infectious Diseases—Could They Be Consigned to History?" *Science,* 313:1077.

Fernandes, E., 2006. *Holy Warriors: A Journey into the Heart of Indian Fundamentalism.* Delhi: Penguin Viking India.

Fischetti, M., 2001. "Drowning New Orleans." *Scientific American,* 285(4):78.

French, H. W., 2005. "Uniting China to Speak Mandarin." *New York Times,* July 10.

Friedman, T. L., 2005. *The World Is Flat: A Brief History of the Twentieth Century.* New York: Farrar, Straus & Giroux.

Fung, V. K., W. K. Fung, and Y. Wind, 2008. *Competing in a Flat World: Building Enterprises for a Borderless World.* Upper Saddle River, N.J.: Pearson Education/Wharton School.

Gallagher, T., 2007. "Britain: A Radical Stronghold for European Muslims." *2007 Book of the Year.* Chicago: Encyclopaedia Britannica.

Garfield, K., 2007. "Is There a Genetic Basis to Race After All?" *Discover,* 26(3):21.

Gould, P. R., 1993. *The Slow Plague: A Geography of the AIDS Pandemic.* Oxford: Blackwell.

Graddol, D., 1997. *The Future of English?* London: British Council.

Graddol, D., 2004. "The Future of Language." *Science,* 303:1329.

Grant, R., and J. Nijman, 2002. "Globalization and the Corporate Geography of Cities in the Less-Developed World." *Annals of the Association of American Geographers,* 92(2).

Greenberg, J., 1963. *The Languages of Africa.* Bloomington: Indiana University Press.

Greenberg, J., 1987. *Languages of the Americas.* Bloomington: Indiana University Press.

Hansen, J., 2004. "Defusing the Global Warming Time Bomb." *Scientific American,*

291(3):68.

Hanson, S., and G. Pratt, 1995. *Gender, Work and Space*. New York: Routledge.

Harris, S., 2004. *The End of Faith: Religion, Terror, and the Future of Reason*. New York: Norton.

Homer-Dixon, T., 2006. *The Upside of Down: Catastrophe, Creativity and the Renewal of Civilization*. Washington, D.C.: Island Press. 260 WORKS CITED

Howland, C. W., 2001. *Religious Fundamentalism and the Human Rights of Women*. New York: Palgrave.

Huntington, E., 1940. *Principles of Human Geography*. New York: John Wiley & Sons.

Huntington, S. P., 1996. *The Clash of Civilizations and the Remaking of the World Order*. New York: Simon & Schuster. Jefferson, M., 1939. "The Law of the Primate City." *Geographical Review*, 29:226.

Johnson, S., 2006. *The Ghost Map: The Story of London's Most Terrifying Epidemic—and How It Changed Science, Cities, and the Modern World*. New York: Riverhead Books.

Kapp, C., 2007. "Switzerland." *2007 Book of the Year*. Chicago: Encyclopaedia Britannica.

Kerr, R. A., 2007. "Mammoth-Killer Impact Gets Mixed Reception from Earth Scientists." *Science*, 316:1264.

Kiefer, P., 2007. "Organized Crime Takes Lead in Italian Economy, Report Says." *New York Times*, October 22.

Knapp, G., ed., 2002. *Latin America in the Twentieth Century: Challenges and Solutions*. Austin: University of Texas Press.

Knowlton, B., 2007. "Global Support for Trade, Mixed with Some Doubts." *New York Times*, October 5.

Kurlantzick, J., 2007. "Sometimes, Sightseeing Is a Look at Your X-Ray s." *New York Times*, May 20.

Landes, D., 1998. *The Wealth and Poverty of Nations: Why Some Are So Rich and Some So Poor*. New York: Norton.

Legassick, M., 2007. "South Africa." *2007 Book of the Year*. Chicago: Encyclopaedia Britannica.

Leroi, A. M., 2005. "A Family Tree in Every Gene." *New York Times*, March 14.

Lim, M., R. Metzler, and Y. Bar-Yam, 2007. "Global Pattern Formation and Ethnic/Cultural Violence." *Science*, 317:1540.

Lloyd, B. S., A. C. Rengert, and J. J. Monk, 1982. *Women and Spatial Change*. Dubuque, Iowa: Kendall-Hunt.

Luce, E., 2006. *In Spite of the Gods: The Rise of Modern India*. New York: Little, Brown.

Mackinder, H. J., 1904. "The Geographical Pivot of History." *Geographical Journal*, 23:421.

Mandela, N., 1994. *Long Walk to Freedom*. Boston: Little, Brown.

McArthur, T., 1998. *The English Languages*. Cambridge: Cambridge University Press.

Meade, M. S., and R. J. Earickson, 2005. *Medical Geography*. New York: Guilford Press. Works Cited 261

Moss, W. G., 2008. *An Age of Progress? Clashing Twentieth Century Forces*. London: Anthem Press.

Murray, W. E., 2006. *Geographies of Globalization*. New York: Routledge.

Nagourney, E., 2007. "Skilled Ear for Music May Help Language." *New York Times*, August 11.

Nijman, J., 2004. "De Analyse van Mondiale Stedelijke Netwerken: Observaties vanuit Miami." Personal communication in response to a query, manuscript of a 2004 paper attached to letter dated October 4, 2007.

Opdycke, S., 2000. *The Routledge Historical Atlas of Women in America*. New York: Routledge.

Oppenheimer, S., 2003. *The Real Eve: Modern Man's Journey Out of Africa*. New York: Carroll & Graf.

Prothero, R. M., 1963. "Population Mobility and Trypanosomiasis in Africa." *Bulletin of the World Health Organization*, 28:615.

Richardson, L., 2006. *What Terrorists Want: Understanding the Enemy, Containing the Threat*. New York: Random House.

Rodriguez, G., 2007. *Mongrels, Bastards, Orphans, and Vagabonds: Mexican Immigration and the Future of Race in America*. New York: Pantheon.

Rosenberg, N. A. et al., 2002. "Genetic Structure of Human Populations." *Science*, 298:122.

Rushdie, S., 2005. "India and Pakistan's Code of Dishonor." *New York Times*, July 10.

Sachs, J. D., 2002. "A New Global Effort to Control Malaria." *Science*, 298:122.

Sachs, J. D., 2005. *The End of Poverty: Economic Possibilities for Our Time*. New York: Penguin Books.

Sachs, J. D., 2006. "Ecology and Political Upheaval." *Scientific American*, 295(1):37.

Sapolsky, R., 2005. "Are the Desert People Winning?" *Discover,* 24(8):42.

Sassen, S., 1991. *The Global City: New York, London, Tokyo.* Princeton: Princeton University Press.

Saunders, C., 2006. "Equatorial Guinea." *2006 Book of the Year.* Chicago: Encyclopaedia Britannica. Savage, T. M., 2004. "Europe and Islam: Crescent Waxing, Cultures Clashing." *Washington Quarterly* 27(3):25.

Scarth, A., 2002. *La Catastrophe.* Oxford: Oxford University Press.

Sen, A., 2006. *Identity and Violence: The Illusion of Destiny.* New York: Norton.

Sengupta, S., 2006. "Report Shows Muslims near Bottom of Social Ladder." *New York Times,* November 24.

Short, J., et. al., 2000. "From World Cities to Gateway Cities." *City,* 4:317.

Sivard, R. L., 1985. *Women: A World Survey.* Washington, D.C.: World Priorities. 262 WORKS CITED

Sowell, T., 1994. *Race and Culture: A World View.* New York: Basic Books.

Spears, E. K., and H. J. de Blij, 2001. "Political Geography of Devolution in the Americas: The Case of Brazil's South." *Pennsylvania Geographer,* 39(1):3.

Stamp, L. D., 1964. *The Geography of Life and Death.* Ithaca, N.Y.: Cornell University Press.

Stone, R., 2004. "Iceland's Doomsday Scenario?" *Science,* 306:1602.

Stone, R. and R. A. Kerr, 2005. "Girding for the Next Killer Wave." *Science,* 310:1602.

Taylor, P. J., 2004. *World City Network: a Global Urban Analysis.* London: Routledge.

Thomas Jr., L., 2007. "A Fragile Foothold: The Ranks of Top-Tier Women on Wall Street Are Shrinking." *New York Times,* December 1.

UNAIDS, 2006. *2006 UNAIDS Epidemic Update.* Geneva: Joint UN Programme on HIV/AIDS.

United Nations, 2000. *The World's Women, 2000.* New York: UN Press.

United Nations, 2006. *Report on Migration.* New York: United Nations.

Vogel, G., 2005. "Will a Preemptive Strike against Malaria Pay Off?" *Science,* 310:1606.

Wellems, T. E., 2002. "*Plasmodium* Chloroquine Resistance and the Search for a Replacement Antimalarial Drug." *Science,* 298:124.

Winchester, S., 2003. *Krakatoa: The Day the World Exploded.* New York: HarperCollins.

Wolpert, S., 1999. *India.* Berkeley: University of California Press.

Woodman, J., 2007. *Patients Beyond Borders: Everybody's Guide to Affordable, World-Class Medical Tourism*. Chapel Hill, N.C.: Healthy Travel Media.

World Bank, 2007. *Maternal Mortality in 2005*. Washington, D.C.: World Bank.

Yardley, J., 2006. "A Spectator's Role for China's Muslims." *New York Times,* February 19.

出版后记

21世纪初，随着全球商品市场的大繁荣和互联网的大发展，越来越多人相信，世界的流动性、互联性和一体化都达到了史无前例的高度，足以证明"世界是平的"。托马斯·L.弗里德曼的同名著作《世界是平的：21世纪简史》就曾风靡一时。时人相信，全球化浪潮将冲刷掉不同地区、不同人群之间的巨大分歧，地理环境对人的限制将越来越少。

然而，本书作者认为，这种看法还是过于乐观了。毫无疑问，全球化确实在整体上影响了所有人，我们都或多或少受益于全球化。但在全球化的过程中，人与人之间的差距并非越来越小，而是越来越大。为了讨论这个问题，作者提出了他的分析框架，将全球的人口分为三类，分别是"国际化人口""本土化人口"和"流向全球化人口"；他还将世界一分为二，提出了"全球核心地带"与"全球边缘地带"的概念。区分三类人的标准并非民族或国籍，而是财富和权力。国际化人口本就掌握了大量财富和权力，到了全球化时代，他们更是如鱼得水，在不同国家之间随意穿梭。相比之下，本土化人口被困在他们落后的家乡，难以逃离贫苦的境地。居于两者之间的流向全球化人口想要摆脱这种束缚，试图以合法或非法的方式，不顾一切地从落后的农村前往城市,从全球边缘地带前往全球核心地带,追寻更好的生活。人的能动性与时代的发展交织在一起,使得三类人之间的差距越来越大。在此意义上,世界并没有变得越来越平。

21 世纪已经过去了 1/4。在刚刚过去的一代人的时间里,各国之间那种"世界大同"的气氛已然消退,反全球化的声音甚嚣尘上,作者在书中提出的分析框架被证明仍未过时。在今天讨论这个话题,仍然有着重要的意义。

由于编者和译者的水平有限,书中不免出现疏漏,望广大读者批评指正。

服务热线:133-6631-2326 188-1142-1266
读者信箱:reader@hinabook.com

后浪出版公司
2025 年 6 月

© 民主与建设出版社，2025

图书在版编目（CIP）数据

世界不是平的：地理与人类的命运 /（荷）哈尔姆·德·布莱著；黄春燕，刘建华译. -- 北京：民主与建设出版社，2025.8. -- ISBN 978-7-5139-4937-8

Ⅰ. C922.1

中国国家版本馆CIP数据核字第2025E1F592号

THE POWER OF PLACE: Geography, Destiny, and Globalization's Rough Landscape by Harm De Blij

Copyright © 2009 by Oxford University Press, Inc

THE POWER OF PLACE: Geography, Destiny, and Globalization's Rough Landscape was originally published in English in 2009. This translation is published by arrangement with Oxford University Press. Ginkgo (Shanghai) Book Co., Ltd is solely responsible for this translation from the original work and Oxford University Press shall have no liability for any errors, omissions or inaccuracies or ambiguities in such translation or for any losses caused by reliance thereon.

Simplified Chinese translation copyright © 2025 by Ginkgo (Shanghai) Book Co., Ltd.

本书中文简体版权归属于银杏树下（上海）图书有限责任公司。

著作权合同登记号 图字：01-2025-1799

审图号 GS京（2025）0926号

世界不是平的：地理与人类的命运

SHIJIE BUSHI PINGDE: DILI YU RENLEI DE MINGYUN

著　　者	［荷］哈尔姆·德·布莱
译　　者	黄春燕　刘建华
出版统筹	吴兴元
责任编辑	王　颂
特约编辑	汪建人
营销推广	ONEBOOK
封面设计	墨白空间·陈威伸
出版发行	民主与建设出版社有限责任公司
电　　话	（010）59417749　59419778
社　　址	北京市朝阳区宏泰东街远洋万和南区伍号公馆4层
邮　　编	100102
印　　刷	小森印刷（天津）有限公司
版　　次	2025年8月第1版
印　　次	2025年8月第1次印刷
开　　本	880毫米×1194毫米　1/32
印　　张	10.5
字　　数	236千字
书　　号	ISBN 978-7-5139-4937-8
定　　价	76.00元

注：如有印、装质量问题，请与出版社联系。